विश्व के प्रलय-आख्यान एवं कामायनी की कथा

विश्व के प्रलय-आख्यान एवं कामायनी की कथा

लेखक

डॉ. वीर सिंह

शास्त्री, एम.ए., पी-एच.डी.

ओरिजिनल्स

दिल्ली-110052

अ. मा. पु. सं. 978-81-8454-096-3 (H.B.)
अ. मा. पु. सं. 978-81-8454-097-0 (P.B.)

प्रकाशकः
ओरिजिनल्स
(ऐन ईम्पिरिन्ट ऑफ लो प्राइज़ पब्लिकेशनस)
ए-6, नीमड़ी कमर्शियल सेंटर,
अशोक विहार फेज-4,
दिल्ली - 110052
दूरभाष : 27302453
ई-मेलः info@Lppindia.com
यूआरएल: www.Lppindia.com

मुद्रकः डी. के. फाईन आर्ट प्रैस प्रा. लि.
दिल्ली- 110052

भारत में प्रकाशित

समर्पण

अपने स्नेहपूर्ण संरक्षण में मेरे शैक्षिक व्यक्तित्व का बहुमुखी विकास करके कामायनी की संश्लिष्ट कथा के विविध पक्षों के अध्ययन की ओर प्रवृत्त करने वाले कामायनी के मूर्धन्य विद्वान् श्रद्धेय गुरुवर

डॉ. द्वारिका प्रसाद सक्सेना

की पावन स्मृति को यह श्रद्धांजलि समर्पित है।

प्राक्कथन

विश्व के मनीषी प्राचीन काल से ही सृष्टि के रहस्य को जानने के लिए सतत प्रयत्नशील रहे हैं। परन्तु सृष्टि का आदि और अन्त पूर्ववत् अज्ञात एवं रहस्य बना हुआ है। आदि सृष्टि की पहेली को आज तक कोई नहीं सुलझा पाया। अतः विद्यमान मानव-सृष्टि का प्रथम आरम्भ और विकास दिखाने के लिए विश्व के प्रमुख धर्मों में जलप्लावन के आख्यान का आश्रय ग्रहण किया गया है। जलप्लावन की अनुश्रुति और जलप्लावन के उपरान्त आदि-पुरुष द्वारा नवीन मानव-सृष्टि के निर्माण की गाथा अपनी विविधता, विलक्षणता और मार्मिकता के साथ विश्व की अधिकांश समृद्ध भाषाओं के साहित्य में अपनी सांस्कृतिक एवं ऐतहासिक महत्ता के साथ अंकित है। कामायनी में भी जलप्लावन द्वारा पूर्व सृष्टि के विनाश और आधुनिक सृष्टि के आदि-पुरुष की परिमार्जित कथा अपने उदात्त सौन्दर्य एवं नवीन अभिव्यक्ति-कौशल के साथ विद्यमान है।

प्रस्तुत कृति चार अध्यायों में विभक्त है। प्रथम अध्याय में जलप्लावन एवं आदि-मानव द्वारा नवीन सृष्टि-विकास-सम्बन्धी भारतीय तथा भारतेतर विविध आख्यानों का विस्तृत विवरण दिया गया है।

द्वितीय अध्याय में विश्व के प्रलय-आख्यानों के स्थानीय जलप्लावन एवं सृष्टि-निर्माण, दो मूलाधारों का गवेषणापूर्ण विवेचन किया गया है। इसके पश्चात् विश्व के प्रलय आख्यानों को छः उपशीर्षकों में विभक्त करके उनका कामायनी में वर्णित कथा के साथ तुलनात्मक विवेचन किया गया है। इस अध्याय में पाठकगण पूर्णतया नवीनता एवं मौलिकता का अनुभव कर सकते हैं।

तृतीय अध्याय में कामायनी की सर्गानुसार कथा का निरूपण करने के पश्चात् उसका विभाजन किया गया है। कथा के प्रथम भाग में देवसृष्टि एवं प्रलय द्वारा उसके विनाश का विवेचन किया गया है तथा दूसरे भाग में मनु, श्रद्धा, इड़ा, नटराज-दर्शन एवं सारस्वत निवासियों की कैलास-यात्रा की कथा का निरूपण किया गया है। इसके पश्चात् कामायनी की कथा के स्रोतों का वेद, ब्राह्मण-ग्रन्थ,

उपनिषद्, पुराण, संस्कृत-साहित्य, बौद्ध एवं जैन ग्रन्थ तथा अन्य भारतीय भाषाओं में अन्वेषण किया गया है।

चतुर्थ अध्याय में देव-सृष्टि, प्रलय और मानवता का विकास तीन शीर्षकों के आधार पर वैदिक काल से लेकर पौराणिक काल और पौराणिककाल से लेकर आधुनिक काल तक कामायनी की कथा के विकास का सूक्ष्म विश्लेषण किया गया है। यहाँ श्रद्धा और इड़ा के चारित्रिक विकास में कतिपय नवीन संकेत किये गये हैं। इसी प्रकार पौराणिक युग में प्रलय भेदों और मन्वन्तर कल्पना के विकास में पाठकगण वैशिष्ट्य का दर्शन कर सकते हैं। इसके पश्चात् कामायनी के कथानक-सम्बन्धी रूपान्तरों एवं शिथिलता के कारणों का भी विश्लेषण किया गया है।

विश्व के आदिमानव-सम्बन्धी आख्यानों में प्रलय और प्रलयोत्तर विराट् मानवता के सर्वांगपूर्ण विकास का कामायनी जैसा संश्लिष्ट चित्रण कहीं प्राप्त नहीं होता। अतः कामायनी में वर्णित प्रलयोपरान्त विश्व-मानवता के इस लोकमंगलकारी कथानक का विश्वसाहित्य की कालजयी गाथाओं में गौरवपूर्ण स्थान बन गया है। रामकथा जहाँ वाल्मीकि एवं संस्कृत के अन्य अनेक श्रेष्ठ कवियों, तुलसीदास एवं हिन्दी के अन्य प्रसिद्ध कवियों और अन्य भारतीय भाषाओं के कवियों के सम्मिलित प्रयत्न से विश्व-मानस में प्रतिष्ठित हुई है, वहाँ आदिपुरुष मनु की कथा को विश्व की युग-युगीन काव्यधारा में प्रतिष्ठा देने का श्रेय एकमात्र जयशंकर प्रसाद को ही है। रामकथा के विकास एवं प्रसार पर शोध करने वाले फादर कामिल बुल्के की कृति का विद्वानों ने भरपूर स्वागत किया था। प्रलयोपरान्त आदिमानव की गाथा के विकास एवं प्रसार पर तुलनात्मक प्रस्तुत शोध कृति को यदि सुधी पाठकों की स्वीकृति प्राप्त हुई तो मैं अपने परिश्रम को सार्थक समझूंगा।

इस शोध कार्य को हिन्दी एवं अंग्रेजी में प्रकाशित कराने की प्रेरणा देने वाले मेरे संस्कृतज्ञ मित्र दिल्ली विश्वविद्यालय के पूर्व डीन-ऑफ-कॉलेजिज डॉ. एस. एस. राणा का आभारी हूं। लिमिटेड कलर्स के संचालक प्रिय चांद सिंह नागर एवं निशी वर्मा का सुरुचिपूर्ण टंकण के लिए साधुवाद।

वीर सिंह

ई-177 पाण्डव नगर, दिल्ली-110 091

दूरभाष: 011-22753070, मोबाईल: 9718922890

विषय-सूची

अध्याय-1

विश्व के प्रलय-आख्यान

(क) भारतीय तथा भारतेतर प्रलय-आख्यान

(अ) भारतीय आख्यान

भारतीय साहित्य में आदिमानव से सम्बन्धित प्रलय-कथा के मूल स्रोतों के क्रमिक विकास का अध्ययन करते समय सबसे पहले *ऋग्वेद* के एक सूक्त पर हमारी दृष्टि जांती है, जिसमें यम-यमी के प्रथम मिलन के समय अर्णव का उल्लेख मिलता है।[1] डॉ॰ फतहसिंह यहाँ जलप्लावन की सम्भावना इस आधार पर मानते हैं कि 'अर्णव' शब्द का प्रयोग साधारण सागर की अपेक्षा क्षुब्ध जलराशि के लिए ही होता है।[2] वस्तुतः पुराणेतिहास में प्रलय के समुद्र को सर्वत्र 'अर्णव' ही कहा गया है।[3] दूसरे यम मनु के भाई और आदिमानव भी कहे जाते हैं। ऋग्वेद में एक दूसरे स्थल पर वरुण और वशिष्ठ का सहस्रद्वार वाली नौका में बैठकर समुद्र की उद्वेलित लहरों पर जाना वर्णित है।[4] एक अन्य मन्त्र में इन्द्र द्वारा बाढ़ के समय तुर्वीति की सहायता का उल्लेख मिलता है।[5] ये सन्दर्भ चाहे जलप्लावन की घटना को सिद्ध करते हों, परन्तु इनमें पूर्व सृष्टि के विनाश और मनु से सम्बन्धित जलप्लावन का कोई उल्लेख नहीं है। ऋग्वेद इतिहास ग्रन्थ नहीं है, वह तो सृष्टिविद्या का विज्ञान है। वहाँ प्रत्येक आख्यान का होना आवश्यक भी नहीं है। हाँ, इतना दृढ़ता के साथ कहा जा सकता है कि ऋग्वेद प्राकृत और नैमित्तिक प्रलयों के आख्यानों का आधार प्रस्तुत करता है।

अथर्ववेद में एक हिरण्यमयी और हिरण्यबन्धनयुक्त नाव का द्युलोक में चलने का संकेत आया है।[6] दूसरे स्थान पर कुष्ठ नामक औषधि का हिमवान् के उस शिखर पर उत्पन्न होना बताया गया है, जहाँ शून्य में भटकती हुई एक स्वर्णिम नौका सर्वप्रथम उतरी थी।[7] प्रो॰ मेकडोनल,[8] प्रो॰ए॰बी॰कीथ[9] तथा डॉ॰ द्वारिकाप्रसाद सक्सेना[10] इसी मन्त्र में मनु की नौका के हिमालय पर उतरने का सर्वप्रथम संकेत मानते हैं। इसी प्रकार का संकेत सामवेद के *जैमिनीय ब्राह्मण* में उपलब्ध है। वहाँ

सामवेद की ऋचाएं स्वयं स्वर्णिम नौका बनकर मनु की रक्षा करती हैं।[11] इसकी संगति तब और स्पष्ट हो जाती है जब मनु के आख्यान का सबसे बड़ा आधार *मत्स्यपुराण* मनु की नौका को वेदनाव कहकर संकेत करता है।[12]

इसके उपरान्त मनु से सम्बद्ध जलप्लावन का विस्तृत वर्णन यजुर्वेद के *शतपथ ब्राह्मण* में प्राप्त होता है। एक बार प्रातःकाल हाथ धोने के लिए जल लेते समय मनु की अंजलि में एक छोटा मत्स्य आ गया। मत्स्य अपने सजातीय छोटे मत्स्य को खा जाते हैं। अतः अपने को असुरक्षित समझकर उसने मनु से अपने पालन-पोषण की प्रार्थना की। उस मत्स्य ने मनु को सूचित किया कि नियत समय पर समस्त प्राणियों को बहा ले जाने वाला 'ओघ' आयेगा। तुम एक नाव का निर्माण करके उस समय उसमें चढ़ जाना। मैं उस ओघ से तुम्हारी रक्षा करूँगा। मनु ने मत्स्य की रक्षा के लिए उसको पहले कुम्भ में, फिर एक गड्ढ़ा खोदकर उसमें रखकर उसकी संवर्द्धना की। मनु के सम्पोषण में जब मत्स्य बड़ा होकर 'झष' या महामत्स्य हो गया, तो उन्होंने उसे सागर में छोड़ दिया। मत्स्य द्वारा सूचित नियत समय पर ओघ आया। पूर्व निर्देशानुसार ही मनु स्वनिर्मित नाव में चढ़ गये और महामत्स्य के आने पर उसकेशृंग में नाव के पाश को बाँध दिया। उसने शीघ्र ही नाव को उत्तरगिरि की चोटी पर पहुँचा दिया। मत्स्य ने नाव के पुनः जल में बह जाने की आशंका से उसको वृक्ष से बाँधने की सलाह देते हुए मनु से कहा कि जब जल उतर जाये तब तुम नीचे की ओर आ जाना। तभी से यह उत्तरगिरि की चोटी मनु के उतरने के कारण 'मनोरवसर्पण' – मनु का अवरोह स्थल कहलाती है। इस प्रकार इस ओघ ने सम्पूर्ण प्रजा को बहाकर डुबा दिया था। इसमें केवल मनु ही शेष रहे थे।[13]

महाभारत में इस आख्यान में आश्चर्यजनक विकास हो गया है। वहाँ इसे 'मत्स्योपाख्यान' नाम दिया गया है। जैसा कि नाम से स्पष्ट है समस्त आख्यान में केवल मत्स्य ही बोलता है- मनु तो मत्स्य के निर्देशानुसार कार्य करने वाले ही चित्रित किये गये हैं। दूसरे, यहाँ मनु को सर्वप्रथम विवस्वान् का पुत्र कहकर वैवस्वत मनु के नाम से सम्बोधित किया गया है। उनको प्रतापी, महान् ऋषि और कठोर तपस्या करने वाला बताया गया है। तीसरे, तपस्वी मनु की मत्स्य से भेंट बदरिकाश्रम में चीरिणी नदी के तट पर होती है। चौथे, सजातीय मत्स्यों के भक्षण से भयभीत छोटे मत्स्य की प्रार्थना से द्रवीभूत होकर दयालु मनु ने जिन स्थानों पर उसकी संवर्द्धना की है उन स्थानों में गड्ढे के स्थान पर वापी तथा इसके बाद गंगा का नाम और जोड़ दिया गया है। इन स्थानों में मत्स्य के शरीर की क्रमशः वृद्धि अनेक वर्षों में हुई बतायी गयी है। मत्स्य के शरीर का परिमाप न देकर स्थानों में

भी केवल वापी की लम्बाई दो योजन और चौड़ाई एक योजन बतायी गई है। पाँचवे, समुद्र में डाले जाने पर मत्स्य मनु को प्रलय की सूचना देता है। चीरिणी नदी के तट पर तो उपकार के बदले केवल प्रत्युपकार करने की बात कही गई है। छठे, समुद्र तट पर ही सर्वप्रथम चराचर पार्थिव जगत् और लोगों के अन्त और प्रलय द्वारा उनके विनाश के काल की ओर संकेत किया गया है। सातवें, मनु को स्वनिर्मित नाव में सप्तर्षि और सब प्रकार के बीज अपने साथ रखने के लिए कहा गया है। आठवें, महाभारत में सर्वप्रथम प्रलय की भीषणता का मनोहारी वर्णन प्राप्त होता है। महासागर में उत्ताल तरंगों की भयंकर गर्जना, प्रचण्ड वायु के झोंके, भूमि, आकाश और द्युलोक का जलमग्न होना तथा अंधकार से दिशा-विदिशा के अज्ञान आदि का वर्णन किया गया है। नवें, इस जलार्णव को पार करके मत्स्य शीघ्र ही नाव को हिमालय पर नहीं पहुँचाते, अपितु मत्स्य अपने श्रृंग में पाश द्वारा बँधी हुई, डगमगाती नाव को विक्षुब्ध, खारे एवं अगाध जलनिधि में अनेक वर्षों तक खींचता रहा था। दसवें, मत्स्य के आदेश से सप्तर्षियों ने नाव हिमालय के शिखर से बाँधी थी– वृक्ष से नहीं। अतः महाभारत में इस स्थान का नाम 'नौबन्धन' दिया गया है। ग्यारहवें, यह समस्त आख्यान धारा प्रवाह व्यास शैली में लिखा गया है। धार्मिकता का प्रभाव स्पष्ट परिलक्षित होता है। परन्तु सर्वत्र रोचकता, सरसता और मानवीय व्यवहारों का ध्यान रखा गया है। जैसे मत्स्य का छोटा हो जाना तथा स्पर्श और गन्ध का सुखकर हो जाना। कथा को अतिमानवीय होने से बचाने का यथा-सम्भव प्रयत्न किया गया है। विक्षुब्ध सागर में डगमगाती नौका की उपमा मतवाली स्त्री से तथा मत्स्य के रंग की उपमा चन्द्र की किरणों से दी गयी है।[14]

> इस प्रकार **'महाभारत'** का मत्स्योपाख्यान विस्तार, धार्मिकता, शैली तथा काव्यात्मक उपस्थापन में **'शतपथ ब्राह्मण'** के साधारण आख्यान से सर्वथा भिन्न है। यह कथा महाभारत में मत्स्यपुराण को प्रमाण मानकर कही गई है। परन्तु महाभारत की शैली *मत्स्यपुराण की शैली* से प्राचीन है।[15]

महाभारत के पश्चात् पुराणक्रम से यह कथा *भागवतपुराण* में मिलती है। यहाँ कथा में और परिवर्तन दृष्टिगोचर होता है। यहाँ मनु का नाम सत्यव्रत लिखा है, जो द्रविड़ देश के अत्यन्त उदार एवं भगवत्परायण राजर्षि थे। भगवान् की कृपा से तपस्वी राजा सत्यव्रत ज्ञान-विज्ञान से संयुक्त होकर मनु बने थे। वे ही सत्यव्रत वर्तमान महाकल्प में विवस्वान् के पुत्र श्राद्धदेव एवं वैवस्वत मनु के नाम से विख्यात हुए। दूसरे, राजर्षि सत्यव्रत की मत्स्य से भेंट कृतमाला नदी में होती है, जहाँ वे तर्पण कर रहे थे। तीसरे, मत्स्य के संवर्द्धन-स्थानों में कुम्भ के स्थान पर कमण्डलु, बड़ा बर्तन और वापी के स्थान पर सरोवर का नाम दिया गया है। उस

मत्स्य के आकार की वृद्धि एक रात में कमण्डलु के बराबर, एक मुहूर्त्त में तीन हाथ और एक दिन में शत योजन की बतलाई गई है। मत्स्य के आकार का माप तथा उसकी वृद्धि के अल्प समय का वर्णन पहले-पहल इस पुराण में अतिमानवीय रूप में प्राप्त होता है। चौथे, यहाँ समुद्र-तट पर स्वयं राजा को उसकी अलौकिक वृद्धि देखकर उसके अवतार होने का आभास हो जाता है। अतः राजा द्वारा स्तुति किये जाने पर मत्स्य ने त्रैलोक्य के समुद्र में डूबने की सूचना दी थी। पाँचवे, यहाँ मत्स्यावतार की प्रेरणा से विशाल नाव का आगमन लिखा है और पाश के स्थान पर वासुकि नाग द्वारा नाव का एक श्रृंगधारी हेममत्स्य के सींग से बाँधना वर्णित है। छठे, नाव में सप्तर्षियों एवं बीजों के साथ समस्त प्राणियों के सत्त्व (सूक्ष्म शरीर) का रखना भी वर्णित है। अँधेरे में सप्तर्षियों की दिव्य ज्योति से प्रकाश का होना बताया गया है। सातवें, मत्स्य के कथनानुसार ही सात दिन बाद नियत समय पर प्रलय होना और ब्रह्मा की रात्रि के अन्त पर नियत समय पर प्रलय का अन्त होना लिखा है। सम्पूर्ण प्रलयकाल में मत्स्य द्वारा नौका में स्थित राजा की रक्षा करना वर्णित है। इसलिए इसको कल्प के अन्त में होनेवाली ब्राह्म नामक नैमित्तिक प्रलय कहा है। आठवें, यहाँ जलप्लावन की भंयकरता का वर्णन नहीं है। केवल इतना वर्णन मिलता है कि यह जलप्लावन समुद्र के मर्यादा छोड़ने पर हुआ था। तत्पश्चात् महामेघों की वर्षा से देखते-देखते ही सारी पृथ्वी और लोक जलमग्न हो गये थे। इस पुराण में प्रलय के उतरने के पश्चात् नाव के ठहरने का स्थान नहीं बताया गया है।[16]

> *महाभारत* में धार्मिकता का झीना आवरण काव्यात्मकता के ऊपर पड़ा हुआ था, परन्तु *भागवतपुराण* में उसके ठोस आवरण ने कथा को आवृत कर लिया है। इसीलिए विष्णु के आदि अवतार मत्स्य की अनेक रूपों में स्तुति की गयी है।

कालक्रम से यह कथा *अग्निपुराण* में भी प्राप्त होती है। वहाँ भागवतपुराण की कथा का संक्षिप्तीकरण हुआ-सा प्रतीत होता है। लेकिन यहाँ कल्पान्त में ब्राह्म नामक नैमित्तिक प्रलय का नायक पुनः तपस्वी मनु ही है। स्वल्प मत्स्य ने बड़े मत्स्यों के साथ ग्राहादि के भक्षण का भी भय प्रकट किया है। यहाँ मत्स्य के समुद्र में डालने पर उसका क्षणमात्र में लक्ष योजन विस्तीर्ण होना लिखा है।[17]

इन दोनों पुराणों की परम्परा में *मत्स्यपुराण* तीसरा पुराण है, जहाँ मत्स्य को विष्णु के अवतार के रूप में पूर्ण आधिपत्य प्राप्त हुआ है। सम्पूर्ण पुराण मत्स्य और मनु के संवाद के रूप में लिखा गया है। कथा पर धार्मिकता का प्रभाव पराकाष्ठा

पर पहुँच गया है। कथा के कुछ परिवर्तन उल्लेखनीय हैं। यहाँ मनु एक तपस्वी राजा हैं, जो अपने पुत्र को राज्य-भार सौंपकर मलय के एक देश में घोर तपस्या करने चले जाते हैं। अपने तप द्वारा मनु ब्रह्मा से प्रलय के समय समस्त प्राणियों की रक्षा का वर प्राप्त करते हैं। वहीं तर्पण करते हुए मनु की मत्स्य से भेंट होती है। इस कथा में मत्स्य जलचरों के भक्षण के भय से अपनी रक्षा की प्रार्थना नहीं करता, अपितु स्वयं दयालु मनु ने उस स्वल्प शफरी के स्वरूप को देखकर उसकी रक्षा के लिए उसे करकोदर (कमण्डल अथवा छोटा घड़ा, जिसे करवा भी कहते हैं), मणिका, कूप, गंगा और समुद्र में डालकर संवर्द्धना की है। वह मत्स्य करकोदर में एक दिन में ही सोलह अंगुल, मणिका में एक रात्रि में तीन हाथ, सरोवर में एक योजन बड़ा तथा समुद्र में समुद्र के आकार वाला होकर अयुत विंशति योजन का हो जाता है। मत्स्य ने समुद्र तट पर विनीत राजा को बताया था कि थोड़े समय में ही समस्त मेदिनी जलमग्न हो जायेगी। यहाँ महाजीवनिकाय की रक्षा के लिए देवों द्वारा निर्मित नाव का उपस्थित होना वर्णित है। इस नौका द्वारा चारों प्रकार के स्वेदज, अण्डज, जरायुज और उद्भिज अनाथ जीवों की रक्षा करने का भी उल्लेख मिलता है।[18] मनु ने अपने प्रजापति होने की बात सुनकर मत्स्य से पूछा कि यह प्रलय कब और कितने वर्ष तक रहेगा? तब मत्स्य ने कहा कि आज से ही प्रलय का आरम्भ है। मत्स्य ने अनावृष्टि, अतिवृष्टि और समुद्र की मर्यादाहीनता से त्रिलोकी के एकार्णव होने और केवल ब्रह्मा के शेष रहने तक का क्रमिक वर्णन मनु को सुना दिया।

> *मत्स्यपुराण* पहला पुराण है, जिसमें नैमित्तिक प्रलय की क्रमिक भीषणता का सम्बन्ध मनु से स्थापित किया गया है। तत्पश्चात् प्रलय-काल के उपस्थित होने पर मनु ने वेदनाव को ग्रहण करके सत्व बीजों को इसमें समारोपित कर दिया और योगरूपी रज्जु (दूसरे स्थान पर भुजंग) से नाव को मत्स्य के शृंग में बाँधकर अपनी रक्षा की। तब वेद, पुराण तथा विद्याओं से आवृत यह विश्व भी मनु के साथ अन्तरसंक्षय में स्थित रहा था।[19]

कलिकापुराण में भी यह प्रलय-कथा मिलती है, जिसमें कुछ विचित्र बातें मिलती हैं। यहाँ इस कथा के कहने वाले मार्कण्डेय ऋषि हैं। यद्यपि इस प्रलय का वाराह कल्प में घटित होना कहा गया है, तथापि इस कथा के नायक वैवस्वत मनु ना होकर स्वायंभुव मनु हैं। त्रिलोकी को नष्ट करने वाली इस प्रलय को वहाँ अनियत कालिक या असामयिक कहा गया है, जिसका कारण मनु को दिया गया कपिल मुनि का शाप बताया गया है। उस शाप को दूर करने के लिए गंगा के स्रोत

के समीप बद्री स्थान पर मनु ने घोर तपस्या की। फलस्वरूप प्रसन्न हरि स्वयं एक छोटी-सी मछली के रूप में वहाँ उपस्थित हुए। बड़े मत्स्यों से भयभीत उस मछली की दयालु स्वायंभुव मनु क्रमशः घड़ा, तालाब और समुद्र में संवर्द्धना करते हैं। अन्य पुराणों की भाँति समुद्र में डालने पर एक क्षण में ही पर्वताकार होने पर मनु शंका और भय से उसका रहस्य पूछते हैं। तब मत्स्य ने स्वंय को हरि का अवतार बताकर कहा कि कपिल का शाप असत्य सिद्ध नहीं होगा। लेकिन प्रलय के समय इसी रूप में वह उसकी रक्षा करेंगे। मत्स्यावतार ने मनु को दस योजन चौड़ी और तीस योजन लम्बी नौका और अत्यन्त लंबी रस्सी बनाने का आदेश दिया। नौका में समस्त विश्व के बीज, वनस्पति, सृष्टि का जादू, विश्व की मातृत्व-शक्ति, वेद के साथ सप्तर्षि आदि के रखने की भी चेतावनी दी और कहा कि प्रलय के समय पहले तुमको दक्ष मिलेंगे और तत्पश्चात् मेरे आने पर नौका को रस्सी से मेरे श्रृंग में बाँध देना। मैं एक हजार दिव्य वर्ष उसे खींचता रहूँगा और प्रलयान्त में हिमालय की चोटी से बाँध दूँगा। तब तुम नवीन सभ्यता का विकास करके परम शान्तिलाभ करोगे। मनु ने आदेशानुसार ही सारा कार्य किया। बहुत दिनों के पश्चात् समुद्र की लहरों में समस्त त्रैलोक्य जलमग्न हो गया। तब एकश्रृंगधारी मत्स्य ने प्रकट होकर उस नौका को प्रलयकाल के पश्चात् हिमालय की पश्चिमी चोटी से बाँध दिया। इस मत्स्य ने वेदों का पुनरुद्धार करके इस असामयिक प्रलय से मनु की रक्षा की थी।[20] इस कथा में मनु के द्वारा कपिल की स्तुति और हरि की स्तुति में धार्मिकता का गहरा प्रभाव दिखाई देता है।

भविष्य पुराण में यह कथा कुछ रूपान्तर के साथ मिलती है। आदम ने आत्मा के ध्यान में परायण होकर और इन्द्रियों का दमन करके अपना यह नाम प्राप्त किया था। इनकी पत्नी का नाम हव्यवती था । इनकी नवीं पीढ़ी में उत्पन्न अपने भक्त न्यूह को विष्णु ने एक बार स्वप्न में सन्देश दिया कि आज से सातवें दिन प्रलय होगा। उस भक्तेन्द्र ने स्वप्न में प्रदत्त आज्ञा के अनुसार ही तीन सौ हाथ लम्बी, पचास हाथ चौड़ी और तीस हाथ ऊँची नाव बनाकर अपने परिवार के साथ ही समस्त जीवों को उस नाव में चढ़ाकर अपनी रक्षा की थी। यह प्रलय सांवर्त्तक महामेघों के चालीस दिन तक घोर वृष्टि करने और चारों सागरों की मर्यादाहीनता से हुआ बताया गया है। इस जलप्लावन से सम्पूर्ण भारतवर्ष एक सिन्धु बन गया था। महान् वायु के प्रभाव, महामेघों के गर्जन तथा उग्र जलधाराओं से जब दारुण भय उत्पन्न हो गया, तब ब्रह्मवाद करने वाले अठासी हजार मुनिगणों ने भैरवी देवी की स्तुति करके जल की वर्षा को शान्त कराया था। एक ही वर्ष के अन्दर समस्त पृथ्वी स्थली होकर दिखाई देने लगी थी। जलप्लावन की समाप्ति पर यहाँ न्यूह

हिमाद्रि की तटभूमि में 'शिखिणा' नामक स्थल पर अपने कुलों के साथ उतरकर निवास करते हुए बताये गये हैं।[21]

यहाँ पर आदम स्वायंभुव ब्रह्मा प्रतीत होते है। पुराणों में ब्रह्मा को सदैव ब्रह्म की तपस्या में रत और वेदों का अधिष्ठाता बताया गया है। इनकी पत्नी सरस्वती कही गयी है।[22] हव्यवती सरस्वती का ही रूपान्तर प्रतीत होता है। जिस प्रकार यहाँ आदम की वंश परम्परा में न्यूह का जन्म हुआ है, उसी प्रकार ब्रह्मा की वंश-परम्परा में वैवस्वत मनु का जन्म हुआ है।[23] यदि आदम शब्द का रूपान्तर आदिमनु से मानें तो भी भाव में कोई भिन्नता नहीं आती। मत्स्यपुराण में ब्रह्मा के शरीर के दो भागों से पुरुष रूप में आदिमनु और स्त्री रूप में शतरूपा या सरस्वती की उत्पत्ति बताई गयी है।[24] आदिमनु और उनकी पत्नी शतरूपा या सरस्वती ब्रह्मा से अभिन्न हैं, क्योंकि शतरूपा, सरस्वती, सावित्री, गायत्री, ब्रह्माणी और भारती सबको एक बताकर ब्रह्मा की पत्नी कहा गया है। यही देवी शतरूपा या सरस्वती मनु की जननी है जिससे आगे ब्रह्मा सृष्टि करते हैं।[25] ब्रह्मा प्रजापति के रूप में आदिमनु कहलाते हैं।[26] इस प्रकार आदिमनु ब्रह्मा और सरस्वती युगल को ही भविष्यपुराण में क्रमशः आदम और हव्यवती कहा गया है। इस वंश-परम्परा में उत्पन्न मनु शब्द का रूपान्तर ही 'न्यूह' शब्द में हुआ होगा।[27]

> भारत की अधिकतर प्रलय-कथाएँ सृष्टि के विकास से सम्बन्धित हैं। इनमें प्रलय की कथा वैवस्वत मनु से तो विशेष रूप से सम्बद्ध है ही, क्योंकि चाक्षुष मन्वन्तर के अन्त में त्रिलोकी के समुद्र में डूब जाने पर मत्स्यावतार ने अगले मन्वन्तराधिप वैवस्वत मनु की पृथ्वी-रूप नौका पर बैठाकर रक्षा की थी।[28] परन्तु प्रारम्भिक अवतारों के वर्णन में भी वाराह अवतार द्वारा प्रलय के समुद्र से पृथ्वी का निकालना वर्णित है। शेष अन्य अवतारों के समय में भी उनके कार्यों से किसी-न-किसी रूप में प्रलयकालीन स्थिति का वर्णन हुआ है। पहली कोटि के मत्स्य, कूर्म, वाराह आदि अवतार हैं और दूसरी कोटि में राम, नृसिंह, वामन, कृष्ण आदि अवतार आते हैं। आधुनिक जीव-विज्ञान-शास्त्री अवतार-विज्ञान में प्रलयोपरान्त सृष्टि के वैज्ञानिक विकासक्रम का दर्शन करते है।[29]

ब्रह्मा ने पूर्व कल्पों के आदि में जैसे मत्स्य, कूर्म आदि रूप धारण किये थे वैसे ही उनके द्वारा इस वर्तमान वाराह कल्प के आरम्भ में वाराह का रूप धारण करके प्रलय के समुद्र (अन्तर्महार्णव) में डूबी हुई पृथ्वी का जल से बाहर निकालना तथा आदिदैत्य हिरण्याक्ष का जल में ही वध करना पुराणेतिहास में वर्णित है।[30]

कश्यप और दिति के पुत्र इन हिरण्याक्ष और हिरण्यकशिपु की उत्पत्ति के समय भी प्रलय की पूर्वकालिक स्थिति का अत्यन्त स्वाभाविक और लौकिक वर्णन *भागवत-पुराण* में मिलता है। केवल मूर्तियों के रोने आदि में अतिशयोक्ति एवं अतिमानवीयता का पुट अवश्य विद्यमान है, अन्यथा महाभारत के बाद प्रलयकालीन प्रारम्भिक स्थिति का यह वर्णन उपमा और उत्प्रेक्षा से युक्त काव्यात्मक एवं अत्यन्त सरस है। नैमित्तिक प्रलय के सभी विप्लव यहाँ दार्शनिकता के आवरण को हटाकर लौकिक रूप से वर्णित हैं। वहाँ सब दिशाओं का दग्ध होना, असह्य और विकट वायु का चलना, सूर्य-चन्द्रादि ग्रहों को आच्छन्न करके संसार को तिमिरावृत करने वाले मेघों का सघन रूप धारण करना, नदियों एवं जलाशयों में हलचल मचना और समुद्र में उत्ताल तरंगों का उठना, उसमें भयंकर गर्जना होना तथा जलचरों में खलबली होना लिखा है। इन दैत्यों के जन्म के समय त्रिलोकी में अनेक उत्पातों का होना वर्णित है। अन्तरिक्ष में उल्कापात, बिजलियों का भयंकर रूप से कड़ककर गिरना, बादलों का पीव की वर्षा करना, अनिष्टसूचक धूमकेतु का दिखाई देना, सूर्य-चन्द्र का बार-बार ग्रसा जाना तथा उनके चारों ओर अमंगलसूचक मण्डल बैठने का वर्णन आया है। शनि, राहु आदि क्रूर ग्रहों का प्रबल होकर चन्द्र, बृहस्पति आदि सौम्य ग्रहों तथा बहुत से नक्षत्रों को लाँघकर वक्रगति से चलने और आपस में टकराने का वर्णन मिलता है। पृथ्वी और पर्वतों का काँपना, विकट वायु का वृक्षों को उखाड़ना और कभी बिना आँधी के ही वृक्षों का उखड़-उखड़कर गिरना, सियारियों के मुख से दहकती आग निकलना, पशुओं का डर के मारे मलमूत्र त्यागना और भयभीत गायों के दुहने पर रक्त का निकलना, देव-मूर्तियों की आँखों से आँसू बहना आदि वर्णित है। वायु का साँय-साँय करना, बिना बादलों के ही भयंकर गर्जन होना, गुफाओं में से रथ की घड़घड़ाहट के से शब्द निकलना, गीदड़, उल्लू, कुत्ता, गदहा आदि पशु और विभिन्न पक्षियों के विचित्र और अस्वाभाविक कोलाहल का वर्णन विस्तार से किया गया है। ऐसे ही अनेक भयंकर उत्पातों को देखकर ब्रह्मापुत्र सनकादि के अतिरिक्त और सब भयभीत हो गये तथा इन उत्पातों का मर्म ज्ञात न होने के कारण सांसारिक मनुष्यों ने समझा कि अब सृष्टि में प्रलय होने वाला है।[31]

इनमें से दिति के पुत्र हिरण्यकशिपु का वक्ष विदीर्ण करने वाले नृसिंहावतार के प्रलयाग्नि सदृश क्रोध का वर्णन *लिंगपुराण* में प्राप्त होता है। 'संहारिणी' नामक शक्ति पर आरूढ़ नृसिंह की भंयकर हुंकार से समस्त त्रिलोकी एवं सब देवताओं के काँपने का वर्णन मिलता है। उस समय सृष्टि में प्रलयकालीन दृश्य उपस्थित था और समस्त त्रिलोकी नष्ट हुई जा रही थी। देवताओं की स्तुति के बाद भी नृसिंह

का क्रोधमय हुंकार शान्त नहीं हुआ था। इनसे आगे के अध्याय में भी वर्णन आता है कि शरभ वीरभद्र के शान्त करने पर भी नृसिंह अपने महाघोर कोप से सम्पूर्ण चराचर जगत् का संहार करने को उद्यत हो गये थे।[32]

कूर्मपुराण में उल्लेख मिलता है कि हिरण्यकशिपु के भ्राता हिरण्याक्ष ने इस नृसिंहावतार पर पाशुपत अस्त्र से वार किया था। परन्तु इसका नृसिंह पर कोई प्रभाव नहीं हुआ था। अपने भाई के मरने पर हिरण्याक्ष भागकर रसातल में छिप गया था। विष्णु ने वाराह रूप धारण करके इसी हिरण्याक्ष को मारकर पृथ्वी का उद्धार किया था।[33] वामनावतार ने अद्‌भुत रूप धारण करके त्रिलोकी को नापते समय अपने चरणों के अदम्य वेग से प्रकृतिरूप अन्तिम आवरण से लेकर सत्यलोक तक सम्पूर्ण ब्रह्माण्ड को प्रकम्पित कर दिया था।[34]

वाल्मीकि *रामायण* के अनुसार राम को तीन दिन-रात समुद्र की यथाविधि आराधना करने पर भी जब साम नीति से समुद्र ने रास्ता नहीं दिया, तब उन्होंने दण्ड के भागी महार्णव को मर्यादाहीन और क्षोभित करने के लिए अपना धनुष उठाया। उस समय राम का क्रोध युगान्त अग्नि की तरह जलाने वाला था। उनके छोड़े हुए बाण इन्द्र के वज्र के समान थे। उनके धनुष की टंकार ने समस्त जगत् को कम्पित कर दिया था। प्रचण्ड पवन के झोंकों से समुद्र में विन्ध्याचल के समान उत्ताल तरंगें उठने लगी थीं तथा जल में महान् आवर्त्त पड़ने लगे थे। उस उत्पात से समुद्र में घोर शब्द सुनाई देता था।[35] इतने पर भी समुद्र ने अपनी मर्यादा नहीं छोड़ी तो राम ने महार्णव को सोखने के लिए अपने धनुष पर ब्रह्मास्त्र रखकर बलपूर्वक खींचा। फलस्वरूप सर्वत्र प्रलयकालीन विप्लव होने लगे। आकाश और पृथ्वी फटी पड़ती थी। नक्षत्रों सहित सूर्य-चन्द्र की गति अवरुद्ध होने से सर्वत्र अन्धकार छा गया। अन्तरिक्ष में प्रदीप्त उल्कापात और अग्निमय वज्रपात होने लगे। पवन के अति तीव्र वेग के कारण आकाश स्पर्शी महामेघों के टकराने की भयंकर ध्वनि होने लगी, अनेक वृक्ष उखड़ने लगे, पर्वत काँपने लगे तथा परस्पर टकराकर उनके शिखर गिरने लगे।[36] उस विप्लव के कारण समस्त दृश्य और अदृश्य जीवधारी संत्रस्त होकर चीत्कार करने लगे। सभी प्राणी निर्जीव की भाँति निष्कम्प हो गये। तदुपरान्त क्षुब्ध और मर्यादाहीन समुद्र का जल भीमवेग से तट को लाँघकर एक योजन आगे बढ़ आया। ऐसा केवल प्रलयकाल में ही होता है।[37]

वाल्मीकि रामायण में युगान्त में अग्नि, वायु, समुद्र की मर्यादाहीनता तथा महामेघ आदि द्वारा सभी प्रलयकालीन विप्लवों का वर्णन प्राप्त होता है, केवल महामेघों से वर्षा का वर्णन नहीं किया गया है। राम की क्रोधाग्नि

से उत्पन्न उपर्युक्त अवस्था का संकेत *भागवत पुराण* में भी प्राप्त होता है।[38]

पुराणों में कृष्णावतार के *गोवर्धन-लीला-प्रसंग* में भी प्रलयकालीन स्थिति का वर्णन मिलता है। ब्रज पर रुष्ट इन्द्र की आज्ञा से संवर्त्तक मेघों द्वारा ब्रज के विप्लव के लिए प्रचण्ड वायुसहित महान् जलधाराओं से पृथ्वी, दिशाएँ और आकाश को एकरूप करना वर्णित है। दिशाओं को व्याप्त करने वाले मेघों के अहर्निश बरसने से संसार के अन्धकारपूर्ण हो जाने पर ऊपर-नीचे सब ओर समस्त लोक जलमय-सा हो गया था। पशु, गोप, गोपिकाएँ ठण्ड के मारे ठिठुरते हुए व्याकुल होकर कृष्ण की शरण में पहुँचे थे। तब कृष्ण ने सात दिन तक गोवर्धन पर्वत उठाकर उनकी रक्षा की थी।[39]

आत्मसमाधि, तप एवं धर्म के कारण चिरजीवी एवं सिद्ध मार्कण्डेय ऋषि ज्ञान एवं धर्ममय अनन्त जीवन के प्रतीक बन गये हैं।[40] अतः उनके द्वारा स्वानुभूत अनेक कल्पान्त प्रलयों के रोमांचकारी दृश्यों का आँखों देखा हाल प्रस्तुत किया गया है। यह वर्णन भी दो प्रकार से पुराणों में प्राप्त होता है –

प्रथम, जिसमें मार्कण्डेय ऋषि मनु से सम्बन्धित प्रलयकथा को सुनाते हैं। *महाभारत* और *कालिका पुराण* की प्रलयकथा के स्रोत मार्कण्डेय ही हैं। यह वर्णन मनु की प्रलय-कथाओं में किया जा चुका है।

दूसरे, जिसमें प्रलय-कथाओं का सम्बन्ध किसी अन्य नायक से स्थापित नहीं किया गया है। दूसरे प्रकार के वर्णन में तीन बातें मिलती हैं– 1. चतुर्युगावस्था-वर्णन, 2. कल्पान्त प्रलय-वर्णन और 3. तत्पश्चात् वट पत्रशायी नारायण के उदर में मार्कण्डेय ऋषि द्वारा ब्रह्माण्ड-दर्शन। *महाभारत*[41] और *पद्मपुराण*[42] में प्राप्त कल्पान्त प्रलय का वर्णन नैमित्तिक प्रलय की भीषणता शीर्षक के अन्तर्गत चतुर्थ अध्याय में किया गया है। *भागवत पुराण* के इस वर्णन में स्वाभाविकता है। वहाँ पर तत्त्वों के क्रम में अनावृष्टि और सूर्याग्नि का विप्लव नहीं दिया गया है। केवल प्रचण्ड वायु के साथ विकराल मेघों के जलवर्षण और समुद्र की मर्यादाहीनता द्वारा त्रिलोकी के जलमग्न होने पर मार्कण्डेय ऋषि का अत्यन्त संतप्त और व्याकुल अवस्था में एकार्णव में करोड़ों वर्ष तैरना लिखा है।[43] मार्कण्डेय ऋषि की प्रलय-कथा का ऐसा ही संक्षिप्त वर्णन *मत्स्य-पुराण* में विद्यमान है।[44]

लेकिन मार्कण्डेय ऋषि द्वारा स्वानुभूत प्रलय-कथाओं में से *स्कन्द-पुराण की प्रलय-कथा में शैव धर्म के अनुसार परिवर्तन कर दिया गया है।* यहाँ दग्ध करने वाली संहार शक्ति का रौद्रा देवी के रूप में मानवीकरण किया गया है। शिव द्वारा

विशेष रूप से नियोजित की गयी विचित्र रूपों वाली रौद्रा देवी ने कालरात्रि के समान होकर यह अति भयंकर 'रौद्र संहार' किया था। अतः देवी का किलकिलाना, अट्टहास, घोष तथा जीवों के चर्वण से रुधिर, मांस, कपाल आदि का वीभत्स वर्णन किया गया है। दशों दिशाएँ भयंकर हाहाकार, आक्रन्दन और चर्वण की गन्ध से आपूरित हो गयी थीं। यहाँ इसी देवी द्वारा चराचर जगत् को दग्ध करना लिखा है। संहारकारिणी जलराशि का नर्मदा के रूप में मानवीकरण किया गया है, जिसकी उत्ताल तरंगों और आवर्तों से युक्त 'ओघ' ने सम्पूर्ण जगत् को जलमग्न कर दिया था। इसके उपरान्त शिव के मुख से निकलकर सम्वर्त्त नामक महावात के निर्घातों से युक्त होकर चराचर जगत् को प्रकम्पित कर दिया था। तदनन्तर शिव के संहारक, भैरव तथा अट्टहासयुक्त ताण्डव वाले रोमांचकारी रौद्र स्वरूप का सविस्तार वर्णन किया गया है। रुद्र का मुख ही महाप्रलय का कारण है, क्योंकि ज्वालाएँ, द्वादश आदित्य, महामेघ, समुद्रजल, बड़वाग्नि और वायु – सभी उनके मुख से निकलकर त्रिलोकी का क्षय करते हैं। *यहाँ पुनः विष्णुपुराणादि में वर्णित प्रलयकालीन भीषणता का संक्षिप्तीकरण करके उस एकार्णवीकृत त्रिलोकी की स्थिति सूर्य, चन्द्र, अग्नि और वायु के न रहने पर तमोमय नीड़ की तरह बताई गयी है।*

प्रलय के अर्णव में तैरते हुए आतुर मार्कण्डेय की गोरूपिणी विश्वरूप महेश्वरी नर्मदा नाम वाली गाय एक सहस्र युग तक उस सम्प्लव से रक्षा करती है। वही अपने स्तनों से पय-पान कराकर उनकी क्षुधा और पिपासा शान्त करके जलप्लावन से स्वयं की रक्षा करने की सामर्थ्य प्रदान करती है। इस प्रकार यहाँ संतरण करते हुए मार्कण्डेय द्वारा समस्त ब्रह्माण्ड को व्याप्त करके उस एकार्णव में शयन करते हुए दिव्य रूप प्रभु के दर्शन करना भी वर्णित है। शिव के प्रसाद से ही गाय और ऋषि की मृत्यु का न होना लिखा है। इस प्रलय में प्रलीन वसुन्धरा को विष्णु द्वारा वाराह का रूप धारण करके एकार्णव से बाहर निकालना वर्णित है।[45] *फिर भी निस्संकोच कहा जा सकता है कि यह प्रलय-वर्णन तत्वों के आधार पर वर्णित होते हुए भी अव्यवस्थित, विशृंखलित, पुनरावृत्तिपूर्ण तथा अनावश्यक विस्तार से युक्त है।*

बौद्धों के जातक ग्रंथ के *'मच्छजातक'* में कोसल में अनावृष्टि का वर्णन मिलता है, जिससे तालाब और पुष्करणियाँ सूख गये थे। यहाँ जलचरों को मरते देख बुद्ध द्वारा वर्षा कराने का उल्लेख है। इन्द्र की आज्ञा से पर्जन्य देवता ने मेघों को फैलाकर, बिजली चमकाते हुए मूसलाधार वर्षा से कोसल राष्ट्र को महासमुद्र में डुबाते हुए की तरह पानी से सराबोर कर दिया था।[46] *'सीलानिसंस जातक'* में एक नाई धर्मात्मा उपासक के साथ नौका में बैठकर समुद्र से अपनी रक्षा कर लेता है जबकि अन्य अनाचारी जलमग्न हो गये थे।[47] *'वामिगालोप जातक'* में आकाश के

झंझावात से एक गृद्ध के नष्ट होने का उल्लेख मिलता है।[48] *स्पष्टत: ये प्रलयकालीन विप्लव के विवरण नहीं हैं।*

जैन ग्रन्थों में मन्वन्तर के समानान्तर कुलकर संस्था का वर्णन मिलता है। जिन सेनाचार्य ने विमलवाहन कुलकर को सातवाँ मनु कहा है, जो कल्पवृक्षादि प्रत्येक उत्तम वस्तु के क्षीण हो जाने पर उत्पन्न हुए थे।[49] इसमें प्रलय की ओर संकेत प्रतीत होता है। धर्मघोषसूरि अपने ग्रन्थ में वर्णन करते हैं कि 'अग्रतन अर' अर्थात् प्रथम युग में क्रमश: क्षार, अग्नि, विष, अम्ल तथा तड़ित् से युक्त होकर पृथक्-पृथक् मेघ सात दिन तक घोर वर्षा करेंगे। उस समय दूषित वायु और अत्यन्त रुग्णकारी वर्षा से पर्वत तथा समतल सभी एक हो जायेंगे। भयंकर अग्निवर्षा के कारण पृथ्वी वनस्पतिशून्य हो जायेगी। इसके अनन्तर समस्त स्थल, नभ और जलचरों तथा गंगादि नदियों के समुद्र में लीन होने का वर्णन मिलता है। लेकिन वहाँ यह भी लिखा है कि दूसरे *अर (युग) में विमलवाहन कुलकर जगत् की व्यवस्था करके सब पूर्ववत् स्थिर कर देंगे।*[50] *इस प्रकार यह वर्णन भी विमलवाहन मनु से पूर्व प्रलय का घटित होना सिद्ध करता है।*

तमिल ग्रन्थ *'तमिलम् तमिलरम्'* में वर्णन आता है कि लेमूरिया या कुमारिखण्ड नाम का विस्तृत भूखण्ड एक भीषण प्रलय के कारण समुद्र में मग्न हो गया था। इसके अवशिष्ट भाग को ही आज लंका कहते हैं। इस जलप्लावन का कारण दैवी प्रकोप बताया गया है। इस प्राचीन युग के प्रलय में चार लाख गलियाँ, पच्चीस राजमहल तथा रावण के तुतुकड़ी से लेकर मन्नार तक बने हुए असंख्य दुर्ग जलमग्न हो गये थे। एक अन्य जलप्लावन का भी उल्लेख है जो कलनी के राजा दिशाराज के समय में हुआ था। इसमें एक लाख नगर, नौ सौ सत्तर मछली पकड़ने वालों के गाँव तथा चार सौ मोती निकालने वालों के गाँवों के जलमग्न होने का वर्णन मिलता है।[51]

उपर्युक्त भारतीय साहित्य के अतिरिक्त प्रलय-कथाएँ सम्पूर्ण भारत की *जन-जातियों* में भी बहुलता से मिलती हैं।[52] ये कथाएँ उत्तर भारत की जन-जातियों से लेकर पूर्वी भारत की कोलारी, हिमालय के क्षेत्र दार्जिलिंग की मण्डारी,[53] सिक्किम की लिपका, आसाम की अहोम, बंगाल की सन्थाल, सिंगभूमि की कोल, मध्यभारत की भील, रायपुर जिले की कमार और सुदूर अण्डमान द्वीप की जातियों में प्रचलित हैं।[54] *प्रलय और उसके बाद शेष प्राणियों से मानवता के विकास के मुख्य आधार को इन जातियों की कथाओं में स्थानीय रंग दे दिया गया है जिनका उल्लेख प्रस्तुत ग्रन्थ के द्वितीय अध्याय में तुलनात्मक अध्ययन प्रस्तुत करते समय किया गया है।*

(ब) भारतेतर आख्यान

भारतेतर जलप्रलय का प्राचीनतम आख्यान सुमेरी-अक्कादी सभ्यता का है जो दो रूपों में प्राप्त होता है-

1. अक्कादी ईटों पर उत्कीर्ण *'गिलगमेश'* महाकाव्य के अंश और
2. उत्तरकालीन बाबुली इतिहासकारों – विशेषकर बैराहस द्वारा वर्णित कथाएँ।

1. गिलगमेश का आख्यान : बेबीलोनिया में जलप्रलय के अनेक आख्यान प्राप्त होते हैं। परन्तु दुर्भाग्यवश वे सब अपूर्ण हैं और खण्डों में ही अवशिष्ट हैं। केवल *गिलगमेश* महाकाव्य की ग्यारहवीं ईंट पर उत्कीर्ण जलप्रलय की कथा विकसित रूप में प्राप्त होती है। ये ईंटें फिलिस्तीन और एशिया माइनर में हित्ताइट राजधानी वोगाजकोई में प्राप्त हुई हैं।[55] जलप्रलय की यह आदिम घटना अक्कादी-बाबुली कथा के मूल स्थान सुमेरी नगरों सिप्पर, ऊर, उटक आदि में घटित हुई थी। इस महाकाव्य का नायक गिलगमेश अत्यन्त शक्तिशाली एवं साहसी योद्धा है। अपने मित्र की मृत्यु के पश्चात् वह रोग की औषधि के ज्ञान के लिए अपने पूर्वज अमर उत्नपिश्तम की महत्वपूर्ण खोज में निकलता है। फरात नदी के मुहाने पर, चिरजीवी मार्कण्डेय ऋषि के समान उत्नपिश्तम उसे अपनी अमरता के गूढ़तम रहस्य के रूप में स्वानुभूत प्रलय की कथा सुनाता है, जो इस प्रकार है–

फरात नदी के तट पर स्थित एक प्राचीन नगर शुरूप्पक (सूरिप्पक) के देवताओं ने जलप्रलय करने का निश्चय किया। जल और बुद्धि के देवता 'ई' ने यह योजना उत्नपिश्तम को किसी ओट से सुनाकर प्रकट कर दी। उस देव ने उसको चेतावनी दी कि – भौतिक सम्पत्ति को त्यागकर अपनी जीवन-रक्षा का उपाय कर और विशाल जलपोत बनाकर उसमें सम्पूर्ण जीवों के बीज रख ले। नगरवासियों को इस रहस्य का उद्घाटन न करके बहाने से बता देना कि तूफान के देवता एन्लिल के क्रोध के कारण वह दूर जा रहा है। देवता 'ई' की चेतावनी के अनुसार उत्नपिश्तम ने 120 हाथ ऊँचा, बराबर चौड़ाई और लम्बाई तथा छः मंजिला तथा अनेक भागों एवं अनेक पतवारों वाला एक विशाल जलयान बनाया। उसके बनाने में अनेक लोगों ने सामान एकत्रित किया। पाँचवे दिन जलपोत-निर्माण का कार्य आरम्भ हुआ और सातवें दिन वह बनकर तैयार हो गया। इस तरह तीन दिन निर्माण कार्य में लगे। इन तीनों दिनों में जलयान निर्माणकर्त्ताओं के लिए महान् भोज दिया गया।[56]

सातवें दिन की संध्या को ही उत्नपिश्तम ने अपनी बहुमूल्य सम्पत्ति, सम्पूर्ण परिवार, सगे-सम्बन्धी, सेवक, जलपोत के कारीगर, पालतू और वन्यपशु – सबको

जलयान में रखकर उसका द्वार बन्द कर लिया। तदनन्तर जलयान को कप्तान[57] के हाथों में सौंपकर वे प्रलय की प्रतीक्षा करने लगे।

आठवें दिन प्रातःकाल भयंकर तूफान के साथ घोर वर्षा आरम्भ हुई जिसकी विकरालता का बड़ा ही चित्रात्मक एवं सशक्त वर्णन इस महाकाव्य में किया गया है। प्रातः होते ही काले-काले महामेघ घोर गर्जन के साथ मैदानों और पर्वतों पर छा गये।[58] समस्त दृश्य जगत् अन्धकार से आवृत हो गया। एक-दूसरे को पहचानना कठिन हो गया। स्वर्ग से भी मनुष्य नहीं देखे जा सकते थे। केवल भूमि की देवात्माएँ अपनी मशालों से पृथ्वी को प्रकाशित कर देती थीं। तीव्र वायु से बादल टकाराकर बिखर जाते थे। बिजली की तीव्र कड़क से स्वर्ग तक भयभीत हो गया था। उत्तरोत्तर बढ़ते हुए वायु के वेग ने पर्वतों और समस्त मानवता को युद्धस्थल के समान धराशायी कर दिया था। भूमि घड़े के समान टूट गई थी। इतना ही नहीं जल के प्राकृत स्रोतों ने भी सीमाहीन होकर समस्त भूमण्डल को जलमग्न कर दिया था। देवसभा में प्रलय की स्वीकृति देने वाले स्वयं देव भी भयभीत हो गए थे। वे जलप्लावन से रक्षा के लिए उच्चतम स्वर्ग (भारत में लोक) पर चढ़कर स्वर्ग की देहरी से चिपटकर खड़े हो गये थे। वहाँ भय से बोलने में असमर्थ एवं घिग्घी बँधे हुए देवों की उपमा डरे हुए कुत्ते और रुदन करती हुई स्त्री से दी गई है।

सात दिन तक अहर्निश घोर वर्षा के बाद जलप्लावन का अन्त हुआ। उत्नपिश्तम ने खिड़की खोलकर देखा तो चारों ओर नीरवता का साम्राज्य था। समस्त मानवता का ध्वंस हो चुका था। जहाँ तक दृष्टि जाती थी वहाँ तक अथाह एवं विस्तृत जलराशि समतल छत की भाँति दृष्टिगोचर होती थी। उत्नपिश्तम को जब जल के विस्तार में कहीं किनारा दिखाई न दिया तब वे मानव की असहाय अवस्था पर रोने लगे। जलप्लावन से एकमात्र अवशिष्ट निजीर पर्वत पर जाकर उनका जलयान रुक गया और छः दिन तक अचल पड़ा रहा। सातवें दिन उत्नपिश्तम ने एक कबूतर ऊपर उड़ाया जो चारों ओर भूमि न देखकर चक्कर काटकर वहीं वापस आ गया। दूसरी बार उन्होंने अबाबील उड़ाई। वह भी अन्य आश्रयस्थल न देखकर जलपोत पर ही आ गयी। तीसरी बार एक कव्वा उड़ाया। उसने घटते हुए जल को देखा और जल से निकली हुई भूमि देखकर उधर ही चला गया। तब उत्नपिश्तम ने चारों दिशाओं में पशुओं को छोड़ दिया। उसने हविष निकालकर देवताओं को बलि दी और सात-सात बार उन्हें पेय समर्पित किया। यज्ञ तथा पेय की मधुर सुगन्ध से देव मक्खियों की तरह उस पर्वत-शिखर पर एकत्रित हो गये। जीवन प्रदान करने वाली प्रेम की देवी इस्तार ने अपने मणियों के हार की शपथ लेकर कहा कि वह जलप्लावन के भयानक दिनों की सदा याद रखेगी। लेकिन प्रलय को लानेवाले

भयंकर तूफान का देवता एन्लिल जलपोत को देखकर योजना के रहस्य को प्रकट हो जाने और मर्त्यों के जलप्लावन से बचकर निकलने पर आगबबूला हो गया। देव 'ई' ने जैसे-तैसे उसको समझाया कि सबको नष्ट करने के लिए जल-प्रलय के स्थान पर हिंसक पशु, अकाल आदि से केवल पापियों और अपराधियों को ही दण्ड देना अच्छा है। तब एन्लिल ने उत्नपिश्तम की बुद्धि से आश्वस्त होकर उनको सपत्नीक अमरता का वरदान दिया। लेकिन देवों के समान यह अमरता जनसाधारण के लिए उपभोग्य नहीं है। अतः प्रलय से अवशिष्ट वह दम्पत्ति तब से फरात नदी के मुहाने पर अमरता का जीवन बिता रहा है।

> इसमें कोई सन्देह नहीं है कि *गिलगमेश* महाकाव्य में कथा का जो मूल पाठ प्राप्त है उसमें भिन्न-भिन्न अंशों का मिश्रण है। प्रलय को पहले सभी देवों का सामूहिक निश्चय बताया गया है। फिर सूर्य देवता 'समास' और अन्त में पूर्णतया प्रलय का देवता 'एबिल' ही प्रलय का कर्त्ता बताया गया है। प्रलय का नायक उत्नपिश्तम भी दो बार अत्राहसिस कहा गया है। देव 'ई' की चेतावनी की पुनरावृत्ति भी मिलती है। इतने प्रश्नचिह्नों के बाद भी इसकी महत्ता इसलिए स्वीकार करनी पड़ती है कि यह कथा जन-जन में प्रचलित थी और बेबीलोन में कई प्रकार से कही जाती थी।[59] यही कथा अति संक्षेप में सुमेरियन राजा जियूसुद्दू के नाम से भी मिलती है। केवल चेतावनी स्वप्न में दी गयी है तथा बलि के लिए भेड़ और बैल का उल्लेख है।[60]

उपर्युक्त मूल कथा में प्रलय का कारण नहीं दिया गया है, परन्तु एक दूसरी *अक्काद-पुराण कथा* में अत्राहसिस (जिसका शब्दार्थ बुद्धिमान है और जो उत्नपिश्तम का विशेषण मात्र है) बताता है कि मनुष्यों की निरन्तर बढ़ती हुई जनसंख्या और उनके कोलाहल से देवताओं की शान्ति भंग हो गयी थी। अतः देवों ने क्रमशः अकाल, प्रचण्ड वायु तथा महामेघों से प्रलय करने का निश्चय किया था।[61] इस कथा के भिन्न और समान पाठ और भी मिलते हैं।[62] परन्तु उनमें कोई विशेष बात नहीं मिलती। असीरिया की प्रलय कथा में नायक अत्राहसिस है और सभी बातें उपर्युक्त कथाओं के समान हैं।[63] चेल्डिया के साहित्य में नायक का नाम हसीसद्रा दिया गया है जो अत्राहसिस का ही रूपान्तर प्रतीत होता है। प्रलय का कारण जनता के पापाचार से रुष्ट परमेश्वर 'ई' का प्रकोप बताया गया है।[64]

> लेकिन अत्राहसिस के बाद की कथा में एक महत्वपूर्ण बात यह मिलती है कि भारतीय पुराणों के समान वहाँ भी कालक्रम से समाज को बुराई की

ओर उन्मुख होता हुआ लिखा है। समाज की दशा क्रमशः दयनीय होती जाती है। माता-पुत्री और पड़ोसी-पड़ोसी आदि के सम्बन्ध विपरीत होते जाते हैं। सर्वत्र विप्लव, हिंसा और रोगों से मानवता क्षीण हो जाती है, तब बाद में जल-प्रलय द्वारा समस्त मानवता का विनाश होता है।[65]

2. बाबुली आख्यान : उत्तरकालीन बाबुली इतिहासकारों ने भी जलप्लावन के विवरण दिये हैं। इनमें से बैरोसस का नाम विशेष उल्लेखनीय है। इनके द्वारा वर्णित कथा भी अक्कादी कथा का सार ही प्रतीत होती है। किन्तु इनके वर्णन में अक्कादी कथा से कुछ भिन्न बातें भी मिलती हैं। जैसे-यह जलप्रलय अर्देतस की मृत्यु के पश्चात् उसके पुत्र ज्यूथ्रस के राज्यकाल में हुई थी। यह ज्यूथ्रस = हसीसद्रा अर्थात् अत्राहसिस नाम का ही रूपान्तरण प्रतीत होता है। दूसरे प्रलय की सूचना राजा को स्वप्न में क्रोनोस द्वारा प्राप्त होती है और उस सूचना में निश्चिततिथि दी गयी है कि इस मास के पन्द्रहवें दिन प्रलय होगी। सूचना में एक विशेष बात यह भी है कि सभी हस्तलिपियों को सूर्यनगर सिप्परा में गाड़ देने का भी आदेश दिया गया है। नगरवासियों के राजा के जाने का कारण पूछने पर एन्लिल के क्रोध के स्थान पर मानवता के कल्याण के लिए भगवान् की स्तुति करने देवों के पास जाने का बहाना बनाने का भी आदेश दिया गया है। पोत के निर्माण के लिए यहाँ भी लम्बाई और चौड़ाई का माप दिया गया है जो अक्कादी कथा से भिन्न है और इतना विस्तृत नहीं है। प्रलय के घटने के पश्चात् यहाँ राजा अपनी पत्नी, पुत्री और नाविक के साथ उतरकर बलि-वेदी बनाता है और देवताओं को बलि देता है। शेष लोगों को भविष्यवाणी सुनाई देती है कि राजा अपने पुण्यों के कारण परिवार सहित स्वर्ग चला गया है। यहीं दैवी वाणी शेष लोगों को आदेश देती है कि वे बेबीलोन जा सकते हैं, क्योंकि हस्तलिपियों और बाबुली सभ्यता का उद्धार उनके भाग्य में लिखा है। अतः लोगों ने सूर्यनगर जाकर शास्त्रों को खोद निकाला तथा बेबीलोन में अनेक नगरों और मन्दिरों का निर्माण करके मानवता का पुनर्विकास किया।

अन्तिम दो भिन्नताएँ अत्यन्त महत्त्वपूर्ण हैं, जो बाबुल की प्रलय-कथा की परम्परा को अक्कादी परम्परा से स्वतन्त्र सिद्ध करती हैं और जिनका आगे चलकर बाइबिल की 'पी' कथा में विकसित रूप मिलता हैं। यहाँ पोत से उड़ाए हुये तीसरे पक्षी के पैरों पर मिट्टी के निशानों का वर्णन मिलता है जो जैतून के वृक्ष की शाखा के समानान्तर प्रतीत होता है। इस कथा में पोत का अरमेनिया के अन्तर्गत पड़ा रह जाना वर्णित है। असीरिया के अभिलेखों में अरमेनिया का नियमित नाम ही अराराट है।[66] बाद की अन्य

प्रलय-कथाओं पर बेरोसस का ही प्रभाव परिलक्षित होता है। उनमें कोई महत्त्वपूर्ण सूचना भी नहीं प्राप्त होती।[67]

ईसाई धर्मग्रन्थ *बाइबिल*[68] में प्रलय की कथा अत्यन्त विस्तार से वर्णित है। इस ग्रन्थ में पादरियों के स्रोत से आई हुई (पी) तथा यहुदियों के अभिलेखों की (जे) दो भिन्न परम्पराएँ मिलती है। अतः प्रलय-कथा के भी दो रूप मिलते हैं जो पुनरावृत्ति-सी प्रतीत होते हैं। यहाँ पर दोनों को मिलाकर कथा प्रस्तुत की जा रही है। जहाँ भिन्नता मिलती है उसका संकेत कर दिया गया है।

एक बार मनुष्यों में अनाचार, दुष्टता, अन्याय, हिंसा और आसुरी प्रवृत्ति की प्रधानता देखकर भगवान् को स्वयं अपनी कृति पर ग्लानि और पश्चात्ताप होने लगा। अतः क्रोधित होकर उन्होंने समूल मानव-जाति एवं साथ ही अन्य प्राणिजगत् को भी प्रलय द्वारा पृथ्वी सहित नष्ट करने का निश्चय किया। लेकिन आदम की नवीं वंशावलि में उत्पन्न नूह को उस पीढ़ी में न्यायप्रिय, सदाचारी, धार्मिक एवं पवित्र विचार वाला समझकर सात दिन बाद प्रलय आने की सूचना दी। उन्होंने नूह को तीन सौ हाथ लम्बी, पचास हाथ चौड़ी और तीस हाथ ऊँची, खिड़की और द्वारों सहित तीन मंजिली सन्दूकनुमा नौका बनाने का आदेश दिया। नूह को उस नौका में अपनी पत्नी, अपने तीनों पुत्र और उनकी पत्नियों सहित बैठकर पृथ्वी पर जीव-रक्षा के लिए प्रत्येक पशु-पक्षियों के नर-मादा के जोड़े रखने की भी आज्ञा दी। परन्तु 'जे' कथा में पशु-पक्षी आदि प्रत्येक पवित्र प्राणियों के सात-सात और अन्य को एक जोड़े में रखने का वर्णन मिलता है।[69] इन सभी प्राणियों के लिए नौका में आहारादि भी रखने के लिए चेतावनी दी गयी थी। नूह ने दिव्य आदेशों का अक्षरशः पालन किया।

सात दिन बाद भयंकर वर्षा हुई लेकिन 'पी' कथा में समुद्र के भी मर्यादाहीन होने का वर्णन है।[70] अत्यधिक जलसमूह, दूसरे स्थान पर पचास हाथ ऊँची जलराशि[71] ने पर्वतों सहित भूमण्डल को जलमग्न कर दिया। नौकाश्रितों को छोड़कर शेष समस्त जीवधारियों को जलप्लावन ने ग्रस लिया।[72] तत्पश्चात् वायु[73] ने बादलों को छितरा दिया जिससे वर्षा रुक गयी और समुद्र भी मर्यादा में आ गया। धीरे-धीरे प्रलय-जल का अवसान होने लगा और नौका अराराट पर्वत पर आकर ठहर गयी।

नूह ने भूमि का पता लगाने के लिए क्रमशः कौव्वा और फ़ाख़्ता उड़ाए। लेकिन अन्य आश्रयस्थल न पाकर वे नाव पर ही लौट आए। सात दिन बाद पुनः भेजी गयी फ़ाख़्ता सन्ध्या समय अपनी चोंच में जैतून की एक पत्ती लाई, जिससे भूमि निकल आने की सूचना मिली। सात दिन बाद फिर चौथी फ़ाख़्ता उड़ाई जो लौटकर नहीं

आई।[74] इससे पूर्ण निश्चय हो गया कि भूमि अन्य स्थानों पर भी निकल आई होगी और पूर्ण आश्वस्त होकर नौकाश्रित प्राणी बाहर निकले।

एक ध्यान देने की बात यह है कि बाइबिल में प्रलय-अवधि के बारे में बड़ा अव्यवस्थित एवं अनिश्चित वर्णन मिलता है। 'जे' कथा के अनुसार सात दिन बाद वर्षा आरम्भ हुई।[75] चालीस दिन तक जलप्लावन रहा।[76] सात-सात दिन के अन्तर से नौका से पक्षी उड़ाये गये।[77] इस जलप्लावन का नूह के छः सौ वर्ष के होने पर आरम्भ[78] और दूसरे मास के सत्ताईसवें दिन अवसान होना लिखा है।[79] इस प्रकार कुल मिलाकर आरम्भिक सूचना से लेकर अवसान तक लगभग 67 दिन हुए। लेकिन 'पी' कथा में यह जलप्लावन डेढ़ सौ दिन तक रहा।[80] यहाँ नूह के छः सौवें वर्ष में ही दूसरे मास के सत्तरहवें दिन प्रलय आरम्भ हुआ था[81] और सातवें मास के सत्तरहवें दिन नौका अराराट पर लगी थी।[82] दसवें मास के पहले दिन जल कम होकर पर्वतश्रेणी दिखाई दी थी।[83] नूह के छः सौ एक वर्ष के पहले दिन पृथ्वी के सूखने पर नाव का पर्दा हटाया गया था।[84] इस प्रकार लगभग 360 दिन का समय प्रलय-अवधि में आ जाता है।

जनसाधारण में प्रलय-कथाओं की प्रसिद्धि के कारण धर्म-प्रचारकों ने अपने प्रचार में प्रयुक्त अनेक जनकथाओं में प्रलय-कथा के किसी-न-किसी अंश का, चाहे तोड़ मरोड़कर ही सही, मिश्रण कर दिया है। इस प्रकार बाइबिल की प्रलय-कथा के समानान्तर अनेक लोक-कथाओं का आविर्भाव हो गया है। लेकिन बाइबिल की प्रलय कथा का प्रभाव वहीं पर अधिक है, जहाँ ईसाई प्रभाव बहुत अधिक अवधि तक रहा है। विशेष रूप से अमेरिका महाद्वीप की जनजातियों में इस प्रकार की प्रलय सम्बन्धी लोक-कथाएँ असंख्य मात्रा में उपलब्ध होती हैं।[85] उनमें से केवल छः कथाएँ ही उनकी विशेषताओं के आधार पर दी जा रही हैं। अन्य कथाओं का संकेत तुलना करते समय इस ग्रंथ के दूसरे अध्याय में किया जायेगा।

क्रीक-इण्डियन जाति की जन-कथा में एक कुत्ता अपने स्वामी को प्रलय की सूचना देता है और नाव के निर्माण की सम्मति देता है। जैसे-जैसे पानी चढ़ता गया समस्त पर्वत सहित पृथ्वी और उसके अशेष प्राणी जलमग्न हो गये। केवल कुत्ता और उसका स्वामी शेष रहे। बादलों के बहुत ऊपर उन्होंने एक सुन्दर स्थान देखा। लेकिन कुत्ते ने अपने स्वामी को अपने पहले देश में ही लौटने के लिए सम्मति दी। यह तभी हो सकता था जब उसका स्वामी उस कुत्ते को प्रलय-जल में फेंक दे। स्वामी की अनिच्छा होते हुए भी उसके ऐसा करने पर शीघ्र ही जल का अवसान होने लगा। कुत्ते की चेतावनी के अनुसार स्वामी सात दिन तक नौका से नहीं उतरा।

जल के हटने से भूमि सूखने पर अनेक लोग नौका के पास आये, क्योंकि उनके पास अब भी अग्नि शेष थी। उन मनुष्यों में कुछ नग्न, कुछ चीथड़े पहने हुए और कुछ सुन्दर वस्त्र धारण किये हुए थे। तीनों समूह के लोगों ने अग्नि को बाँट लिया। तब पूर्व से एक कोलहाल के साथ एक वृद्ध ने प्रकट होकर कहा कि यद्यपि उनके शरीर मर गये हैं, तथापि वे आत्माओं में जीवित रहेंगे। यह जनकथा मृतक शरीर को सुखाकर पवित्र भवनों में रखने की प्रथा की ओर संकेत करती है।[86]

एक दिन 'मिकैलो' शिकार खेल रहा था तो उसका भेड़िया (जिससे वह कुत्ते का कार्य लेता था) एक झील में घुसकर अदृश्य हो गया। वह भेड़िये की रक्षा के लिए जैसे ही झील में घुसा तो झील का जल अचानक उमड़ पड़ा और उसने किनारों को तोड़कर सारी भूमि को जलमग्न कर दिया जिससे सारी सृष्टि का विनाश हो गया। मिकैलो ने एक काग को भूमि का टुकड़ा लेने भेजा, जिससे भूमि पुनः बनाई जा सके। परन्तु वह पक्षी खाली हाथ लौटा फिर उसने ऊदबिलाव नामक पशु को डुबकी लगाने के लिए कहा। लेकिन वह भी खाली हाथ लौटा। तीसरी बार में छछूँदर पृथ्वी का एक टुकड़ा लाया, जिससे मिकैलों ने ठोस पृथ्वी का निर्माण किया। मिकैलो ने उन दुष्ट प्राणियों से बदला लिया, जिनके कारण बाढ़ आई थी। तत्पश्चात् मिकैलो ने छछूँदर से विवाह करके उसकी सहायता से समस्त विश्व को पुनः नये सिरे से बसा दिया। यह *एलगोक्विन जाति* की सृष्टि-रचना और प्रलय के पश्चात् मानवता के विकास की कथा है। उनकी मातृभाषा में 'प्रकाश' और 'खरगोश', के लिए एक ही शब्द है। अतः सृष्टिकर्ता सूर्य को खरगोश मिकैलो के नाम से पुकारते हैं। *कैलिफोर्निया* की जन-जातियों में प्रारम्भ में स्त्रष्टा 'काडोयानप' और 'कोयोटे' प्रारम्भिक महान् सागर के जल पर एक नौका में तैरते दिखाई देते हैं। वे दुष्ट प्राणी को मारकर पृथ्वी का उद्धार करते हैं। इस जलप्लावन से सम्पूर्ण मानव-समुदाय नष्ट हो गया था। जलप्लावन का अवसान होने पर स्त्रष्टा कोयोटे ने विभिन्न पक्षियों के पंखों को भूमि में लगा दिया जिनसे मानव की विभिन्न जातियों का विकास हुआ।[87]

ऐरीज़ोना में पैपेगोज़ की जनकथा में प्रलय-नायक 'मोन्टेज़ूमा' परमात्मा की पूर्व सूचना ही अवहेलना करके स्वर्ग तक पहुँचने वाले एक विशाल भवन का निर्माण करता है। परन्तु यह भवन पूर्ण होने से पूर्व ही स्वर्गीय तड़ित् से नष्ट हो जाता है। इसी प्रकार केलिफोर्निया की वाशो जन-जाति की कथा में दास अपने स्वामियों द्वारा भावी प्रलय से बचने के लिए आश्रयस्थल के रूप में एक मन्दिर बनाने के लिए विवश किये जाते हैं। वहाँ भीषण अग्नि-वर्षा के साथ एक महान् भूकम्प आता है। वह मन्दिर भी गुम्बद तक टेवो झील में डूब जाता है। तब उसके स्वामी व्यर्थ में

ही मन्दिर की चोटी पर चढ़ने का प्रयास करते हैं। उस चोटी से वे क्रोधी देव द्वारा फेंक दिये जाते हैं।[88] निश्चय ही यहाँ मन्दिर का निर्माण अर्वाचीन लक्षण है।

एक-दूसरे से पर्याप्त दूरी पर स्थित स्थानों की कथाओं में कुछ ऐसे महत्वपूर्ण विस्तृत विवरण भी प्राप्त होते हैं जो बाइबिल की कथा में सविस्तार वर्णित नहीं हैं। जैसे जीवन रक्षा के साधन नौका को बाँधने के लिए प्राय: रस्सी का वर्णन किया गया है। परन्तु कहीं-कहीं रस्सी के छोटी रह जाने से नौकाश्रित डूब जाते हैं। पैल्य द्वीप-वासियों की कथा में प्रलय से एकमात्र शेष वृद्धा का इसी प्रकार डूबना वर्णित है। परन्तु सबसे वृद्ध देव दयार्द्र होकर उसे पुनर्जीवित कर देते हैं। एक स्थान पर भारतीय प्रलय कथाओं में वर्णित मत्स्य की आश्चर्यजनक वृद्धि के समानान्तर ही थिलिनकिट जाति की छोटी मछली का बढ़ना वर्णित है, जिसने सम्पूर्ण भवन को घेर लिया था।[89] एक अन्य जाति की कथा में सूर्य का प्रलय द्वारा नष्ट होना लिखा है। परन्तु यह सृष्टि-रचना की पुरा-कथा है, क्योंकि इसमें पाँच तत्व ही सूर्य कहे गये हैं जो पृथक्-पृथक् होकर सृष्टि का निर्माण नहीं कर सकते।[90] दक्षिणी अमेरिका की पठारी और गर्म मैदानों की अनेक जन-जातियों में भी प्रलय-कथाओं का आधिक्य है। वहाँ भी पाप के कारण दैवी प्रकोप को प्रलय का कारण बताया गया है जिससे प्राय: सम्पूर्ण मानवता नष्ट हो जाती है। वहाँ की जन-जाति की एक अन्य प्रलय-कथा में कहा गया है कि एक दिन इस जाति के लामा ने अपना खाना नहीं खाया और दु:ख के साथ 'यू-यू' करके अपने मालिक को बताया कि पाँच दिन में समुद्र द्वारा सम्पूर्ण मानव-जाति नष्ट कर दी जायेगी। अत: उसका स्वामी पाँच दिन का खाना लेकर उसके निर्देशन में सर्वोच्च पर्वत वालेकेकोटो पर चला गया। परन्तु वहाँ इतने पशु-पक्षी एकत्रित हो गये थे कि उसे पैर रखने को भी कठिनाई से स्थान मिला। समुद्र की मर्यादाहीनता के कारण केवल इस शिखर को छोड़कर सब स्थान जलमग्न हो गये। स्थान कम होने के कारण एक लोमड़ी की पूँछ प्रलय-जल में भीग गयी थी। तभी से लोमड़ियों की पूँछ काली होती है। पाँच दिन बाद प्रलय-जल का अवसान हुआ। इन्हीं शेष प्राणियों से पुन: विश्व का वंशवृक्ष चला।[91]

यूनान की सर्वविख्यात प्रलय-कथा अपोलोडोर के द्वारा वर्णित की गयी है, जो बाद में ओविड द्वारा विस्तार को पहुँचा दी गयी। वहाँ वर्णन आता है कि समाज में पाप और अत्याचार की वृद्धि से देवराज जीअस ने क्रुद्ध होकर अत्यधिक पतित मानव-जाति को जल-वृष्टि द्वारा समूल नष्ट करने का निश्चय किया। लेकिन प्रोमेथियस ने अपने पुत्र 'ड्युकालियन' को सर्वनाशी प्रलय के आने की सूचना दी। अपने पिता की चेतावनी के अनुसार ही उसने एक सन्दूकनुमा नौका का निर्माण किया। आहारादि की सामग्री लेकर ड्युकालियन अपनी पत्नी पीर्हा सहित उसमें बैठ

गया। जीअस ने बादलों का आकाशमार्ग खोल दिया, जिससे अत्यधिक वर्षा द्वारा जीव-जन्तु जलमग्न[92] हो गये। नौ दिन तक समुद्र की सतह पर तैरती हुई नौका पार्नास पर्वत पर ठहरी। वर्षा बन्द होने पर ड्युकालियन ने अपने रक्षक जीअस को बलि दी और फिर नवीन मानवता का विकास किया।[93]

ओविड के विस्तारक विवरण में ड्युकालियन और उसकी पत्नी को प्रलय की पूर्व सूचना और पोत बनाने की आज्ञा का उल्लेख नहीं है। वहाँ सन्दूकनुमा नौका के स्थान पर जलपोत का वर्णन मिलता है, जिसमें बैठकर वे पार्नास पर्वत पर उतरते हैं। वहाँ वे पर्वत के देव और 'थिमिस' का स्तुति द्वारा आह्वान करते हैं और इनकी स्तुति तथा इनके सदाचार और धार्मिकता से प्रसन्न होकर जीअस जलप्लावन को समाप्त कर देते हैं। इस मुख्य कथा से सम्बन्धित अनेक रूपान्तरित कथाएँ यूनान में प्राप्त होती हैं। *नौन्नस* के विवरण में भी एक स्थानीय जलप्लावन की कथा परम्परागत ड्युकालियन की कथा से जोड़ दी गयी है। इसमें हत्या के अपराध में जीअस द्वारा भेजी हुई महान् विनाशकारी अग्नि को शान्त करने के लिए जलप्लावन का होना लिखा है। प्रलय का अन्त पर्वतों को काटकर 'टेम्पे' घाटी के खुल जाने पर जल के निकल जाने पर होता है।[94] अग्नि को शान्त करने के ब्याज से जीअस द्वारा वर्षा से जलप्लावन करने का उल्लेख एक दूसरी कथा में भी मिलता है। परन्तु यहाँ अग्नि सूर्य के पुत्र 'फेथन' द्वारा लगाई गयी थी।[95] यह वर्णन भारतीय पुराणों के प्रलयवर्णन से साम्य रखता है, जिसमें पहले अनावृष्टि और सूर्याग्नि द्वारा मानवता के नष्ट होने पर जल-प्रलय होती है।

एक अन्य कथा भी ड्युकालियन की कथा से प्रायः सम्बद्ध कर दी जाती है, जिसमें 'डारडानस' खाल की बनी हुई नाव में प्रलय से सपरिवार अपनी प्राणरक्षा करता है। प्रलय के बाद इसने इडा साम्राज्य की नींव डाली थी।[96] इसी प्रकार की एक और यूनान, बाबुल और बाइबिल की कथा के तत्वों से मिश्रित कथा मिलती है जिसमें ड्युकालियन और उनकी पत्नी अपने परिवार तथा सभी प्रकार के जीव-जन्तुओं के जोड़े सहित सन्दूकनुमा नाव में बैठकर प्रलय से अपनी प्राण-रक्षा करते हैं। जब पानी पृथ्वी के छेद से निकल गया तो ड्युकालियन ने वहाँ एक वेदी बनायी और उसके ऊपर एक मन्दिर बनवाया।[97]

एक अन्य कथा में आर्केडिया के राजा 'लिकेओन' के अनाचार और अधार्मिकता के कारण प्रलय होने का उल्लेख मिलता है। उस समय के धार्मिक एवं न्यायप्रिय मानव देवों के साथ मौज करते थे और मित्रता रखते थे। परन्तु जो असुर प्रवृत्ति के लोग थे वे देवों के कोपभाजन भी होते थे। एक दिन जीअस आर्केडिया

आये तो राजा ने उनके लिए बलि के मांस में एक बच्चे की आँतें मिला दी। जीअस ने क्रोधित होकर पृथ्वी को वर्षा से जलमग्न कर दिया। केवल राजा का छोटा पुत्र पृथ्वी के कहने से इस जल-प्रलय से बच सका था।[98]

अवेस्ता की प्रथम पुस्तक *वेन्दीदाद* के प्रथम फर्गर्द में उल्लेख आता है कि अहुर्मज़्द ने सर्वप्रथम 'एर्यनवेइजो' देश बनाया जो दैत्य (अरबसीज) नदी के तट पर था। अहुर्मज़्द ने विवनवत् के पुत्र यिम को धर्मोपदेश दिया था और इस पृथ्वी पर उसको राजा बनाया था। इसके 1200 वर्ष बाद हिमप्रलय आने की सूचना भी अहुर्मज़्द द्वारा ही प्राप्त हुई थी।[99] इस प्रकार पारसी धार्मिक ग्रन्थ 'वेन्दीदाद' के यिम-गीतों[100] में भी एक हिम-प्रलय की कथा के संकेत प्राप्त होते हैं। देवों की सभा में अहुर्मज़्द ने भयानक अपार शीत के साथ हिम को पिघलाकर महाप्रलय करने का निश्चय किया। लेकिन यिम को एक विशाल चतुष्कोण बाड़ा बनाकर उसमें मानव और सब प्रकार के पशुओं को रखने की सूचना दे दी गयी थी। यिम ने आदेशानुसार ही सब कार्य किया। परन्तु इस कथा में यह संकेत नहीं है कि वास्तव में प्रलय हुई।[101] दूसरे, यह प्रलय हिम के पिघलने के कारण हिमप्रलय कही गयी है। तीसरे, इसमें नौका के स्थान पर विशाल बाड़े को प्रलय से सुरक्षा का साधन बताया गया है। चौथे उस बाड़े में सृजन और बिना सृजन के प्रकाश होते हैं। वर्ष एक दिन-सा होता है।[102] *बुन्दाहिश्न सप्तम*[103] में एक दूसरी कथा का उल्लेख मिलता है जिसमें 'तिस्तार' ने मनुष्य, कुत्ता और घोड़े के रूपों में क्रमशः दस-दस दिन की अवधि की प्रलय की थी। इस प्रलय में पृथ्वी के समस्त हानिकारक प्राणियों के नष्ट होने का उल्लेख मिलता है।[104]

कुरानशरीफ में भी बाइबिल की कथा के समानान्तर एक कथा मिलती है। यहाँ पर हज़रत नूह जलप्लावन से शेष रहते हैं। यह प्रलय ईश्वर पर अविश्वास रखनेवाले लोगों को नष्ट करने के लिए हुई थी। इसमें नूह की नौका 'जूदी' पर्वत पर ठहरती हैं अन्य बातें बाइबिल की कथा के समान हैं।[105]

चीन में अनियन्त्रित बाढ़ के जल और प्रायः होनेवाले जलप्लावन पर अनेक पुरा-कथाएँ मिलती हैं। कुंग कुंग ने ऐहो से सत्ता हथियाने की इच्छा से उसको पराजित करने के लिए पोचोउ पर्वत को उल्टा और पृथ्वी को तिरछा कर दिया था जिससे नदियों में भयंकर बाढ़ आ गयी थी। बाढ़ लाने के फलस्वरूप कुंग कुंग को दिव्य चू-जुंग ने सजा दी थी। लेहत्जू के विवरण के अनुसार एक दूसरी विस्तृत कथा का सार इस प्रकार है:-

प्राचीन काल में आकाश, पृथ्वी, पर्वत, अग्नि और जल तथा पशु-पक्षी अव्यवस्थित और अनियन्त्रित होकर मनमानी करते थे। उस समय नू-कुआ ने इन सबको भिन्न-भिन्न उपायों से नियमित और व्यवस्थित किया था तथा बाढ़ के बढ़ते हुए जल को नरकट की राख के ढेर से रोका था।[106] इसी प्रकार की एक कथा येहो के समय की प्राप्त होती है जिसमें जलसमूह ने अबाध गति से अव्यवस्थित पृथ्वी को जलमग्न कर दिया था। उस समय प्रलय के जल में चारों ओर भरे हुए सर्प और अजगरों ने मानव-जाति को निष्कासित होने पर बाध्य कर दिया था। परन्तु 'यू' ने नदियों के पथ निर्धारित करके इन अजगरों, दैत्यों तथा हिंसक पशुओं को दूर भगाकर मैदानों को मानव-जाति के निवास योग्य बनाया था।[107]

चीन के सम्राट येहो के समय की दूसरी प्रलय-कथा में उमड़ते हुए प्रलय-जल का आकाश तक पहुँचने का उल्लेख मिलता है। चार पर्वतों के अध्यक्ष 'हो' ने कहा कि यह जलप्लावन ऊँचे पर्वत और स्वर्ग को भी भयभीत करने वाला है, जिससे निम्न प्रदेशवासी त्राहि-त्राहि कर रहे हैं। अतः सम्राट येहो ने 'हो' के आदेशानुसार 'खुन' से सहायता माँगी। लेकिन 'खुन' के बाँध भी जल को नियन्त्रित नहीं कर सके। तब एक कूर्म और शृंगधारी उल्लू की सम्मति से दिव्य 'हुआँगती' की फूलती हुई मिट्टी चुराकर 'खुन' ने नौ वर्ष के कठिन परिश्रम के बाद प्रलय के जल को कुछ नियन्त्रित किया था। परन्तु 'खुन' 'हुआँगती' को क्रोधित करके अपना जीवन खो बैठा था। 'येहो' के उत्तराधिकारी 'शुन' के समय में 'खुन' के पुत्र 'यू' ने जलप्लावन को रोकने का सफल प्रयत्न किया। एक बार बाढ़ का जल स्वर्ग को छूने लगा और पर्वत और उच्च शिखर भी इस जलप्लावन में डूबे गये थे। इससे सम्पूर्ण मनुष्य-जाति भयभीत हो गई थी। तब 'यू' ने हुआँगती की आज्ञा लेकर स्वर्ग से फूलती हुई मिट्टी लेकर जलप्लावन करने वाले 233-559 स्रोतों पर बाँध बना दिये। इसके उपरान्त जल रोकने के लिए निचले स्थानों के किनारों पर बड़े-बड़े टीले बनाये, जो जलप्लावन के समय सुरक्षित स्थान का काम दे सकें। दो पर्वतों के मध्य में भरे हुए जल को खाई या सुरंग खोदकर नदियों द्वारा समुद्र में पहुँचा दिया गया। 'यू' ने प्रलय लानेवाले दैत्य कुंग-कुंग को भी मार दिया।[108] उपर्युक्त विवरण के आधार पर यह स्पष्ट होता है कि चीनी जलप्लावन की कथाएँ विश्व की परम्परागत प्रलय और मानवता के विकास की कथाओं से एकदम भिन्न हैं।

अफ्रीका के अन्तर्गत जलप्लावन की कथाएँ अभी तक नहीं मिली हैं। *मिस्र* की एक कथा में केवल इतना ही संकेत मिलता है कि जल की घास से निर्मित एक नाव में मूसा एक शिशु के रूप में नील नदी के अन्तर्गत तब तक तैरते रहे, जब तक कि 'फैरोह' की पुत्री ने उनकी रक्षा नहीं की।[109]

विश्व की उपर्युक्त प्रलय-कथाओं के अतिरिक्त ब्रह्मा, इण्डोचीन, मलाया, सुमात्रा, बोर्नियो, फिलीपाइन तथा प्रशान्त महासागरीय अनेक द्वीप, मैलेनेशिया, पोलीनेशिया माइकोनेशिया, न्यूजीलैण्ड तथा आस्ट्रेलिया में भी जलप्लावन की कथाएँ प्रचुरता से मिलती हैं।[110]

(ख) आदिमानव द्वारा सृष्टि-विकास-सम्बन्धी भारतीय तथा भारतेतर आख्यान

(अ) **भारतीय आख्यानः** *शतपथब्राह्मण* में वर्णन आता है कि प्रलयोपरान्त प्रजा की कामना से मनु पूजा और धार्मिक कृत्यों में संलग्न हो गये। इसी बीच में उन्होंने एक पाक-यज्ञ किया। उनकी जल में डाली हुई घृत, दधि आदि की आहुतियों से एक वर्ष पश्चात् एक नारी उद्‌भूत हुई। मनु ने इस नारी इड़ा का यज्ञ में उपयोग किया। उसके सहयोग से मनु बहुसंख्यक प्रजा और पशु आदि से समृद्ध हो गये, अर्थात् उन दोनों के संयोग से यह सृष्टि-चक्र फिर से चलने लगा। यह जाति मनु की जाति है।[111] लेकिन कुछ विद्वान् इड़ा को आहुति का मानवीकरण मात्र मानते हैं क्योंकि आगे यज्ञ की प्रक्रिया में इड़ा के उपयोग का वर्णन किया गया है।[112]

महाभारत के मत्स्योपाख्यान में नौका को हिमालय के शिखर से बाँधने के पश्चात् ब्रह्मा रूपी मत्स्यावतार ने मनु को तपस्या द्वारा प्राप्त प्रतिभा से देवता, असुर, मनुष्यादि समस्त प्रजा तथा चराचर जगत् की सृष्टि करने का आदेश दिया। प्रजा की कामना वाले वैवस्वत मनु ने घोर तपस्या करके पूर्वकल्पानुसार सृष्टि का विकास किया।[113]

भागवतपुराण में वर्णन आता है कि प्रलय का अन्त होने पर मत्स्यावतार ने हयग्रीव असुर को मारकर उससे वेद छीन लिये और प्रलयकाल में मत्स्यावतार से सनातन ब्रह्मस्वरूप आत्मतत्व का श्रवण किया जिसे वह ज्ञान-विज्ञान से संयुक्त हो गया और इस कल्प में आकर वह विवस्वान् का पुत्र श्राद्धदेव के नाम से मनु हुआ। वेदज्ञान और तप यहाँ सृष्टि-शक्ति के रूप में वर्णित हैं जो कल्पारम्भ की सृष्टि-रचना में कल्पाधिपति मनु की सहायक होती है। इन्हीं शक्तियों से मनु यहाँ सृष्टि का विकास करते हैं।[114] इसी प्रकार अग्निपुराण में भी महान् तपस्वी वैवस्वत मनु को प्रलयोपरान्त इस कल्प का मनु बताया गया है।[115] मत्स्यपुराण में भी तपस्वी वैवस्वत मनु का प्रलय के बाद कल्प के आरम्भ में सतयुग के आदिकाल में सर्वज्ञ, धृतिमान्, देवों द्वारा पूजित एवं जगत् के प्रजापति होने का उल्लेख मिलता है।[116]

इस प्रकार भारतीय प्रलय-कथाओं में तप, यज्ञ और वेदज्ञान के द्वारा वैवस्वत मनु को प्रलयोपरान्त कल्प के आदि में चराचर जगत् की सृष्टि करके मानवता का विकास करनेवाला माना गया है। प्रलय से सम्बन्धित इन भारतीय कथाओं में सप्तर्षि और सत्वबीजों के अतिरिक्त मनु की पत्नी के नाम का उल्लेख नहीं मिलता।

(ब) **भारतेतर आख्यानः** *सुमेरी-अक्कादी-प्रलय-कथा* में प्रलय के जल के घटने पर उत्नपिश्तम द्वारा निज़ीर पर्वत के शिखर पर देवों के लिए यज्ञ, बलि तथा सात-सात बार पेय देने का उल्लेख मिलता है, जिसकी आकर्षक सुगन्ध से देव-समूह एकत्रित हो गया था। अपने साथ लाये हुए पशु-पक्षियों को उसने चारों ओर छोड़ दिया था। यज्ञ से प्रसन्न हुए देवों के वरदान से कथा-नायक अपनी पत्नी सहित दिव्य जीवन व्यतीत करने फरात नदी के मुहाने पर चला जाता है। यहाँ मानवता के विकास और शेष व्यक्तियों के बारे में और कोई संकेत नहीं मिलता। परन्तु यह समझा ज़ा सकता है कि प्रलय से अवशिष्ट उसके सम्बन्धियों, सेवक, चालक आदि व्यक्तियों और पालतू तथा अन्य पशुओं से आगामी सभ्यता का पुनर्विकास हुआ होगा। अन्य रूपान्तरित सुमेरियन कथाओं में नायक अत्राहसिस अथवा ज़ियूसुद्दू प्रलय के बाद मानवता का विकास करते हैं।[117]

बाबुली प्रलय-कथा में भी प्रलय-जल के अवसान होने पर ज्युथ्रस द्वारा अपनी पुत्री, पत्नी और नाविक सहित पोत से उतरकर अरमेनिया के पर्वत पर देवों को पहले बलि देने का उल्लेख मिलता है। तत्पश्चात् वह अपनी धार्मिक पवित्रता के कारण परिवार सहित स्वर्ग चला जाता है। परन्तु अन्य अवशिष्ट लोगों को देववाणी द्वारा विदित होता है कि उनके भाग्य में हस्तलिपियों का उद्धार और बाबुली सभ्यता का पुनरुद्धार होना लिखा है। यह सुनकर वे लोग भी नौका से उतरकर देवों को बलि देते हैं और अरमेनिया से घुमावदार रास्ते से पुनः बाबुल आ जाते हैं। वहाँ वे हस्तलिपियों को खोद लेते हैं और अनेक नगरों एवं मन्दिरों का निर्माण करके बाबुल को पुनः बसा देते हैं।[118] इस प्रकार प्रलय से शेष इन प्राणियों से ही बाबुली सभ्यता के पुनर्विकास की कहानी जुड़ी हुई है।

बाइबिल की प्रलय-कथा के अनुसार प्रलय-जल में निमग्न पृथ्वी के बाहर निकल आने पर नूह प्रत्येक प्रकार के प्राणियों के जोड़ों सहित नौका से उतरकर भगवान् की पूजा के लिए बलि-वेदी बनाते हैं, वे पवित्र पशु-पक्षियों में से एक-एक को लेकर अग्नि में भूनते हैं और भगवान को अर्पित करते हैं। उस बलि की मधुर गन्ध से प्रसन्न होकर भगवान् अपने मन में कहते हैं-मानवों के लिए अब कभी धरा को अभिशप्त नहीं करूँगा। धरा पर सम्पूर्ण कार्यकलाप सदा होते रहेंगे।

भले-बुरे मानस की कल्पना तो उसके यौवन से होती है। इस प्रकार ईश्वर भविष्य में मनुष्यों को प्रलय द्वारा नष्ट न करने का वचन देते हैं। साथ ही नूह और उसके पुत्रों को अधिकाधिक प्रजा उत्पन्न करने, फलने-फूलने और पृथ्वी पर बढ़ने का आशीर्वाद देते हैं।[119] वे प्रत्येक पशु-पक्षी, सरीसृप और जलचरों के ऊपर मानव को शासन का अधिकार भी सौंप देते हैं[120] समस्त भूखण्ड और प्राणियों को प्रलय द्वारा नष्ट न करने के अपने वचन[121] को ईश्वर ने अभिज्ञान के रूप में बादलों में रख दिया है, जिससे जब कभी मेघ आकाश में आये, तो इन्द्रधनुष में उन्हें अपना वचन याद आ जाए कि प्रलय द्वारा मानवता का नाश हो जायेगा।[122]

नूह प्रलय के पश्चात् 300 वर्षों तक और जीवित रहते हैं।[123] प्रलय से अवशिष्ट नूह के शेम, हेम और जेफेथ तीन पुत्रों की सन्तति से ही आगामी सृष्टि का विकास होता है।[124] उनकी सन्तति का सविस्तार वर्णन बाइबिल में मिलता है।[125] अतः यह स्पष्ट है कि ईसाई धर्मावलम्बी प्रलयोत्तर नवीन सभ्यता का जनक नूह को ही मानते हैं।

उत्तरी अमेरिका की जन-जाति की कथा में प्रलय के पश्चात् मिकैलो छछूँदर से विवाह करके मानवता का विकास करता है।[126] *दक्षिणी अमेरिका* की होरचिरी जाति में विलाकोटो पर्वत पर प्रलय से शेष प्राणी मानवता का विकास करते हैं। इसी प्रकार अन्य जातियों की कथाओं में भी जलप्लावन के बाद अवशिष्ट प्राणियों से मानवता के विकसित होने का उल्लेख मिलता है।[127]

यूनान की प्रसिद्ध कथा में प्रलयोत्तर वर्णन इस प्रकार मिलता है कि वर्षा बन्द होने पर जलप्लावन कम होता है। द्युकालियन अपनी पत्नी पीर्हा सहित सन्दूकनुमा नाव से उतरकर पार्नास पर्वत पर अपने रक्षक जीअस को बलि देता है। बलि से प्रसन्न होकर जीअस उन्हें सन्तान का वर देता है। आदेशानुसार पति जो पत्थर अपने सिर के ऊपर से फेंकता है वे नर हो जाते हैं और पत्नी जो पत्थर फेंकती है, वे नारी हो जाते हैं। इस प्रकार नई सृष्टि होती है और मानव जाति समूल नष्ट होने से बच जाती है। यह जनसाधारण की व्युत्पत्ति है क्योंकि यूनान में पत्थर और मनुष्य के लिए प्रयुक्त शब्दों में समानता है।[128] इस विवरण से स्पष्ट है कि यूनान में मानवता का विकास जलप्रलय से एकमात्र अवशिष्ट द्युकालियन और पीर्हा दम्पति द्वारा होता है। अन्य यूनानी उपकथाओं में भी प्रलय से अवशिष्ट व्यक्ति द्वारा किसी न किसी साम्राज्य की स्थापना का उल्लेख मिलता है।[129] ये उल्लेख भी यह सिद्ध करते हैं कि यूनानी प्रलय से अवशिष्ट व्यक्तियों द्वारा ही मानवता का पुनर्विकास मानते हैं।

चीन की पुरा-कथाओं में जलप्लावन के पश्चात् किसी प्रकार की तपस्या या बलि तथा यज्ञ का उल्लेख नहीं मिलता। नदियों के अधिष्ठातृ देव 'हो पो' के लिए स्तुति और हवि का उल्लेख तो मिलता। परन्तु यह उसकी सहायता प्राप्त करने के लिए, क्षमा करने या जलप्लावन के पश्चात् मानवता के विकास के लिए तो कदापि नहीं है। ये कथाएँ विश्व की जलप्लावन की कथाओं में अपना अद्वितीय स्थान रखती हैं, जो असहाय मनुष्य के एकमात्र आश्रय पारलौकिक शक्तियों से हटकर प्रकृति की भीषणता और उससे निरन्तर जूझते हुए मनुष्य के उद्यम की स्वाभाविकता को उभारती हैं। यहाँ मानवता का विकास मनुष्य के अथक परिश्रम द्वारा दिखाया गया है। हसिया वंश के 'खुन' और 'यू' पिता-पुत्र को बाढ़ का स्वामी कहा गया है। इनसे सम्बन्धित जलप्लावन की कथाएँ परिस्थिति से उद्‌भूत हैं।[130] यद्यपि ये विवरण बताते हैं कि 'यू' यह कार्य एक साथ करता है। परन्तु अधिक स्वाभाविक यह है कि यह कार्य धीरे-धीरे हुआ होगा और 'यु' इस कार्य का श्रीगणेशकर्ता रहा होगा।

एक विद्वान् के अनुसार तो 'यू' ऐतिहासिक मनुष्य ही नहीं है उसे वह एक प्रकार का स्रष्टा बताता है जिसने पृथ्वी पर जलप्लावन के पश्चात् सभ्यता स्थापित की थी। 'यू' को बार-बार भूमि और जल का सम्बन्ध निश्चित करने वाला कहा गया है। जब-जब जलप्लावन होता है तब-तब वह भूमि को जल से बाहर निकालता है। वही जनता को यह सिखाता है कि भोजन के लिए मांस कैसे प्राप्त किया जाता है। 'यू' ही 'ची' के साथ मिट्टी में बीज डालकर जनता को अन्न उत्पन्न करना सिखाता है। धन का उपयोग करना बताता है, जिससे लोग समृद्ध हों और वही देश में सुशासन की स्थापना करता है।[131] इससे स्पष्ट है कि यह प्रलय से विनाश के बाद मानवता के भौतिक विकास का मूलभूत एवं क्रमिक इतिहास है।

चीन में प्रलय के पश्चात् मानवता के विकास की एक धार्मिक और दार्शनिक कथा का भी उल्लेख मिलता है। याओ के संघर्ष के समय कुंग-कुंग के द्वारा जलप्लावन के पश्चात् नू-कुआ और फू-शी मानवता का विकास करते हैं। नू-कुआ मानवता की देवी है जिसका बाद के उल्लेखों में फू-शी के साथ वर्णन मिलता है। यह कहीं फू-शी की छोटी बहिन और कहीं उनकी पत्नी के रूप में उभरती है। अतः इनके सम्बन्ध के बारे में कुछ निश्चित रूप से नहीं कहा जा सकता क्योंकि चीनियों के अतिरिक्त दक्षिण की जन-जातियों में सम्पूर्ण मानवता को नष्ट करने वाले प्रलय के पश्चात् भाई-बहिन के सहवास द्वारा नवीन जाति की उत्पत्ति का

उल्लेख मिलता है। फू-शी के हाथ में एक सेटस्क्वार और नू-कुआ के हाथ में परकार रहती है जो क्रमशः पृथ्वी और आकाश के प्रतीक हैं। ये स्पष्टतः नर-नारी अर्थात् 'यिन-यांग' सिद्धान्त की ओर संकेत करते हैं। दूसरे स्थान पर ये व्यवस्था, नियम तथा अनुशासन के प्रतीक हैं। अतः कुंग-कुंग द्वारा जलप्लावन के कारण हुए विनाश के बाद मानवता का पुनर्विकास विश्व में उत्तम आदर्श की पुनः स्थापना के समान है।[132] प्रलय के पश्चात् मानवता का विकास और व्यवस्था का उत्तम आदर्श चीनी दार्शनिक यिन-यांग सिद्धान्त द्वारा स्थापित होना मानते हैं।[133] इस प्रलय-कथा में नू-कुआ तथा फू-शी दम्पति इस सिद्धान्त की प्रति-मूर्ति हैं जिनके सम्पर्क से मानव-सृष्टि की नवीन परम्परा विकसित होती है।

यद्यपि विहंगम दृष्टि से देखने से चीन की प्रलय-कथाओं का भौतिक रूप ही अधिक मुखर हुआ है। परन्तु भारतीय पुराणों की भाँति वहाँ भी कथा के दार्शनिक अर्थ की ओर संकेत मिल जाता है। गिल महोदय का यह कथन भी इसी ओर संकेत करता है कि ये कथाएँ सृष्टि सम्बन्धी काल्पनिक कथा पर आधारित हैं जो ह्वांगहो नदी की पुनः पुनः बाढ़ के अनुभव से सम्बद्ध हो गयी हैं।[134]

इस प्रकार भारतीय तथा भारतेतर प्रलय आख्यानों के सम्यक् अध्ययन के आधार पर कहा जा सकता है कि मानवता का महाविनाश करनेवाली प्रलय-कथाएँ समस्त भूमण्डल की जातियों में न्यूनाधिक मात्रा में अवश्य उपलब्ध होती हैं। ये प्रलय-कथाएँ या तो मुख्य रूप से स्वतंत्र कहानियाँ हैं या किसी जन-कथा में मिलाकर प्रस्तुत की गयी हैं। इन प्रलय-कथाओं का विस्तार न्यूनाधिक मात्रा में सार्वभौम है। परन्तु चीन, भारत, सुमेरी-अक्कादी-बाबुली और बाइबिल की विस्तृत प्रलय-परम्पराओं को जन्म देने के कारण समस्त दक्षिणी एशिया को प्रलय-कथाओं का पालना कह सकते हैं। शेष उत्तरी एशिया में इन कथाओं का अभाव है। बाइबिल की प्रलय-परम्परा तो एशिया से यूरोप पहुँची हैं। अतः यूनान की प्रसिद्ध कथाओं के अतिरिक्त शेष यूरोप में प्रलय कथाएँ अनुपात से न्यून मात्रा में मिलती हैं। उत्तरी एवं दक्षिणी अमेरिका की जन-जातियों और आस्ट्रेलिया तथा प्रशान्त महासागर के असंख्य छोटे-बड़े द्वीपों में भी पर्याप्त मात्रा में प्रलय-कथाओं का प्रचार है। परन्तु ये कथाएँ अफ्रीका में नहीं के तुल्य हैं। विशेष रूप से मिस्र की प्राचीन सभ्यता में अभी तक प्रलय-कथाओं की सम्यक् खोज नहीं हो सकी है। अतः विश्व की प्रलय-कथाओं के अनुशीलन से स्पष्ट है कि भूमण्डल के कुछ अत्यल्प भागों को छोड़कर

ये जलप्लावन की कथाएँ समस्त विश्व के सुदूर राष्ट्रों के जन-मानस में अपना एकछत्र साम्राज्य स्थापित किये हुए हैं और इनसे सृष्टि-विकास के नये-नये विवरण प्राप्त होते हैं।

सन्दर्भ

1. ओ चित्सखायं सख्याववृत्यां तिरः पुरुः चिदर्णव जगौ।–*ऋग्वेद*, 10/10
2. *कामायनी सौन्दर्य*, पृ. 114
3. *महाभारत*, वनपर्व, 187/39;
   अग्निप्रस्वेदसम्भूतां प्लावयिष्यन्ति मेदिनीम्।
   समुद्राः क्षोभमागत्य चैकत्वेन व्यवस्थिताः।।
   एतेदेकार्णवंसर्वकरिष्यन्ति जगत्त्रयम्।–*मत्स्यपुराण*, 2/9-10
4. *ऋग्वेद*, 7/88/3-5
5. वही, 1/161/11, 2/13/12, 4/19/6
6. 'हिरण्यमयी नौरचरद्धिरण्यबन्धना दिवि।'–*अथर्ववेद*, 5/4/4
7. यत्र नाव प्रभंशनं यत्र हिमवतः शिरः।
   तत्रामृतस्य चक्षणं ततः कुष्ठो अजायत।।–*अथर्ववेद*, 19/39/7-8
8. *वैदिक देवशास्त्र*, पृ. 361
9. *वैदिक धर्म एवं दर्शन*, पृ. 284
10. *कामायनी में काव्य, संस्कृति और दर्शन*, पृ. 49
11. *जैमिनीय ब्राह्मण*, 3/99
12. वेद नावमिमां गृह्यसत्वबीजानि सर्वशः।।–*मत्स्यपुराण*, 2/10
13. *शतपथब्राह्मण*, 1/8/1/1-6
14. *महाभारत*, वनपर्व, 187/2-55
15. *The Vishnu Puran*, Preface P. (L) by H.H. Wilson.
16. *भागवतपुराण*, 8/24/1-61
17. *अग्निपुराण*, 2/1-17
18. *मत्स्यपुराण*, 1/12-34
19. वही, 2/1-20
20. *कालिकापुराण*, अध्याय 34
21. *भविष्य पुराण*, 3/4/29-60
22. *मत्स्यपुराण*, 4/7-8
23. *अग्निपुराण*, 5/2-3; *विष्णुपुराण*, 4/1/4
24. *मत्स्यपुराण*, 3/31-32; *विष्णुपुराण*, 1/7/12-17
25. *मत्स्यपुराण*, 3/30-47, 4/7-8, 4/24-55
26. *पद्मपुराण*, सृष्टि खण्ड, 2/86-88
27. *कामायनी में काव्य, संस्कृति और दर्शन*, पृ. 51-52
28. *भागवतपुराण*, 1/3/15, 2/7/12; *गरुड़पुराण*, 1/1/23

29. *विष्णुपुराण का भारत*, पृ. 233-34
30. *भागवतपुराण*, 1/3/7, 2/7/1; *विष्णुपुराण*, 1/47-52; *महाभारत*, वनपर्व, 272/51-55; *शान्तिपर्व*, 209/16-30; *मत्स्यपुराण*, 247 अध्याय; *ब्रह्मपुराण*, 213/1-4
31. उत्पाताबहवस्तत्र निपेतुर्जायमानयोः।
दिवि भुव्यन्तरिक्षे च लोकस्योरुभया वहाः।।3।।
× × ×
दृष्ट्वान्यांश्च महोत्पातानतत्तत्वविदः प्रजाः।
ब्रह्मपुत्रनृते भीता मेनिरे विश्व सम्प्लवम् ।।15।।–*भागवतपुराण*, 3/17/1-15
32. *लिंग महापुराण*, पूर्वार्द्ध, अध्याय 95 तथा 96
33. *पुराण परिशीलन*, पृ. 396
34. *भागवतपुराण*, 2/7/40; *महाभारत*, वनपर्व, 272/62-70; शान्तिपर्व, 227/7-8; सभापर्व 38/29 के बाद दा. पाठ; *महाभारतनामानुक्रमणिका*, पृ. 790
35. *वाल्मीकि रामायण*, युद्धकाण्ड 21/1-35
36. *महाभारत* में इस प्रचण्ड, विप्लवोत्पादक वायु का नाम '*विवह*' दिया है जो घोर शब्द करता हुआ बड़े-बड़े वृक्षों को तोड़कर, उखाड़ देता है। यह आकाश में अपने साथ मेघों की पंक्ति लिये चलता है। इसके द्वारा संगठित हुए प्रलयकालीन मेघ '*बलाहक*' संज्ञा धारण करते हैं। *महाभारत*, शान्तिपर्व, 328/44-45 तथा *महाभारत* नामानुक्रमणिका, पृ. 318
37. तस्मिन् विकृष्टे सहसा राघवेण शरासने। रोदसि सम्फालेव पर्वताश्च चकम्पिरे।
× × ×
सहसाऽभूततो वेगाम्भीमवेगो महोदधिः। योजनं व्यतिचक्राम वेलामन्यत्रसम्प्लवात्।।
–*वाल्मीकि रामायण*, युद्धकाण्ड, 22/6-15
38. *भागवतपुराण*, 2/7/24
39. *विष्णुपुराण*, 5/11/1-25; *भागवतपुराण*; 10/25/1-33, 2/7/32; *ब्रह्मपुराण*, 188/1-23
40. *मार्कण्डेयपुराण: एक सांस्कृतिक अध्ययन*, पृ. 14-16
41. *महाभारत*, वनपर्व, 188/1-70, यह मनु की प्रलय-कथा से दूसरा अध्याय है।
42. *पद्मपुराण*, सृष्टि खण्ड, 17/1-56 तथा *ब्रह्मपुराण*, 53-56 अध्याय
43. *भागवतपुराण*, 12/9/1-34
44. *मत्स्यपुराण*, 166 तथा 167 अध्याय
45. *स्कन्दपुराण*, रेवाखण्ड, 91 (नर्मदामाहात्म्यवर्णन), 1-13
वही, 92 (वाराहकल्पवृत्तान्तवर्णन), 1-61
46. *जातक*, खण्ड 1, पृ. 472-73
47. वही, खण्ड 2, पृ. 293
48. वही, खण्ड 3, पृ. 411
49. *महापुराण*, 1/158, 13/116-17
50. *कालसप्ततिका*, पृ. 56-62
51. *तमिलम् तमिलरम्*, पृ. 10, 18-19
52. *Encyclopaedia of Britannica*, VII, p.174
53. *Encyclopaedia of Religion and Ethices*, IV, p. 548

54. *The Flood Legend in Sanskrit Literature*, Introduction, p. II
55. *Encyclopaedia of Britannica*, VII, p.174; Near Eastern Mythology, p.39
56. नाव के विस्तार और दावत के विस्तृत विवरण के लिए देखिए–*नीयर ईस्टर्न माइथोलोजी*, पृ. 49
57. कप्तान के नाम पर मतभेद है–
Encyclopaedia of Religion and Ethics, IV, p. 550, 'Buzur-Sadi-Rabi' and 'Buzur Bel'; *Near Eastern Mythology*, p. 49 'Puzur-Amurri',
The Flood Legend in Sanskrit Literature, p.143 'Buzur Amurrei'
58. यहाँ पर बादल, तूफान आदि शक्तियों के मानवीकृत नाम दिये हैं जिनके बारे में धर्म एवं नीति के *विश्वकोश* (4) पृ. 550 तथा *नीयर ईस्टर्न माइथोलोजी*, पृ. 49 पर भिन्नता है।
59. *Near Eastern Mythology*, p. 49-50;
Encyclopaedia of Religion and Ethics, IV, p. 550-51;
The Flood Legend in Sanskrit Literature, p. 140-47
60. *The Flood Legend in Sanskrit Literature,* p. 138-39
61. *Near Eastern Mythology*, p. 48
The Flood Legend in Sanskrit Literature, p. 131
62. *Encyclopaedia of Religion and Ethics*, IV, p. 551
63. *The Flood Legend in Sanskrit Literature*, p. 137-38
64. *Vedic India by Regozin*, p. 340
65. *The Flood Legend in Sanskrit Literature*, p. 133-37
66. *Encyclopaedia of Religion and Ethics,* IV, p. 553
The Flood Legend in Sanskrit Literature, p. 148-49
67. *Encyclopaedia of Religion and Ethics,* IV, p. 553
68. *Bible*, Genesis 6, 7, 8 chapters.
69. *Bible*, Genesis 7/2-3
70. वही, 7/11, 8/2
71. वही, 7/20
72. वही, 6/7, 6/13, 7/21-23, 9/15
73. वही, 8/1
74. वही, 8/7-12
75. वही, 7/4
76. वही, 7/12, 7/17, 8/6
77. वही, 8/7-12
78. वही, 7/6
79. वही, 8/7-14
80. वही, 7/24, 8/3
81. *Bible*, Genesis 7/11
82. वही, 8/4

83. वही, 8/5
84. वही, 8/13
85. *Encyclopaedia of Religion and Ethics,* IV, p. 546-47
86. *North American Indian Mythology*, p. 113
87. *Encyclopaedia of Religion and Ethics,* IV, p. 127-128
88. वही, IV, p. 547
89. *Encyclopaedia of Religion and Ethics,* IV, p. 547
90. *Mexican and Central American Mythology*, p. 54
91. *South American Mythology*, p. 38, 44, 71, 95
92. कुछ विद्वान् पर्वत का नाम 'ओथ्रिस' तथा 'ज़ेरेनिया' भी देते हैं।
93. *Encyclopaedia of Britannica*, VII, p. 174;
    Encyclopaedia of Religion and Ethics. IV, p. 554-55;
    Greek Mythology, p. 49-51
    Mythology of Ancient Greece and Rome, p. 22-23
94. *Encyclopaedia of Religion and Ethics,* IV, p. 554
95. *Greek Mythology*, p. 49
96. Encyclopaedia of Religion and Ethics IV, p. 554
97. वही, IV, p. 555
98. *Greek Mythology*, p. 50
99. *ऋग्वेद पर एक ऐतिहासिक दृष्टि*, पृ. 108, टिप्पणी 3 तथा पृ. 224
100. *Sacred Books of the East*, IV, p. 10
101. *Encyclopaedia of Religion and Ethics,* IV, p. 555
102. *ऋग्वेद पर एक ऐतिहासिक दृष्टि*, पृ. 224
103. *Sacred Books of the East*, IV, p. 25-28
104. *Encyclopaedia of Religion and Ethics*, IV, p. 555
105. *The Holy Quaran*, 11/3/25-49
106. *Chinese Mythology*, p. 84, 86-87
107. *Encyclopaedia of Religion and Ethics,* IV, p. 556
108. *Chinese Mythology*, p. 87-88
     Encyclopaedia of Religion and Ethics, IV, p. 556
109. *Chinese Mythology*, p. 129
110. *Encyclopaedia of Britannica*, VII, p. 175
     The Flood Legend in Sanskrit Literature, Introduction, p. II
111. *शतपथब्राह्मण*, 1/8/1/7–11
112. वही, 1/8/1/6–44
113. *महाभारत*, वनपर्व, 187/52–58
114. *भागवतपुराण*, 8/24/11 तथा 54–61
115. *अग्निपुराण*, 2/1–17

116. *मत्स्यपुराण* 1/34-35
117. *Encyclopaedia of Religion and Ethics,* IV, p. 550-53
The Flood Legend in Sanskrit Literature, p. 138-47
118. वही
119. *Bible*, Genesis 8/17-22, 9/1, 9/7-11
120. वही, 9/2
121. अंग्रेजी में 'बो' धनुष और प्रण दोनों अर्थों में प्रयुक्त होता है।
122. *Bible*, Genesis 9/12-17
123. वही, 9/28
124. वही, 9/18-19, 10/1,10/32, 11/4, 11/10
125. वही, Chapters 10 & 11.
126. *Encyclopaedia of Religion and Ethics*, IV, p. 127
127. *South American Mythology*, p. 95, 38, 44
128. "These stones are Folk Etymology, Since the Greek Word Resembles that for People—*Lass and Loas,—Greek Mythology*, p.49
129. *Encyclopaedia of Britannica*, VII, p. 174;
Encyclopaedia of Religion and Ethics, IV, p. 554-55;
Mythology of Ancient Greece and Rome, p.22-23
130. *Chinese Mythology*, p. 79, 82-83, 84, 87
131. *Encyclopaedia of Religion and Ethics*, IV, p. 556
132. *Chinese Mythology*, p. 56, 86
133. वही, पृ. 47, 49, 52-56
134. *Encyclopaedia of Religion and Ethics*, IV, p. 556

अध्याय-2

विश्व के प्रलय-आख्यानों की तुलना

विश्व के प्रलय-आख्यानों के मूलाधार

प्रथम अध्याय में विश्व की प्रलय-कथाओं का विस्तृत विवरण दिया जा चुका है। प्रलय-कथाओं की इस विस्तृत एवं समृद्ध परम्परा ने विश्व के अनेक मूर्धन्य विद्वानों का ध्यान अपनी ओर बरबस आकर्षित किया है। ज्ञान की प्रत्येक शाखा के विद्वानों ने प्रलय-कथाओं के उद्‌गम एवं उनके विश्व की सुदूर जातियों में फैलने और प्रचलित होने पर अपने-अपने ढंग से विचार किया है। धर्म एवं नीति सम्बन्धी विश्वकोश में इन कथाओं को पाँच भागों में विभाजित किया गया है।[1]

(अ) बाइलि की परम्परा,

(आ)स्वतन्त्र, सामान्यतया स्थानीय, सीमित और विस्तृत प्रलय की परम्परा,

(इ) अद्‌भुत पदार्थ या प्राकृतिक घटनाओं की छद्मवैज्ञानिक व्याख्याएँ,

(ई) सृष्टि-विज्ञान के अंश के रूप में स्वीकृत व्याख्या,

(उ) प्रकृति की पुराकथा के रूप में स्वीकृत व्याख्या।

परन्तु उक्त विश्वकोश में किये गये वर्गीकरण में प्रलय-कथाओं की पुनरावृत्ति हुई है। बाइबिल की प्रलय-कथा की परम्परा में सम्मिलित कथाओं में ही पुराकथा, धर्म तथा सृष्टि-विज्ञान के तत्व मिले हुए हैं। जनकथाओं में मिलकर ये ही कथाएँ छद्मवैज्ञानिक व्याख्या की कोटि में भी आ जाती हैं। साथ ही इन कथाओं के विस्तार में स्थानीय बाढ़ का अनुभव भी आधार बना है। कोशकार विद्वानों ने भारतीय अक्काद-बाबुल और यूनान की प्रसिद्ध और प्राचीन प्रलय-कथाओं की परम्पराओं पर ध्यान नहीं दिया है। इन कथाओं को वहाँ साधारण प्राकृतिक पदार्थों या घटनाओं के निरन्तर घटित होने का पुराकथात्मक प्रकाशन माना गया है।[2] परन्तु इन कथाओं में भी सृष्टि-विज्ञान, धर्म एवं प्राकृतिक जलप्लावन के अनुभव-इन तीन तत्वों का मिश्रण है। बाइलिब की कथा भी पहले प्रकृति की पुराकथा ही समझी जाती थी।[3] प्रलय-कथाओं पर कार्य करनेवाले प्रसिद्ध विद्वान् जे० जी० फ्रेजर ने सबल शब्दों

में इस मत का खण्डन किया है कि प्रलय-कथाएँ सूर्य और चन्द्र की आकाशीय यात्रा से सम्बन्धित प्रकृति की पुराकथाएँ हैं। वे इनका आधार प्राकृतिक बाढ़, भूकम्प, समुद्री लहर आदि को मानते हैं।[4] जार्ज एवरी ने नूह की कथा को प्रलय के पश्चात् नवीन सृष्टि के विकास की कहानी माना है।[5] अर्द्ध-सभ्य जनजातियों द्वारा की गई अद्भुत पदार्थों या प्राकृतिक घटनाओं की छद्मवैज्ञानिक व्याख्याएँ भी प्रलय के पश्चात् किसी न किसी वस्तु के निर्माण की ओर संकेत करती हैं। ये व्याख्याएँ सृष्टि-विज्ञान का निम्नस्तर ही कही जायेंगी। चीन की प्रलय-कथाओं को कोशकार ने स्थानीय बाढ़ की परम्परा में स्थान दिया है तथा इन कथाओं का मूल ह्वांगहो नदी की असाधारण बाढ़-परम्परा में माना है। परन्तु आगे कोशकार ने श्री ग्रील का यह मत भी उद्धृत किया है कि चीन की जलप्लावन की कथाएँ सृष्टि-विकास की पुराकथाओं पर आधारित हैं, जो ह्वांगहो नदी की प्रायः होनेवाली बाढ़ के अनुभव से सम्बद्ध हो गई हैं।[6]

उपर्युक्त विवेचन से स्पष्ट है किसी भी प्रलय-कथा को कोशकार द्वारा प्रदत्त किसी एक ही वर्ग में निश्चित रूप से नहीं रखा जा सकता, क्योंकि सभी प्रलय-कथाओं की उत्पत्ति और प्रसार में एकाधिक तत्व सक्रिय रहे हैं। किसी प्रलय-कथा में सृष्टि-विज्ञान अर्थात् दर्शन अथवा धर्म का स्वर प्रखर है तो किसी प्रलय-कथा में वास्तविक एवं स्थानीय बाढ़ का अनुभव अधिक मुखर हुआ है। कोशकार इस तथ्य को एक स्थल पर स्वयं स्वीकार करके उक्त मत की पुष्टि करते हैं कि किसी प्रलय-कथा की व्याख्या उसी कहानी के गुणों के आधार पर की जानी चाहिए।[7] उपर्युक्त विश्लेषण से ज्ञात होता है कि प्रलय-कथाओं की उत्पत्ति और प्रसार के मूल में दो ही प्रमुख तत्व हैं, जिनमें उक्त सभी प्रलय की व्याख्याएँ अन्तर्भूत हो जाती हैं-

1. स्थानीय जलप्लावन तथा भूकम्प आदि प्राकृतिक शक्तियों द्वारा विनाशकारी दृश्यों का साक्षात् अनुभव।
2. सृष्टि-विद्या-(धर्म एवं दर्शन)

1. प्राकृतिक कारण-आधुनिक भूगोलवेत्ता जलप्लावन की घटना की पुष्टि करते हैं। समय-समय पर भूखण्डों पर समुद्र लहराने लगता है। ऊँचे भागों सहित समस्त भू-मण्डल जलमग्न हो जाता है। यह सागर पर्याप्त समय तक विद्यमान रहता है। कालान्तर में जल कम होने पर कुछ भाग पर्वत-श्रेणियों के रूप में ऊपर निकल आते हैं। इस अवसर पर ज्वालामुखी के विस्फोट की सम्भावना अधिक रहती है। जल में अनेक वस्तुएँ एकत्रित होकर स्थिति को परिवर्तित करती रहती हैं।[8]

भूगर्भ-विद्या भी प्राकृतिक शक्तियों द्वारा भूण्डल के सिकुड़ने, धरा के धीरे-धीरे धँसने और ऊपर उठने तथा गर्मी, पानी और बर्फ की प्रक्रिया द्वारा विश्व-निर्माण का सरल और विश्वसनीय विवरण प्रस्तुत करती है।[9] भूगर्भवेत्ताओं ने इस सृष्टि के विकास में दीर्घ काल के अन्तर से होने वाले लगभग पाँच-छः भौगर्भिक उथल-पुथलों का पता लगाया है। उनके विचार से प्रत्येक उथल-पुथल से पूर्ण सृष्टि का विनाश और तत्पश्चात् जीवन का पुनर्विकास होता रहा है। प्रो० एस० एम० अली इस भौगर्भिक विध्वंसात्मक चक्र की तुलना पौराणिक सर्ग और प्रलय के चक्रीय सिद्धान्त से करते हुए कहते हैं कि समय के निश्चित परिमाण के अतिरिक्त उथल-पुथल का काल और कल्प-विध्वंसात्मक चक्र और भौतिक प्रलय तथा सागरों का भूमण्डल पर फैलना और जलप्लावन में पर्याप्त समानता है।[10] भारतीय प्रलयभेदों में प्रलय का कारण प्राकृतिक शक्तियों को ही बताया गया है, जो काल-क्रम से सक्रिय होकर जगत् का निर्माण और प्रलय करती रहती हैं।

प्रसिद्ध विद्वान फ्रेजर ने भी प्रलय-कथाओं के बारे में सूर्य की यात्रा-सम्बन्धी पौराणिक गाथा वाले मत का खण्डन करते हुए लिखा है कि कुछ प्रलय-कथाओं की उत्पत्ति भूकम्प एवं समुद्रीय ज्वार से उत्पन्न सुदूरगामी लहर द्वारा उत्पन्न जलप्लावन और कुछ की उत्पत्ति अतिवृष्टि द्वारा होनेवाले जलप्लावन से हो सकती है। कुछ जलप्लावन की परम्पराएँ अवश्य ही वास्तविक महाविनाश की स्मृति पर आधारित हैं। लेकिन वे इन परम्पराओं को सहस्त्र वर्ष से अधिक प्राचीन नहीं मानते। उनका विचार है कि प्रलय-कथाओं में वर्णित भूमण्डल पर परिवर्तन समकालीन साक्ष्य पर निर्भर न होकर पूर्वकालीन विचारकों के चिन्तन पर आधारित है।[11] इसमें कोई सन्देह नहीं कि स्थानीय बाढ़ बहुसंख्यक प्रलय-कथाओं का मूल है। यह जलप्लावन कभी भयंकर आँधी और तड़ित् के साथ अत्यधिक वर्षा के कारण, नदियों अथवा विशाल झीलों के जलप्लावन के कारण, कभी समुद्री तूफान सहित ज्वार अथवा ज्वालामुखी एवं भूकम्प के कारण उद्वेलित सागर लहरों के द्वारा, कभी हिम-स्खलन अथवा अत्यधिक हिम के पिघलने से, कभी पर्वतीय जल के अवरोधक किसी विशाल पर्वत के खिसकने आदि से अनियन्त्रित जलराशि द्वारा ही होता है। इस प्रकार की प्रलय-कथाएँ उन ज्वालामुखियों के प्रदेशों में अधिक हैं जहाँ भूकम्प और समुद्री लहरों द्वारा विनाश के अनुभव होते रहते हैं। समुद्री द्वीपनिवासियों के तूफान द्वारा ज्वार की उत्ताल तरंगों का नितनवीन अनुभव भी इन कथाओं का आधार है। ज्वालामुखियों की प्रक्रिया द्वारा द्वीपों के जलमग्न होने अथवा जल से प्रकट होने में इन कथाओं का प्रबल कारण मिल सकता है।[12] विश्व की प्रलय-कथाओं में भी जगत् का महाविनाश अकाल, अग्नि, वृष्टि, विद्युत्, नदी,

विशाल झील या समुद्र की मर्यादाहीनता, ज्वालामुखी, भूकम्प, हिम आदि द्वारा वर्णित किया गया है।

2. सृष्टि-विद्या- प्रलय-कथाओं के विस्तार में प्राकृतिक कारणों के अतिरिक्त दर्शन और धर्म ने भी अद्‌भुत योग दिया है। कोशकार सृष्टि-रचना सम्बन्धी श्री स्पिनोजा के दार्शनिक विचार उद्धृत करते हुए लिखते हैं कि विश्व की सर्वव्यापक चेतना प्राकृतिक नियमों में निरन्तर परिलक्षित हो रही है। वे ब्रह्म एवं ब्रह्मांड में अभेद मानते हुए विश्व को भी अनादि एवं अन्तहीन मानते हैं। अत: दर्शन के अनुसार विश्व रचना एकबारगी सम्भव नहीं है।[13] भारतीय साहित्य में उक्त मत का क्रमिक एवं अत्यन्त प्राचीन इतिहास उपलब्ध है। गत्यर्थक ऋ धातु से निष्पन्न ऋत् नामक शाश्वत नियम के आधार पर सर्ग-चक्र का प्रवर्त्तन माना जाता है।[14] आगे सृष्टि-सिद्धान्त का मूलाधार ऋत् के स्थान पर क्रमश: ब्रह्म, पुरुष और ब्रह्मा को माना जाने लगा।[15] अनादि और अनन्त ब्रह्मस्वरूप काल के कारण ब्रह्माण्ड की उत्पत्ति, स्थिति और प्रलय का क्रम भी अनवरत रूप से चक्रवत् घूमता रहा है।[16] इस प्रकार सृष्टि का प्रथम आरम्भ है ही नहीं। अतएव जिज्ञासु मानवों के लिए विशिष्ट सृष्टि के आरम्भ का वर्णन करने के लिए एकमात्र तर्कसंगत और व्यावहारिक उपाय है कि पूर्व सृष्टि के अन्त का वर्णन करना, जिससे वह भावी सृष्टि के लिए उद्‌गम-स्थल का काम दे सके।[17] इस प्रकार भारतीय मनीषा पूर्व सृष्टि का प्रलय द्वारा विनाश एवं प्रलयोपरान्त नवीन सृष्टि के विकास के सिद्धान्त को मानती है।

प्रो० कीथ द्वारा भारतीय प्रलय को पुनर्जन्म के साथ संलग्न करके उसे बाद का विकास घोषित करना सर्वथा अनुचित है।[18] इतना अवश्व है कि पुनर्जन्म के सिद्धान्त से प्रलय-कथाओं को अत्यधिक बल मिलता है। परन्तु प्रलय का बीज तो *ऋग्वेद* के अत्यन्त प्राचीन नासदीय सूक्त में निहित है। आदि-सृष्टि की पहेली को आज तक कोई नहीं सुलझा पाया। सृष्टि-सूक्त की परिसमाप्ति पर किये गये प्रश्नों पर आज भी ज्यों का त्यों प्रश्नचिह्न लगा हुआ है-'जानता कौन है? कौन है जो बता सकता है कि यह सृष्टि कहाँ से उठी, कहाँ से आई? ... है कोई जो इस सृष्टि की समस्या को सुलझा सके।' सन्देह की चरम सीमा पर पहुँचकर ऋषि कल्पना करता है कि सृष्टि से पूर्व अतिगम्भीर पानी-सा था- आरम्भ में सत् एवं असत् कुछ नहीं था, अन्तरिक्ष और व्योम की स्थिति नहीं थी। मृत्यु, अमृत, रात्रि और दिन की सत्ता नहीं थी। उस एक के अतिरिक्त विश्व में और कुछ न था जो बिना वायु के स्वधा से ही श्वास ले रहा था। किन्तु यहाँ अति गहन अन्धकार और एक जर्भुराण

प्रकाशरहित महासागर 'अप्रकेत सलिल' सा था।[19] यह प्राकृत प्रलय की अवस्था का वर्णन है, जिसमें समस्त विश्व ब्रह्म में विलीन हो जाता है।[20] लगभग इसी शब्दावली में प्राकृत प्रलय का वर्णन करते हुए सभी पुराण इस तथ्य की पुष्टि कर देते हैं। *विष्णुपुराण* में उल्लेख मिलता है कि प्रलयकाल में दिन-रात, आकाश-पृथ्वी, अन्धकार-प्रकाश कुछ नहीं थे। केवल श्रोत्रादि इन्द्रियों और बुद्धि का अविषय एक पुरुष या ब्रह्म ही था।[21] *भागवतपुराण* में प्रलयकाल में ब्रह्म के अतिरिक्त सत्-असत् कुछ न होने का उल्लेख करते हुए उस अवस्था को अतर्क्य एवं सब कुछ सोये हुए के समान शून्य बताया गया है।[22] *मत्स्यपुराण* में महाप्रलय की अवस्था को तमोमय, प्रसुप्त के समान, अतर्क्य, अप्रज्ञात, अलक्षण, अविज्ञेय और अविज्ञात बताया गया है।[23] अतः यह स्पष्ट है कि नासदीय सूक्त में सृष्टि से पूर्व जिस स्थिति का वर्णन मिलता है वह प्राकृत प्रलय की ही अवस्था है। दूसरे, यह तथ्य भी उभरकर आता है कि सृष्टि का विकास दिखाने के लिए प्रलय-वर्णन आवश्यक है।

विश्व की प्रलय-कथाओं में भी प्रलय से पूर्व सृष्टि के विनाश के पश्चात् मानवता का पुनर्विकास दिखाया गया है। 'प्रलय' शब्द का सामान्य अर्थ महाविनाश या लीन होना है। अतः प्रश्न उठता है कि प्रलय-कथाओं में जल की प्रधानता क्यों है? इस प्रश्न का उत्तर है कि विश्व के अधिकांश दार्शनिक सृष्टि का मूल तत्व जल को ही मानते हैं। बेबीलोनिया में विश्व का प्रमुख तत्व 'अप्सु' माना जाता है।[24] यूनान में जल सृष्टि-उत्पादक तत्वों में प्रमुख है। वहाँ 'अप्सु' जलदेवता तथा 'तियामत' जलदेवी से समस्त देवों की उत्पत्ति का उल्लेख मिलता है। होमर और इलीयड में सागर को देवों और सृष्टि का मूल बताया गया है।[25] मिस्र की सृष्टि-कथाओं में सागर का उल्लेख मिलता है। अमेरिका महाद्वीप की अनेक कथाओं में सृष्टि से पूर्व महान् जलराशि का वर्णन मिलता है।[26] वैदिक साहित्य में आरम्भ से ही जल को सृष्टि का आदिम एवं प्रमुख तत्व माना गया है।[27] जलों से सृष्टि उत्पन्न होने की कल्पना के आधार पर वैदिक साहित्य में जलों को 'प्रसू' अर्थात् उत्पन्न करनेवाली माता कहा गया है।[28] वैदिक सलिलम्, आपः, समुद्र, अम्भः आदि आधारभूत जलों को पुराणों में अम्बु, युगान्त-तोय, सलिल, अगाध स्तब्ध सलिल, महार्णव और एकार्णव कहा गया है।[29] सृष्टि का प्रत्येक पदार्थ, जिसे *हरिवंश पुराण* में कूप, नदी एवं समुद्र संज्ञा दी गई है जब अपने अव्यक्त कारण में लीन हो जाता है, तब वह एकार्णव कहलाता है।[30] सृष्टि से पूर्व अव्यक्त या साम्यावस्था में सर्वत्र व्याप्त होने के कारण इसे 'आपः' कहा जाता है।[31] इस प्रकार सृष्टि के प्रथम अव्यक्त कारण को वेदों और पुराणों में आदिम जल, महासागर या एकार्णव की संज्ञा प्रदान की गई है।[32] वेदों में 'आपः' द्वारा अनादि भगवान् की नाभि

में स्थित देवों सहित चराचर जगत् के गर्भ को धारण करने का उल्लेख मिलता है[33] जिसे *अथर्ववेद* में जल का पुष्प भी कहा गया है।[34] सृष्टि के आरम्भ में चराचर भूत समुदाय का जल से उत्पन्न होने के कारण जल को ही 'प्रकृति' बताया गया है1[35] पुराण-काल में वेदवादविद ब्रह्मवादियों ने वैदिक सृष्टि-विद्या की व्याख्या करने के लिए पुराणों में एकार्णव सिद्धान्त का विकास किया है।[36] अत: पुराणों में भी 'आप:' तत्व को आदिंम माना जाता है।[37] वहाँ आप् या नार अर्थात् जल परमेश्वर का प्रथम अयन बताया गया है और नारायणात्मक ब्रह्म का 'एकार्णव' में शयन करने का उल्लेख मिलता है।[38] *ऋग्वेद* एवं *अथर्ववेद* के ऊपर उद्धृत मन्त्रों का ही यहाँ उपबृंहण किया गया है। प्रलयांत होने पर नारायण की नाभि से सीधे[39] या चार दल वाले कमल से ब्रह्मा की उत्पत्ति बताकर उनके अंगों से समस्त पिण्ड और ब्रह्माण्ड की रचना बताई गई है।[40] पुराणों में इस सृष्टि-रचना का उपबृंहण एक दूसरे प्रकार से भी किया गया है। वहाँ धर्म का पुट देकर ब्रह्मा के मत्स्य, कूर्म एवं वाराह के अवतार द्वारा भी पृथ्वी को महासागर से बाहर निकालने का वर्णन मिलता है।[41] परन्तु सृष्टि-रचना में ब्रह्मा निमित्त मात्र हैं, क्योंकि उसका प्रधान कारण तो सृज्य पदार्थों की शक्तियाँ हैं जिनसे वे वस्तुता को प्राप्त होते हैं।[42] अत: स्पष्ट है कि ये नैमित्तिक प्रलय के पश्चात् सृष्टि-रचना के रूपक थे।

मार्कण्डेय ऋषि की प्रलय-कथाओं में एकार्णव सिद्धान्त की आवृत्ति मिलती है। प्रलय के समय वे परब्रह्म विष्णु की कुक्षि में चले जाते हैं और सर्ग के आरम्भ में बाहर निकलते हैं। इस प्रकार वे प्राण-तत्व या भक्त आत्मा के प्रतीक प्रतीत होते हैं, जिससे उनके द्वारा अनेक प्रलयों के देखने का रहस्य प्रकट हो जाता है। भारतीय साहित्य में मनु की प्रलय-कथा अत्यन्त सरस लोक-उपाख्यान के रूप में प्राप्त होती है। इस कथा में भी सृष्टि-विद्या के संकेत मिल जाते हैं। माता के गर्भोदक में शिशु और जल में मत्स्याण्ड के समान ही आदिम जलों में ब्रह्माण्ड की उत्पत्ति और विकास होता है।[43] मनु ने मत्स्य की संवर्द्धना भी कमण्डल, घट, सर, नदी एवं सागर के जल में रखकर की है। अत: डॉ० वासुदेवशरण अग्रवाल मत्स्य को मत्स्याण्ड मानकर इसे वैदिक हिरण्यगर्भ-विद्या की आवृत्ति मानते हैं।[44] इस कथा में मत्स्य को जनार्दन, ब्रह्म का रूप और जगत्प्राण कहकर पुकारा भी गया है।[45] इसका परमात्मा रूप तो स्पष्ट ही है।

मन, प्राण और वाक् (पंचभूत) इन सात तन्तुओं से कोई बुननेवाला (परमात्मा) इस सृष्टि-पट को बुन रहा है।[46] अतएव यह त्रिक् ही विश्व-रचना करने में समर्थ होता है। इन्हीं को सत्-रज-तम या ज्ञान-क्रिया-अर्थ भी कहा जाता है। परम-पुरुष

या ब्रह्म के विज्ञानात्मक मन की संज्ञा मनु हैं। अतः मनस्तत्व और मनु एक हैं। यह पुरुष ही आदित्यलोक की दृष्टि से इन्द्र, अन्तरिक्ष की दृष्टि से प्राण, और पृथ्वी लोक की दृष्टि से अग्नि नाम से अभिहित किया जाता है। तीनों लोकों, त्रिगुणात्मक सृष्टि अथवा प्रज्ञा-प्राण-वाक् से संयुक्त चिन्मय जीवन-तत्व की दृष्टि से उसे ही मनु प्रजापति कहते हैं।[47] श्रुतियों में मनु को समस्त प्राणियों का उत्पादक अद्धन्द्र-प्राण बताया गया है।[48] इस प्रकार मनु प्राण अर्थात् सार्वभौम चेतना है, जो सम्पूर्ण सृष्टि का केन्द्र बिन्दु है।

जगत् के मूल तत्व विशुद्ध प्राण ऋषि कहे जाते हैं[49] जो शरीर में सात-सात के समूह में रहते हैं।[50] सृष्टि-प्रक्रिया में इन सात प्राणों को ही सप्तर्षि कहा जाता है।[51] यह ब्रह्माण्ड प्रकृति के महत् तत्त्व, अहंकार एवं पंचभूत सात आवरणों से आवृत बताया गया है।[52] इन सातों को सप्तर्षि, सात मुनि या महात्मा भी कहा जाता है।[53] अतएव ऋषियों को प्राणरूप कहा जाये या प्राकृत सृष्टि के सात विकार ये भावी सृष्टि के सूक्ष्म मूल तत्त्व हैं, जो मनु के साथ प्रलय में शेष रहे थे। मनु के साथ पंचभूत भी अवशिष्ट रहे थे, जिन्हें पृथ्वी, विश्व, भूतग्राम, सर्वभूत, सत्वबीज और महाजीव निकाय कहकर सम्बोधित किया गया है।[54] यह सृष्टि ही *भागवतपुराण* में नौका बताई गई है।[55] वेदों को लेकर मत्स्यावतार द्वारा प्रलयसागर में विहार करना और प्रलयान्त में वेदों को ब्रह्मा को लौटाने का भी वहाँ उल्लेख मिलता है, जिससे वे कल्पारम्भ में सृष्टि करते हैं।[56] वेद स्रष्टा के मानस या मानसी सृष्टि के प्रतीक हैं, जो *मत्स्यपुराण* में नौका बनकर सृष्टि के भार को वहन करते हैं।[57] नौका की रज्जु को वटारक पाशमय और महाहि बताया गया है।[58] परन्तु मत्स्यपुराण में योगशायी मत्स्यावतार द्वारा प्रदत्त योग-रज्जु से योगी मनु द्वारा वेद-नाव को मत्स्यावतार से योजित करने का उल्लेख मिलता है।[59] ईश्वरानुग्रह से प्राप्त योग द्वारा वेद-ज्ञान और परमात्म-प्राप्ति सर्वथा समीचीन है। अतः रज्जु यहाँ योग का प्रतीक है। निष्कर्ष यह है कि मन, प्राण और वाक् (पंचभूत) के मिश्रण से अभिव्यक्त होने वाला विश्व ही मनु के साथ प्रलयकाल में स्थित रहा था। प्राकृत सृष्टि नैमित्तिक प्रलय में नितान्त नष्ट न होकर पृथक्-पृथक् अशक्त तत्वों के रूप में विद्यमान रहती है। कल्पारम्भ में मनु इन्हीं तत्वों से सृष्टि-विकास करने में समर्थ होते हैं।

अर्द्धसभ्य मानव भी दार्शनिक की भाँति प्रत्येक वस्तु की उत्पत्ति जानना चाहता है। उसकी स्वाभाविक जिज्ञासा और उसका भोलापन समस्त पुराविद्या का मूल है। जिज्ञासु मानव स्वाभाविक रूप से भूमि, पर्वत, झील, सागर, द्वीप आदि की उत्पत्ति जानना चाहता है। सृष्टि विषयक इन प्रश्नों का उत्तर वह महाप्रलय की कल्पना

करके प्राप्त कर लेता है। जन-जातियाँ प्रलय का सहारा लेकर अपनी कल्पना द्वारा वर्तमान और अतीत के प्राकृतिक आश्चर्यों की व्याख्या करती रहती हैं तथा पुनः आवृत्ति की स्वाभाविक प्रक्रिया द्वारा पूर्वकालीन अनुमानों को उत्तरकालीन युग की परम्पराओं में परिवर्तित कर देती हैं। कोशकार ने स्पष्ट शब्दों में कहा है कि यद्यपि बाइबिल की प्रलय का विस्तृत और महत्वपूर्ण प्रभाव ईसाई क्षेत्र की बहुसंख्यक कथाओं पर विभिन्न रूपों में पड़ा है, तथापि बाइबिल की प्रलय को जनजातियों की प्रलय-कथाओं का मूल अब अधिक समय तक नहीं माना जा सकता। ये प्रलय-कथाएँ तो प्राकृतिक कथाओं की छद्मवैज्ञानिक व्याख्याओं से मिश्रित होकर अथवा स्वतन्त्र रूप से जिज्ञासु मानव की सर्जनात्मक कल्पना से ही उद्‌भूत हुई हैं।[60]

वस्तुतः सृष्टि विषयक प्रश्न विज्ञान और दर्शन से सम्बन्धित हैं। परन्तु सृष्टि के गूढ़ प्रश्न को दर्शन के साथ-साथ धर्म से हल करने का प्रयत्न आदिकाल से ही किया जाता रहा है। चिन्तन एवं दूर कल्पना के साथ-साथ धार्मिक सहज ज्ञान भी मानव का अविभाज्य अंग है। धर्म मानव की स्वाभाविक शक्ति है, जिससे मानव अनेक ग्रन्थियों को सरलता से सुलझाता रहा है। सभी धर्मों में लगभग एक रूप से सामान्य धारणा है कि सभी वस्तुओं का स्रष्टा एक दिव्य प्राणी है। कभी-कभी यह स्रष्टा पशु-पक्षी के रूप में भी चित्रित किया गया है- जैसे दक्षिणी आस्ट्रेलिया में चील, भारत में वाराह, मत्स्य और कूर्म, उत्तरी अमेरिका में श्येन, चूहा और कौआ आदि।[61] ये कथाएँ भूमि अथवा द्वीपों की उत्पत्ति की जिज्ञासा के कारण प्रचलित हुई हैं। ये प्रलय कथाएँ सृष्टि-विद्या का अंश हैं, क्योंकि इन कथाओं में प्रलय-सागर आदिम-जलों की ओर अधिक संकेत करता है।[62]

दक्षिणी अमेरिका में पठारी और समतलीय मैदानों की जन-जातियों की बहुसंख्यक प्रलय-कथाएँ दिव्य स्रष्टा और सृष्टि के विकास अथवा विद्यमान मानव-जाति के विस्तार से सम्बद्ध हैं। कभी-कभी जलप्लावन दैवी प्रकोप के कारण होता है जो विद्यमान मानवता के विनाश की पृष्ठभूमि पर नवीन मानवता के उदय की आधारशिला बनता है।[63] '*इनका*' जनजातियों में भी सृष्टि या कम से कम वर्तमान सभ्यता का मूल जलप्लावन की कथा से सम्बद्ध कर दिया प्रतीत होता है। वहाँ वर्णन मिलता है कि प्रलय से पूर्व मानव प्राचीन बर्बरता की अवस्था में रहता था। प्रलय द्वारा विश्व के महाविनाश के पश्चात् स्रष्टा ने नवीन मानव-जाति को उत्पन्न किया और स्रष्टा की प्रेरणा से ही उस मानव-जाति को सभ्यता और संस्कृति की शिक्षा देने के लिए एक सांस्कृतिक नायक का अवतार हुआ।[64] *चीन* की प्रलंय-कथाओं में भी जलप्लावन के पश्चात् नवीन सभ्यता का विकास

जलप्लावन से पूर्व अव्यवस्थित मानव-सभ्यता के ऊपर दिखाया गया है।[65] यद्यपि *पारसी* कथा में प्रलय के घटित होने का स्पष्ट उल्लेख नहीं है, परन्तु प्रलय के पश्चात् सृष्टि-विकास की कल्पना और मान्यता अवश्य है। इसीलिए श्री उसेनर पारसी कथा को प्रलय के महाविनाश के पश्चात् भविष्य का आदर्श चित्र मानते हैं। यह एक ऐसे शाश्वत नगर की कल्पना है, जहाँ मानव भौतिक बुराइयों को त्यागकर सदाचार तथा एकता का जीवन-निर्वाह कर सके।[66]

लेकिन विश्व की प्रसिद्ध प्रलय-कथाएँ वे हैं जिनमें देवताओं के क्रोध के कारण पूर्ण सृष्टि का विनाश और दैवी सहायता से प्रलय से शेष सदाचारी प्राणियों द्वारा नवीन मानवता का विकास दिखाया गया है। इनमें भारत, बेबीलोनिया और बाइबिल की कथाएँ आती हैं। बाइबिल की कथा महाविनाश के पश्चात् नवयुग के उदय और नवीन आरम्भ की कथा है।[67] उत्तरकालीन बाबुली इतिहासकारों के विवरणों में प्रलय कथा का नायक प्रलयारम्भ से पूर्व समस्त वस्तुओं के आरम्भ, मध्य और अन्त का लेखा पृथ्वी में दबा देता है और प्रलय के अन्त में उन हस्तलिखित लेखों को खोदकर तदनुसार मानवता का पुनः विकास करता है।[68]

विश्व की प्रलय-कथाओं के मूल कारणों का अन्वेषण करने के लिए किये गये उपर्युत विश्लेषण से ज्ञात होता है कि विश्व की अधिकांश प्रलय-कथाओं का वास्तविक मूल स्थानीय बाढ़ संबंधी घटनाएँ ही हैं। परन्तु मूल कारण धीरे-धीरे विस्मृत हो गया और इन घटनाओं के अनुभव को आधार बनाकर कल्पनाशील मानव ने इन कथाओं में विलक्षण तत्वों का मिश्रण करके उनको पौराणिक गाथाओं में परिवर्तित कर दिया है। परन्तु कुछ कथाओं का मूल सृष्टि की पहेली को सुलझाने के प्रयत्न में भी निहित है। प्रलय द्वारा पूर्व सृष्टि का विनाश और प्रलयोत्तर मानवता के विकास से सम्बन्धित कथांशों का मूल निश्चित रूप से सृष्टि-विद्या है। परन्तु विदेशी कथाओं में सृष्टि-रचना का दर्शनिक संकेत नहीं मिलता। वहाँ धर्म के आवरण में ही सृष्टि, निर्माण और प्रलय का संकेत किया गया है। विश्व की प्रलय-कथाओं में प्रलय वाचक शब्द केवल 'जल की बाढ़' की ओर संकेत करते हैं, परन्तु भारतीय 'प्रलय' शब्द श्लिष्ट है जो जल द्वारा बाढ़ के अर्थ के साथ महाविनाश और अपने कारण में लीन होने के दार्शनिक अर्थ को भी अपने अन्दर सँजोये हुए है। अतः भारतीय प्रलय-कथाओं की यह मौलिक विशेषता *ऋग्वेद* के नासदीय सूक्त से लेकर पुराणों तक क्रमिक रूप में प्राप्त होती है। भारतीय प्रलय कथाओं की इस दार्शनिक विशेषता का क्रमिक इतिहास पाश्चात्य विद्वानों के इस मत का खण्डन कर देता है कि भारतीय-प्रलय कथाओं का मूल अभारतीय है या

बाद का विकास है। ये विद्वान् भारत की सुदृढ़ एवं विकसित सृष्टि-विद्या की परम्परा को आँखों से ओझल करके ही ऐसे भ्रामक मतों की स्थापना करते हैं।

> निष्कर्ष यह है कि जहाँ भारतेतर प्रलय-कथाओं के उद्‌गम और विकास में प्राकृतिक कारण और धर्म सक्रिय रहे हैं, वहाँ भारतीय प्रलय-कथाओं के प्रसार में प्राकृतिक बाढ़ की घटनाओं एवं धार्मिक कल्पना के साथ-साथ सृष्टि-विज्ञान का अत्यन्त महत्वपूर्ण योग रहा है। इस प्रकार विश्व की प्रलय-कथाओं का मूल स्थानीय जलप्लावन है जिसने धर्म एवं दर्शन का सुदृढ़ अवलम्ब प्राप्त करके कुछ प्राणियों को छोड़कर समस्त मानव-जाति को नष्ट करनेवाले सार्वभौम महाप्रलय का रूप धारण कर लिया है।

(क) प्रलय-आख्यानों की तुलना

प्रलय द्वारा सम्पूर्ण या आंशिक मानवता अथवा पूर्व सृष्टि का विनाश करने वाली विश्व की प्रलय-कथाओं में निम्नलिखित उपविभाग परिलक्षित होते हैं-

1. प्रलय का कारण-

   (अ) दैवी प्रकोप, प्रकोप का कारण, मानवता नष्ट करने का निश्चय।

   (आ) प्राकृतिक कारण।

2. प्रलय की अवधि।
3. प्रलय द्वारा आंशिक या सम्पूर्ण सृष्टि-नाश।
4. प्रलय-कथा का नायक, उसको प्रलय की पूर्व सूचना एवं सहायक, नायक को प्रलय से रक्षा करने के लिए दिव्य-निर्देश।
5. प्रलय में रक्षा का साधन।
6. आश्रयस्थल।

'कामायनी' की प्रलय-कथा से भारतेतर प्रलय-कथाओं की तुलना उपर्युक्त शीर्षकों के अनुसार करना ही समीचीन होगा।[69]

1. प्रलय का कारण (अ) दैवी प्रकोप- किसी देव या देवों द्वारा प्रलय करने का वर्णन लगभग सभी प्रलय-कथाओं में प्राप्त होता है। कभी-कभी दुष्ट प्राणियों द्वारा भी प्रलय का होना बताया गया है, जैसे उत्तरी अमेरिका की एलगोक्विन जाति में प्रलय का कारण काला सर्प, पाइमास जाति में एक चील, हेयर इन्डियन जाति में एक कव्वा प्रलय के कारण बताये गये हैं।[70] मिचालों की कथा में भी दुष्ट प्राणी प्रलय के कारण थे। अक्कादी ईंटों पर उत्कीर्ण *'गिलगमेश'* महाकाव्य में उल्लिखित

प्रलयकथा में प्रलय का कारण दैवी प्रकोप बताया गया है। फरात नदी के तट पर स्थित एक प्राचीन नगर सूरिप्पक के देवताओं ने एक सभा में जलप्रलय करने का निश्चय किया था। लेकिन इस कथा में पहले तो देवताओं का सामूहिक निश्चय प्रलय का कारण बताया गया है परन्तु इसके बाद सूर्य देवता 'समस' और अन्त में विशेष रूप से बेल (एनलिल) ही प्रलय का कर्त्ता कहा गया है।[71]

लेकिन *'गिलगमेश'* महाकाव्य की प्रलय-कथा में दैवी-प्रकोप का कारण नहीं बताया गया। परन्तु कथा के अन्त में प्रेम की देवी 'इस्तार' और देव 'ई' के वचनों से संकेत मिलता है कि मनुष्यों के वृद्धमान पाप के कारण क्रोधित होकर देवों ने जल-प्रलय द्वारा सम्पूर्ण मानवता को नष्ट करने का निश्चय किया था। लेकिन अत्राहसिस से सम्बन्धित अन्य अक्काद कथाओं में बताया गया है कि प्रजा की निरन्तर वृद्धि और उसके असह्य कोलाहल से देवों की शोन्ति भंग होने के कारण देव रुष्ट हुए थे। अत्राहसिस की उत्तरकालीन प्रलय-कथाओं में तो भारतीय पुराणों के समान समाज का कालक्रम से बुराई की ओर अग्रसर होना बताया गया है। हसीसद्रा की कथा में भी जनता का पापाचार ही परमेश्वर 'ई' के प्रकोप का मूल कारण है।

बाइबिल की प्रलय-कथा में स्वयं परमेश्वर ने मानव-जाति पर क्रोधित होकर समूल मानव जाति एवं अन्य प्राणी जगत् को पृथ्वी सहित प्रलय द्वारा नष्ट करने का निश्चय किया था। मनुष्यों में अनाचार, अन्याय, दुष्टता, हिंसा और आसुरी प्रवृत्ति का आधिक्य देखकर स्वयं भगवान् को अपनी कृति पर ग्लानि और पश्चात्ताप होने लगा था। अतः मानव के अधर्म एवं अन्याय पर क्रोधित होकर ईश्वर ने प्रलय द्वारा मानवता का विनाश किया था। बाइबिल-प्रभाव की केलिफोर्निया की प्रलय-कथा में भी देव के क्रोध का संकेत है। दक्षिणी अमेरिका की जनजातियों की कथाओं में प्रजा की पाप-भावना की प्रतिक्रिया में दैवी प्रकोप ही प्रलय का कारण बताया गया है।

अपोलोडेरस एवं ओविड द्वारा वर्णित यूनान की प्रलय-कथाओं में 'जीअस' ने पतित मानव-जाति पर क्रुद्ध होकर प्रलय द्वारा उसको नष्ट करने का निश्चय किया था। यहाँ भी समाज के अत्याचार जीअस के क्रोध के कारण हैं। पारसी धर्मग्रन्थ *'वेन्दीदाद'* के यिमगीतों में भी अहुरमज़्द ने देवों की सभा में महाप्रलय लाने का निश्चय किया था। परन्तु वहाँ उनके प्रकोप का कारण उल्लिखित नहीं है। लेकिन श्री उसेनर के मतानुसार यिम की समस्त कहानी आदर्श भविष्य और अमर नगर का चित्र है जहाँ पर मनुष्य प्रलय के पश्चात् नैतिक और भौतिक बुराइयों को छोड़कर

समानता और सदाचार के आधार पर रह सकें। दूसरी पशुओं की प्रलय-कथा को भी विद्वान् धर्म और अधर्म का संघर्ष मानते हैं।[72] अतः यहाँ भी प्रलय के मूल में दुराचार और अधर्म की भावना अन्तर्निहित है।

कुरान शरीफ में ईश्वर पर अविश्वास करनेवाले लोगों को नष्ट करने के लिए प्रलय का होना लिखा है। अतः प्रजा की अधार्मिकता ही यहाँ भी प्रलय का मूल कारण है। चीन की एक प्रलय-कथा में कुंग-कुंग प्रलय का कर्त्ता है। अन्य चीनी प्रलय-कथाओं में जलप्लावन दैवी प्रकोप के कारण न होकर प्राकृतिक कारणों पर आधारित है। अतः वहाँ पाप एवं अधर्म की भावना का उल्लेख नहीं मिलता।

इन कथाओं के अतिरिक्त पैलेव, फिजी और सोसायटी द्वीपवासियों तथा एलगौक्विन्स जाति सहित अन्य कई जातियों में प्रलय पाप के दण्ड-रूप में वर्णित है। कभी-कभी किसी नियम के उल्लंघन अथवा किसी देवता के प्रति व्यक्तिगत अपराध के कारण भी प्रलय का होना कहा गया है। नोनस द्वारा वर्णित यूनानी उप-कथाओं में टाइटन्स द्वारा डायोनिसस की हत्या के अपराध में मानव-जाति को नष्ट करने वाली अग्नि को शान्त करने के बहाने से जीअस द्वारा जलप्लावन करने का उल्ल्लेख मिलता है। ड्यूकालियन और एक अन्य कथा में आर्केडिया के राजा लिकेअन के यहाँ आतिथ्य सत्कार न होने के कारण उनके अनाचार एवं अधार्मिकता से अप्रसन्न होकर जीअस ने पृथ्वी को वर्षा से जलमग्न कर दिया था। इसी प्रकार फ़िज़ी द्वीपवासियों में देव के क्रोध का कारण उसके प्रिय पक्षी को मारना कहा गया है। हेयर इन्डियन में कथा आती है कि बुद्धिमान मानव ने एक कौआ को अग्नि में फेंक दिया था। किसी प्रकार वह बच निकला और उसने प्रलय द्वारा मावन-जाति को नष्ट करके प्रतिशोध लिया। लीवार्ड द्वीपवासियों की कथा में एक मछिहारे द्वारा मछली पकड़ते समय पवित्र जलों में सोते हुए समुद्री देव के केश पकड़ लिए थे। अतः देव ने प्रलय द्वारा प्रतिशोध लिया। ट्रान्सिलवेनियन जिप्सी कथा में एक औरत द्वारा निषेध की हुई मछली के खाने के कारण प्रलय का होना कहा गया है। अन्तिम दोनों जन-कथाओं में प्रलय का कारण तर्कसंगत नहीं है। पहली कथा में अपराध कर्त्ता मछिहारा ही अपनी पत्नी और मित्रों सहित प्रलय से बच निकलता है। दूसरी कथा में अपराध करनेवाली स्त्री प्रथम विद्युत-पात में ही मार दी जाती है।[73] फिर प्रलय द्वारा मानव-जाति को नष्ट करना असंगत है। यदि देखा जाय तो कुछ अपवादों को छोड़कर नियमों का उल्लंघन और व्यक्तिगत अपराध भी अनाचार की कोटि में आते हैं।

इस प्रकार एक स्वर से सभी प्रलय-कथाओं में प्रलय का कारण दैवी प्रकोप है। प्रकोप का कारण अधर्म एवं पापाचार ही कहा गया है।

गिलगमेश महाकाव्य की प्रलय-कथा में देव 'ई' के इन वचनों से कि केवल अपराधियों को दण्ड मिलना चाहिए था–यह निष्कर्ष निकलता है कि प्रलय पापियों को दण्ड देने का विधान था। इस कथा के देव मानवीय दुर्बलताओं से ग्रस्त हैं। वे कायर की तरह काँपनेवाले और झगड़ा तथा षड्यन्त्र करने और धोखा देने की कला में सिद्धहस्त हैं। लेकिन उत्तरकालीन प्रलय-कथाओं में केवल एक देव की ओर संकेत किया गया है जो पापाचार के विरुद्ध प्रलय का विधान करता है। *यूनानी* और *कुरान-शरीफ* की कथा में भी एकेश्वरवाद के दर्शन होते हैं। लेकिन *बाइबिल* की प्रलय-कथा में एकेश्वरवाद एवं पापभावना की कहीं अधिक और सुनिश्चित अभिव्यक्ति हुई है। वहाँ प्राचीन प्रलय-कथा को धार्मिक और उच्च नैतिक शिक्षा का वाहन बना दिया गया है। वहाँ स्पष्ट शब्दों में कहा गया है कि ईश्वर पापियों से घृणा ही नहीं करता उनको दण्ड भी देता है और सदाचारी तथा श्रद्धालुओं की रक्षा करता है। यही ईश्वरानुग्रह उसके क्रोध से अधिक स्थायी प्रेरणा है।[74] इसीलिए जार्ज एवरी ने *बाइबिल* की प्रलय को ईश्वर के नैतिक निर्णय का साधन या अस्त्र कहा है।[75]

भारतीय महाकाव्य *कामायनी* वैज्ञानिक युग की देन है। वह धार्मिक ग्रन्थ न होकर कलात्मक काव्य-कृति है। तीसरे वह उस पवित्र भूमि की उपज है जहाँ प्रलय का सिद्धान्त दर्शन की सुदृढ़ भित्ति पर आधारित है। इन्हीं कारणों से कामायनी की प्रलय-कथा इन सभी विश्व-कथाओं के उच्चतम शिखर पर आरूढ़ है। फलस्वरूप कामायनी के जलप्लावन में धर्म भावना का स्वाभाविक, परिमार्जित एवं वैज्ञानिक रूप प्राप्त होता है। वहाँ स्रष्टा और प्रलय का कर्त्ता कोई देव न होकर असीम शक्ति है। भारतीय प्रलय सिद्धान्त में अधर्म और पाप की वृद्धि द्वारा ही प्रलय होना कहा गया है। परन्तु वह अधर्म एवं प्रलय भी तो युग-क्रम से कालचक्र के अधीन सतत् चक्रवत् घूमते रहते हैं।[76] *कामायनी* में प्रलय-सागर की लहरों को 'कुटिल काल के जाल[77] एवं प्रलय को 'कालाशसन चक्र'[78] और कालरात्रि[79] कहा गया है जो भारतीय प्रलय-सिद्धान्त में प्रलय के मूल करण ब्रह्मस्वरूप शाश्वत कालचक्र की ओर संकेत करते हैं। कामायनी में इसी चक्रात्मक काल अथवा सर्वव्यापी शक्ति के वर्णन में मानवीकरण की ओर संकेत किया गया है क्योंकि प्रलय को उसका 'भ्रूभंग' बताया गया हैं। अन्तरिक्ष में बैठी हुई किसी असीम एवं सर्वव्यापक शक्ति के रुदन से वर्षित प्रालेय हलाहल नीर से अनाचारी देव-जाति नष्ट हो जाती है।[80]

अभी ऊपर संकेत किया गया है कि *बाइबिल* की प्रलय-कथा में भगवान् को स्वयं अपनी कृति 'मानव' पर उसके अनाचार एवं उसकी दुष्टता, हिंसा और आसुरी

प्रवृत्ति देखकर पश्चाताप होने लगा था। इसीलिए उसने इन कुकर्मी मनुष्यों को प्रलय द्वारा दण्ड दिया था। उसी प्रकार *कामायनी* में पूर्व विद्यमान देव-जाति की मार्यदाहीनता की प्रतिक्रिया में उस असीम शक्ति का रुदन प्रालेय हलाहल नीर में बदल गया। देवों की अपार शक्ति, अतुल वैभव, निर्बाध वासना और निरीह पशुओं की निर्मम एवं अत्यधिक बलि ही उनके प्रलय द्वारा विनाश के चार मूल कारण थे। सीमा का अतिक्रमण ही उनके विनाश का कारण बना था। देवों के जयनाद की प्रतिध्वनि विषाद में,[81] उनका विभव पारावार में और सुख दुःख में परिवर्तित हो गया।[82] वासना के नद में तिरने वाले[83] देवों की वासना-सरिता का मदमत्त प्रवाह ही मानो अब प्रलय-जलधि बन गया था।[84] उद्दाम वासना की तीव्रता, अधीरता और उष्ण विश्वास ही मानों झंझावात और तड़ित् में परिवर्तित हो गये थे।[85] विकल वासना के प्रतिनिधि देव पहले वासना की ज्वाला में मुरझाये, फिर उसमें जले और अन्त में प्रलय-जल में गल गये।[86]

इस प्रकार *कामायनी* महाकाव्य में देवसृष्टि की अपार शक्ति, असीम वैभव और अनियमित पशुबलि और विशेष रूप से निर्बाध विलास के प्रत्येक आकर्षक चित्र की प्रतिक्रिया प्रलय के वर्णन में व्यापकता से अपने मनोरम एवं काव्यमय रूप में विद्यमान है। विश्व की प्रलय-कथाओं में यद्यपि अनाचार को प्रलय का कारण बताया गया है और *बाइबिल* में उसका सुदृढ़ नैतिक आधार भी प्राप्त होता है, परन्तु अनाचार के प्रत्येक चित्र की प्रलय-वर्णन में ऐसी काव्यात्मक प्रतिक्रिया विश्व के साहित्य में दुर्लभ है। इस प्रकार *कामायनी* में अव्यक्त परमशक्ति या नियति ही देवसृष्टि के पापाचार से दुखित होकर प्रलय का कारण बनी है। प्रसाद मानव की अन्तः प्रकृति और बाह्य प्रकृति को किसी एक ही नियामिका शक्ति के अधीन मानते हैं क्योंकि मानव के अनाचार की प्रतिक्रिया बाह्य प्रकृति पर दिखाई गई है। अतः *कामायनी* के जलप्लावन का कारण दैवी प्रकोप उच्च दार्शनिक भूमि पर प्रतिष्ठित है। उस पर धर्म और पुरा-कथाओं का छिछला आवरण नहीं है। यहाँ प्रलय का कारण दैवी प्रकोप तर्कसंगत एवं वैज्ञानिक ढंग से काव्यात्मक रूप में प्रस्तुत किया गया है जो विश्व-साहित्य में अद्वितीय स्थान का अधिकारी है।

(आ) प्रलय के प्राकृतिक कारण- विश्व की प्रलय-कथाओं में जलप्लावन के अनेक भौतिक कारण बताये गये हैं। अक्काद-कथा में भयंकर तूफान के साथ मूसलाधार वर्षा से जलप्लावन का आरम्भ होता है। इस कथा में बिजली और वायु का उत्पात भी वर्णित है। जल के प्राकृतिक स्रोतों द्वारा सीमाहीन होकर समस्त भूण्डल

को जलमग्न करने का संकेत है। किन्तु नदी या समुद्र द्वारा जलप्लावन का स्पष्ट उल्लेख नहीं है। अत्राहसिस की कथा में देवों ने क्रमशः अकाल, प्रचण्ड वायु तथा महामेघों से प्रलय करने का निश्चय किया था। अत्राहसिस की उत्तरकालीन कथा में भारतीय पुराणों के समान समाज को कालक्रम से पतन की ओर अग्रसर होना कहा गया है। इस प्रकार सर्वत्र विप्लव, हिंसा और रोगों से मानवता क्षीण हो जाती है। तब जल-प्रलय द्वारा समस्त मानवता का विनाश होता है। उत्तरकालीन बाबुली इतिहासकारों ने केवल जलप्लावन द्वारा मानवता का नष्ट होना लिखा है। यह जलप्लावन वर्षा या समुद्र-जल से हुआ-इसका उल्लेख वहाँ नहीं मिलता।

बाइबिल की कथा में प्रलयंकर वर्षा द्वारा जलप्लावन होता है। अन्य स्थल पर समुद्र के भी मर्यादाहीन होने का उल्लेख है। अत्यधिक जलसमूह, दूसरे स्थान पर पचास क्यूबिट ऊँची जलराशि ने पर्वतों सहित समस्त भूमण्डल को जलमग्न कर दिया था।[87] तत्पश्चात् प्रचण्ड वायु द्वारा मेघों का छितरा जाना वर्णित है। क्रीक इन्डियन की कथा में जलप्लावन वर्षा और समुद्र-जल से होना वर्णित है। हेरोचिरी जाति में जलप्लावन समुद्र-जल से और मिचालों की कथा में झील के उमड़ने से होता है। केलिफोर्निया की वाशों जाति की कथा में भीषण अग्निवर्षा के साथ भूकम्प का वर्णन मिलता है। तत्पश्चात् आश्रयस्थल मन्दिर तेहो झील में डूब जाता है। 'सेक्स' और 'फाक्स इंडियन' की कथा में वर्षा की बूँद पर्याप्त बड़ी बताई गई है। केप फ्लेट्री के मकाह इन्डियन की कथा में समुद्री लहर से जलप्लावन होता है। कभी-कभी प्रलय-जल का अद्भुत ढंग से बहना लिखा है-जैसे हेती की कथा में एक मनुष्य जिज्ञासा से समुद्र के जल से परिपूर्ण घड़े को उठा लेता है और दुर्घटना से वह घड़ा उसके हाथ से गिरकर टूट जाता है। इसी प्रकार एकेविओस की कथा में एक बन्दर खोखले वृक्ष की कोटर में भरे हुए पानी को ढकनेवाली चटाई को हटा देता है। कभी-कभी हिम के अचानक पिघलने से जलप्लावन का होना कहा गया है। चिप्पीवाज की कथा में एक चूहे ने गर्मी से भरे हुए थैले को काट दिया था जिससे गर्मी ने निकलकर बर्फ पिघाला दी थी। यह प्रलय फिनिश कथा में गर्म जल से, कुचे इन्डियन में 'रेजिन' से, वेल्स में रक्त से, बोलविया के यूराकेरीज और पूर्वी भारत की भण्डारी जाति में प्रलय अग्नि से आरम्भ होती है।[88]

ड्युकालियन की यूनानी कथा में जीअस द्वारा मेघों का आकाश-मार्ग खोल दिये जाने पर अत्यधिक वृष्टि द्वारा जलप्लावन का होना लिखा है। आर्केडिया की कथा में भी जीअस अत्यधिक वर्षा द्वारा पृथ्वी को जलमगन कर देते हैं। इन कथाओं में समुद्र की मर्यादाहीनता, भूकम्प आदि का वर्णन नंहीं है। परन्तु यूनान की उपकथाओं

में विनाशकारी अग्नि को शान्त करने के लिए वर्षा द्वारा जलप्लावन का होना वर्णित है। पारसी धर्मग्रन्थ *वेन्दीदाद* में अहुरमज़्द द्वारा अपारशीत के साथ हिमप्रलय करने के निश्चय का उल्लेख है। *कुरानशरीफ* में केवल वर्षा का उल्लेख है। *चीन* की कथाओं में भी जलप्लावन वर्षा से होने का उल्लेख मिलता है। नदियों एवं अनेक प्राकृतिक स्रोतों का अनियन्त्रित जल ही वहाँ जलप्लावन का मूल कारण है।

इस प्रकार इन प्रलय-कथाओं में जलप्लावन के अनेक भौतिक कारण हैं। इनमें जनकथाओं के अद्‌भुत कारणों को छोड़कर अनावृष्टि, अग्नि, वर्षा, झील, नदी एवं समुद्र की मर्यादाहीनता, ज्वालामुखी और हिम ही वे भौतिक कारण हैं जिनसे सृष्टि का विनाश हो सकता है। अधिकतर तो तूफानी वर्षा, और ज्वालामुखी के विस्फोट के साथ समुद्र की उत्ताल तरंगों को ही जलप्लावन का कारण बताया गया है। किसी-किसी कथा में ये दोनों एक साथ वर्णित हैं। इन कथाओं में कहीं भी इन भौतिक कारणों का विस्तृत और काव्यात्मक वर्णन प्राप्त नहीं होता। वहाँ संकेत भर कर दिया गया है। केवल *गिलगमेश* महाकाव्य में कुछ विस्तार और काव्यात्मकता के दर्शन होते हैं।

कामायनी के जलप्लावन के वर्णन में महामेघों की मूसलाधार वर्षा, मेघों की गड़गड़ाहट, ओलों का गिरना, मेघों के कारण गहन अन्धकार आदि का स्वाभाविक एवं क्रमिक वर्णन प्राप्त होता है। तत्पश्चात् प्रलय-पवन के झोंके और उसके प्रतिघातों द्वारा मेघों की टकराहट से उत्पन्न विद्युत्पात, घोर गर्जन और चारों ओर रुदन तथा चीत्कार की ध्वनि का सफल चित्रण किया गया है। इसके अनन्तर ज्लावामुखी के भयंकर विस्फोटों से धरा के धसकने, क्षुब्ध सागर के मर्यादाहीन होने और जलचरों की विकलता का मार्मिक चित्रण है। उत्ताल तरंगों के बीच धरणी की विकल अवस्था का चित्रात्मक वर्णन किया गया है।[89]

> निष्कर्ष रूप से कह सकते हैं कि कामयनी में महामेघों की घोर वृष्टि, वज्रपात, ज्वालामुखी की अग्नि, सागर की मर्यादाहीनता और घनीभूत पवन आदि प्राकृतिक शक्तियों द्वारा देव-सृष्टि के महाविनाश का हृदयहारी एवं काव्यात्मक वर्णन किया गया है। विश्व की प्रलय-कथाओं में इस प्रकार के वर्णन की लेशमात्र भी आशा नहीं की जा सकती। जलप्लावन का क्रमिक एवं चित्रात्मक वर्णन *कामायनी* की विशेष देन है।

कामायनी के अतिरिक्त भारतेतर प्रलय-कथाओं में केवल *गिलगमेश* महाकाव्य में प्रलय-काल का चित्रात्मक एवं काव्यात्मक वर्णन मिलता है। अतः यहाँ दोनों महाकाव्यों से कुछ अंश तुलना के लिए उद्धृत कर देना समीचीन होगा। जिस प्रकार

कामायनी में क्षितिज से उद्‌भूत श्यामवर्ण महामेघों के घोर गर्जन का वर्णन किया गया है,[89] उसी प्रकार *गिलगमेश* महाकाव्य में भी क्षितिज से उठे हुए श्याम मेघों के घोर गर्जन द्वारा विश्व को कम्पित करने का वर्णन प्राप्त होता है।[91] जिस प्रकार *कामायनी* में समस्त पृथ्वी को जलमग्न करने और उल्कापात का वर्णन मिलता है,[92] उसी प्रकार वहाँ भी बाँधों के भी ऊपर जल के चढ़ने और विद्युत्पात का वर्णन किया गया है।[93] मेघों के कारण सूचीभेद्य अन्धकार का वर्णन *कामायनी*[94] और *गिलगमेश*[95] दोनों महाकाव्यों में पर्याप्त समानता रखता है। *कामायनी* की कथानुसार प्रलयकाल में पृथ्वी के अवयवों का ह्रास होने लगा था,[96] *गिलगमेश* महाकाव्य में भी धरणी का घड़े के समान टूटना लिखा है।[97] *कामायनी* में प्रलयकालीन झंझा के झटके एवं उनसे गगन का भी कम्पित होना लिखा है,[98] *गिलगमेश* महाकाव्य में तूफान की क्रमशः गति बढ़ने और सेना की भाँति समस्त चराचर जगत् को अपने अधीन करने का मनोहारी वर्णन किया गया है।[99] *कामायनी* में संकेत किया गया है कि इस भयंकर प्रलय से देव अत्यन्त भयभीत हो गये थे[100], उसी प्रकार *गिलगमेश* महाकाव्य में भी देवों की भयभीत स्थिति का व्यावहारिक चित्रांकन किया गया है।[101] जिस प्रकार कामायनी में सम्पूर्ण पृथ्वी को जलमग्न करनेवाले मर्यादाहीन सागर के प्रबल थपेड़ों के मध्य कातर एवं निराश मनु का बार-बार तट को देखने का उल्लेख मिलता है[102], उसी प्रकार *गिलगमेश* महाकाव्य में उत्लपिश्तम मानवता को नष्ट करनेवाली शान्त, समतल एवं अपार जलराशि में तट का अन्वेषण न कर पाने पर अश्रुपात करता हुआ बताया गया है।[103]

इस प्रकार *गिलगमेश* महाकाव्य में क्रुद्ध शक्तियों का मानवीकरण किया गया है। यहाँ क्षितिज से उठनेवाले मेघों द्वारा गर्जन, घोर वृष्टि, विद्युत की टार्च, अन्धकार, पृथ्वी का टूटना, झंझावात, भयभीत देव और तटहीन प्रलयसागर में निराश उत्लपिश्तम की दयनीय स्थिति के चित्रात्मक वर्णन *कामायनी* के प्रलय वर्णन से अद्‌भुत समानता रखते हैं। परन्तु *गिलगमेश* महाकाव्य के प्रलय-वर्णन में समुद्र की मर्यादाहीनता, ज्वालामुखी का उत्पात आदि का बिल्कुल वर्णन नहीं है। *कामायनी का प्रलय वर्णन स्वाभाविक, क्रमिक एवं ध्वन्यात्मकता तथा चित्रात्मकता से परिपूर्ण काव्यमय निधि है। प्रलय का ऐसा विस्तृत, क्रमिक एवं सर्वांगपूर्ण चित्रांकन विश्व-साहित्य में दुर्लभ है।*

(2) प्रलय-अवधि- अब प्रश्न है कि दैवी और प्राकृतिक कारणों से होनेवाले जलप्लावन की अवधि कितनी थी? अक्काद-कथा में प्रलय-अवधि तो केवल सात दिन है। परन्तु सात दिन पहले प्रलय आने की पूर्व सूचना दी गई थी। इस समय में

नौका निर्माण और उसमें सामान चढ़ाने का कार्य किया गया था। दूसरे सात दिनों में प्रलय रहती है और अन्तिम सात दिनों में प्रलय-जल के अवसान के समय भूमि का पता लगाने के लिए उत्नपिशतम पक्षी उड़ाते हैं। इस प्रकार इस कथा में इक्कीस दिन का संकेत प्राप्त होता है। उत्तर-कालीन इतिहासकारों के विवरणों में प्रलय आने की निश्चित तिथि उस मास के पन्द्रहवें दिन दी गई है। परन्तु यह प्रलय कितने दिन रही, इसका संकेत नहीं है। *बाइबिल* की 'जे' कथा में लगभग दो मास और 'पी' कथा में लगभग एक वर्ष प्रलय-अवधि का उल्लेख है। इस प्रकार स्वयं बाइबिल में ही दोनों कथाओं की प्रलय-अवधि में पर्याप्त अन्तर है। होरचिरी जाति की कथा में केवल प्रलय आने का समय पाँच दिन बताया गया है। यूनानी कथा में ड्युकालियन की नौका नौ दिन तक समुद्र-तल पर तैरती रही थी। अन्य प्रलय-कथाओं में प्रलय-अवधि का उल्लेख नहीं मिलता।

> प्रलय-काल की अवधि देना असम्भ्व है। *कामायनी* में इसका तर्कसंगत उत्तर देते हुए प्रलय की अवधि का वर्णन नहीं किया गया। जब सापेक्षकाल का कर्त्ता सूर्य ही आच्छन्न हो गया तो दिन-रात का पता केसे चलता? दिन-रात ही मानव के लिए काल-गणना के आधार हैं और ये सूर्य के दर्शन और अदर्शन पर आधारित हैं।[104] प्रलयकाल में दिन-रात के सूचक उपकरणों का चिह्न भी न रहने के कारण[105] प्रलय के ताण्डव-नृत्य अथवा उसके काले शासन-चक्र की अवधि का अनुमान लगाया ही केसे जा सकता है?[106] प्रलय की अवधि का ऐसा तर्कसंगत उत्तर विश्व की अन्य कथाओं में प्राप्त नहीं होता।

(3) प्रलय से अवशिष्ट प्राणी- प्रलय से अवशिष्ट प्राणियों की संख्या के बारे में प्रलय-कथाओं में अत्यधिक भिन्नता मिलती है। काश्मीर की कथाओं में सम्पूर्ण प्राणी नष्ट हो जाते हैं और प्रलय के पश्चात् पुनः नवीन सृष्टि का आरम्भ होता है। इस प्रकार के उदाहरण वहीं मिलते हैं जहाँ प्रलय का उद्देश्य दैत्यों का विनाश करना था। पाइमास की जिप्सी कथा में ईश्वर का एक वृद्ध बेटा ही जीवित रहा था। बोर्नियों की कथा में एक स्त्री का शेष रहना लिखा है। अमेरिकन इन्डियन की केलिफोर्निया की जाति में कोयोटे पक्षी शेष रहता है। लेकिन पड़ोसी पापागोस में कोयोटे के साथ अर्द्धदेव मोन्तेजुमा भी शेष रहता है। थिलनकिट जाति में कौआ (रेविन) और उसकी माँ शेष रहते हैं। हिमालय के दार्जिलिंग क्षेत्र में एक दम्पत्ति के शेष रहने का उल्लेख है। पूर्वी भारतीय कोलारी जाति में भाई-बहिन शेष रहते हैं। अण्डमान में दो दम्पति शेष रहते हैं। लीवार्ड द्वीपवासी और *बाइबिल* कथा में पशु, मित्र, सम्बन्धी भी दम्पति के साथ शेष रहते हैं। अक्कादी कथा में इनके साथ दासों के भी शेष रहने का उल्लेख

है। लेकिन न्यूगिनी की कबाड़ी जाति में पर्वत के शिखर पर सभी प्राणी शेष रह जाते हैं।[107] *कामायनी के जलप्लावन में नौका द्वारा केवल मनु का शेष रहना लिखा है। महामत्स्य के एक चपेटे से मनु की नौका उत्तरगिरि के किनारे लग जाती है और देवसृष्टि का वह ध्वंस फिर से श्वास लेने लगता है।*[108]

(4) नायक को निर्देश आदि- *अक्काद प्रलय-कथा* का नायक अमर उत्लपिश्तम है जो स्वानुभूत प्रलय की कथा साहसी गिलगमेश को सुनाता है। जल और बुद्धि के देवता 'ई' ने सूरिप्पक के देवताओं की जलप्लावन करने की योजना को किसी ओट से बुद्धिमान और सदाचारी उत्लपिश्तम को सुनाकर प्रकट कर दिया था। उस देव ने उसको चेतावनी दी कि उसे भौतिक सम्पत्ति त्यागकर विशाल जलपोत का निर्माण करके अपनी जीवन-रक्षा का उपाय करना चाहिए। नगरवासियों को इस रहस्य का उद्घाटन न करके बहाने से बता देना कि तूफान के देवता एन्लिल के क्रोध के कारण वह दूर जा रहा है। 'ई' ने नायक को नौका-निर्माण और उसमें जीवों के बीज रखने के विस्तृत निर्देश दिये थे। समानान्तर प्रलय-कथाओं में जियूसुद्दू, अत्राहसिस, और ज्यूथ्रस नायक बनकर आये हैं। वहाँ प्रलय की सूचना स्वप्न में दी गई है। लेकिन ज्यूथ्रस राजा को प्रजा से रहस्य छिपाने के लिए मानवता के कल्याण के लिए देवों के पास जाने का बहाना बनाने का सुझाव दिया गया था। यहाँ राजा को नौका-निर्माण एवं आवश्यक सामान रखने के निर्देशनों के साथ शास्त्रों की हस्तलिपियों की सुरक्षा के लिए उन्हें भूमि में गाड़ देने का भी आदेश दिया गया है।

बाइबिल की प्रलय-कथा के नायक नूह हैं। आदम की नवी वंश परम्परा में नूह को न्यायप्रिय, धार्मिक, सदाचारी और पवित्र विचारवाला समझकर स्वयं भगवान् ने उनको प्रलय आने की सूचना दी थी। इस कथा में भी नौका-निर्माण, प्राणी एवं आवश्यक वस्तु रखने के निर्देशन का सविस्तार वर्णन किया गया है। बाइबिल-परम्परा की लोक-कथाओं में भी नायक को प्रलय के पूर्व संकेत मिलते हैं। क्रीक इन्डियन की जनकथा में नायक को एक कुत्ता प्रलय की सूचना देता है। कुत्ते के निर्देशन में ही नौका आदि का निर्माण किया गया था। दक्षिणी अमेरिका की होरीचिरी जाति में लामा पशु अपने स्वामी को प्रलय की सूचना देता है। इसी पशु के निर्देशन में उस मनुष्य ने प्राण-रक्षा की थी।

यूनान की प्रलय-कथा के नायक ड्युकालियन को सर्वनाशी प्रलय की सूचना उसके पिता प्रोमेथियस द्वारा प्राप्त हुई थी। पिता के आदेशानुसार ही उसने नौका का निर्माण करके उसमें आवश्यक सामग्री रखकर सपत्नीक प्राण-रक्षा की थी। ओविड

के विवरण में भी संकेत है कि ड्युकालियन के सदाचार और धार्मिकता से प्रसन्न होकर जीअस ने जलप्लावन बन्द कर दिया था। पारसी प्रलस-कथा का नायक यिम है जिसको अहुरमज़्द ने महाप्रलय की सूचना और उससे बचने के निर्देश दिये थे। *कुरानशरीफ* की प्रलय-कथा के नायक, ईश्वर-भक्त धार्मिक हजरत नूह हैं। चीन की जलप्लावन की कथाओं में नायक, पूर्वसूचना और प्रलय से प्राण-रक्षा के निर्देशनों का नितान्त अभाव है।

बहुत-सी प्रलय-कथाओं में जलप्लावन बिना पूर्व सूचना के होता है, क्योंकि यह पाप या अपराध का स्वाभाविक एवं आवश्यक परिणाम था जैसे जिप्सी और दयाल की कहानियों में।[109] भारतीय पौराणिक प्रलय-कथाओं में मत्स्य मनु को आवश्यक निर्देश तथा प्रलय की पूर्व सूचना देता है। कामायनी में नायक तो मनु ही है परन्तु वहाँ मत्स्य या किसी अन्य देव द्वारा नौका-निर्माण के निर्देशन और प्रलय की पूर्व सूचना आदि का उल्लेख नहीं है। मनु को नौका कहाँ से प्राप्त हुई इसका भी वहाँ संकेत नहीं है। *इस प्रकार कामायनी में प्रलय-कथाओं के पौराणिक आवरण को उतारकर फेंक दिया गया है। मनु की नौका तो नियति के निर्देशन में ही प्रलयसागर पर थपेड़े खाती-खाती किसी महामत्स्य के चपेटे से अचानक उत्तरगिरि पर पहुँच जाती है।*[110]

(5) प्रलय में रक्षा का साधन- प्रलय-कथाओं में प्रलय से प्राणरक्षा का साधन अधिकतर नौका ही है। अक्काद-कथा में प्रलय से संतरण का साधन एक विशाल जलपोत है। 120 क्यूबिट ऊँचे, बराबर चौड़ाई और लम्बाई के छः मंजिला तथा अनेक भागों वाले एवं अनेक पतवारों सहित विशाल जलयान के निर्माण में अनेक लोगों ने कार्य किया था। चार दिन तक सामान एकत्रित हुआ था और तीन दिन निर्माण कार्य में लगे थे। इन तीनों दिनों में नौका निर्माणकर्त्ताओं के लिए महान् दावत का उल्लेख है। इस विशाल जलयान में बहुमूल्य सम्पत्ति, सम्पूर्ण परिवार, सम्बन्धी, सेवक, कारीगर, पालतू और वन्य पशु आदि रखने का उल्लेख है। प्रलय-काल में इस यान का संचालक एक कप्तान था। अन्य सुमेरियन कथाओं में भी नौका ही प्रलय-रक्षा का साधन है। उत्तरकालीन बाबुली विवरणों में पोत ही रक्षा का साधन है। परन्तु वहाँ उसकी लम्बाई-चौड़ाई का परिमाण अक्कादी कथा से भिन्न और संक्षिप्त है। चालक का इस कथा में भी उल्लेख है।

बाइबिल में 300 क्यूबिट लम्बी, 50 क्यूबिट चौड़ी और 30 क्यूबिट ऊँची तथा खिड़की एवं द्वारों सहित तीन मंजिला सन्दूकनुमा नौका बनाकर नूह का अपने परिवार और प्राणियों के जोड़े तथा अन्य आवश्यक सामग्री का रख लेना वर्णित है। बाइबिल

परम्परा की अन्य जनकथाओं में नौका ही प्रलय से संतरण का साधन है। लेकिन वहाँ नौका के माप का विवरण नहीं मिलता जैसे क्रीक इन्डियन और पीलिड द्वीपवासियों में। ड्युकालियन दम्पत्ति ने भी सन्दूकनुमा नौका में आहारादि सामग्री रखकर अपनी प्राणरक्षा की थी। ओविड के विवरण में पोत का उल्लेख है। अन्य कथाओं में भी नौका ही साधन है। परन्तु डारडानस खाल की बनी हुई नौका में प्रलय से सपरिवार अपनी रक्षा करता है। थिलिनकिट की कथा में हेविन और उसकी माँ सारस की खाल में, सेबस और फोक्स इन्डियन की कथा में आकाश के टुकड़े को एक सन्दूकनुमा नौका बनाकर और लिथुआनिया की कथा में देवों के भोज के बाद फेंके हुए नारियल की खोपड़ी में बैठकर प्रलय से रक्षा करना वर्णित है।[111] *कुरानशरीफ* में भी नौका ही साधन है। लेकिन चीन की कथाओं में नौका का कहीं उल्लेख नहीं मिलता।

कुछ विद्वानों का विचार है कि अक्काद-कथा में सभ्यता के उच्चतर स्तर का संकेत है क्योंकि वहाँ जलयान में पशु-पक्षी और धन-सम्पत्ति के साथ कारीगरों का भी शेष रहना वर्णित है। बाबुली कथा में भी हस्तलिपियों के सुरक्षित रखने का उल्लेख सभ्यता की ओर संकेत करता है।[112] *भारतीय तथा भारतेतर अनेक प्रलय-कथाओं में पूर्व सभ्यता के विनाश का स्पष्ट वर्णन प्राप्त होता है। कामायनी* में भी अपने चरमोत्कर्ष पर पहुँची हुई देवसृष्टि के विनाश के पश्चात् मानव-सभ्यता का विकास दिखाया गया है।[113] लेकिन प्रलय-सागर में गन्तव्य का पता न होने से चालक और पतवारों का क्या उद्देश्य है? इसीलिए *बाइबिल* की एक कथा में अक्काद-कथा के विपरीत नौका को ईश्वरेच्छा पर छोड़ दिया गया है।[114] *कामायनी* में भी नियति के निर्देशन में चलने वाली, पगली के समान सागर के थपेड़ों से डगमगाने वाली नौका का ही स्वाभाविक और काव्यात्मक वर्णन किया गया है।[115] *कामायनी* में नौका का परिमाप, उसके निर्माण और उसकी प्राप्ति का उल्लेख नहीं है और न उसमें रक्षित किसी वस्तु का संकेत है। अक्काद-बाबुली और बाइबिल की कथाओं में यह स्थल अत्यधिक अस्वाभाविक एवं पौराणिकता से पूर्ण है। स्वयं कोशकार शंका करते हैं कि *बाइबिल* की विशाल नौका इतने पशु-पक्षियों, प्राणियों एवं उनके एक वर्ष के पालन-पोषण के लिए अत्यन्त छोटी थी। इतने पशुओं को इकट्ठा करके नौका में प्रवेश कराना भी अत्यन्त कठिन था। इस कठिनाई से आँख बन्द करनेवाले ने स्पष्टतया समस्त स्थल को एक बच्चे की तरह वर्णित किया है।[116] *इस दृष्टि से कामायनी में मनु की साधारण नौका के स्वाभाविक वर्णन में चार चाँद लग जाते हैं।*

(6) आश्रय-स्थल- अधिकतर प्रलय-कथाओं में प्रलय से पीड़ित व्यक्ति नौका द्वारा या सीधे प्रायः किसी पर्वत का आश्रय लेते हैं। कुछ विवरण ऐसे भी हैं

जहाँ अन्य उच्च स्थानों को आश्रय-स्थल बताया गया है। पारसी कथा में बाड़ा, पापागोस की कथा में विशाल भवन और केलिफोर्निया की वाशो जाति के स्वामी विशाल मन्दिर का आश्रय लेते हैं। ओजीवास की कथा में पर्वत की चोटी तक जल पहुँचने पर मनोबोज़्हो एक अंजीर की सर्वोच्च शाखा पर चढ़ जाता है। वहाँ भी जल धीरे-धीरे उसके मुँह तक चढ़ जाता है। ऐसी अवस्था में पाँच दिन तक प्रतीक्षा करने के पश्चात् उसे सुरक्षा का साधन मिल सका। इसी प्रकार बर्मा की कारेन, ब्राजील की तूपी, और ब्रिटिश गायना की एकेवेस जातियों में फल के वृक्षों पर चढ़कर तथा पूर्व भारत की भण्डारी जाति की कथा में वृक्षों के नीचे प्रलय से रक्षा करना वर्णित है।[117] ये उदाहरण अर्द्धसभ्य मनुष्य की कल्पना के द्योतक हैं। आस्ट्रेलिया की कथा में एक द्वीप आश्रय-स्थल है। पीरू की कथा में आश्रय-स्थल पर्वत स्वयं नौका की भाँति जल पर तैरता है। मैक्सिको की चोलूला आदि जातियों में आश्रय-स्थल गुफायें हैं। डेने इन्डियन की कथा में रोकी पर्वत आश्रय-स्थल है। क्रीज की कथा में एक लड़की चील के पैर पकड़कर एक उच्च पर्वत की चोटी पर पहुँचती है।[118]

अक्काद-कथा में उत्नपिश्तम का जलयान निज़िर पर्वत पर जाकर आश्रय ग्रहण करता है। ज्यूथ्रस के पोत का अरमेनिया के 'कोरडियाई' में पड़े रहने का उल्लेख है। असीरिया के अभिलेखों में अरमेनिया का नियमित नाम अराराट है। *बाइबिल* में नूह की नौका भी अराराट पर्वत पर आकर टिकी थी। होरचिरी जाति की कथा में नौका का उल्लेख नहीं है। परन्तु नायक का सर्वोच्च पर्वत 'विलकाकोटो' पर आश्रय ग्रहण करने का वर्णन मिलता है। ड्युकालियन का जलयान पार्नास पर्वत पर ठहरता है। कुछ विद्वान इस पर्वत को थिसेली का 'ओथेरस' और कुछ इसको 'जरनेनिया' नाम देते हैं।[119] *कुरानशरीफ* में पर्वत का नाम 'जूदी' मिलता है। भारतीय प्रलय-कथाओं में मनु की नौका के आश्रय-स्थल हिमालय की चोटी के विभिन्न नाम मिलते हैं। परन्तु *कामायनी* में उसे केवल 'उत्तर गिरि'[120] और 'हिमगिरि का उत्तुंग शिखर'[121] कहा गया है।

(ख) नवीन मानव-सृष्टि सम्बन्धी आख्यानों की तुलना

लीवार्ड और सेमोअन द्वीपवासियों तथा एस्किमो जनजाति में विश्वास है कि महाप्रलय के पश्चात् मछलियाँ ही भूमि पर पत्थरों के रूप में परिवर्तित हो गई हैं। जन-जातियाँ केलिफोर्निया की 'तेहो' और कांगो के दक्षिणी किनारे की 'दिलोलो' जैसी बड़ी-बड़ी झीलों की उत्पत्ति भी प्रलय के अवशिष्ट जल से मानती हैं। क्रीस जाति का विश्वास है कि अमेरिका के इन्डियन की त्वचा पर लाल रंग प्रलय ने छोड़ दिया है। पील्यू द्वीपवासी एक पक्षी के सिर पर लाल धारी का मूल प्रलय में खोजते

हैं। कूक द्वीपवासी नारियल का मूल प्रलय से सम्बद्ध करते हैं। पारसी प्रलय-कथा का एक उद्देश्य सागर के खारीपन की व्याख्या है।[122] हेरोचिरी जाति की प्रलय-कथा में लोमड़ी की पूँछ काली होने का कारण प्रलय-जल में भीगना बताया गया है।[123] इस प्रकार ऐसी कथाओं में प्रलय को कभी मुख्य और कभी गौण उद्देश्य की पूर्ति का साधन बताया गया है।[124] *परन्तु कामायनी की कथा में प्राकृतिक पदार्थों की इस प्रकार की छद्म-वैज्ञानिक व्याख्याओं के रूप में सृष्टि-विज्ञान का स्थानीय, सीमित और निम्न स्तर प्राप्त नहीं होता क्योंकि कामायनी का जलप्लावन अर्धसभ्य मानव की किसी वस्तु के निर्माण की जिज्ञासा को शान्त करने का साधनमात्र नहीं है।*

भारतीय पुराणों में एकार्णव में शयन करते हुए नारायणात्मक ब्रह्मा से ही पुनः जगत् का आविर्भाव दिखाया गया है। दूसरे स्थान पर स्रष्टा विष्णु दैत्य हिरण्याक्ष को मारकर अन्तर्महार्णव में डूबी हुई पृथ्वी का उद्धार वाराह रूप धारण करके करते हैं।[125] निश्चय ही वाराह द्वारा पृथ्वी को जल से निकालने की कथा की तुलना 'रांगी' द्वारा 'मेन्गोयिआ' द्वीप को पाताल से खीचने की कथा से की जा सकती है।[126] इसी प्रकार केलिफोर्निया की जनजातियों में स्रष्टा 'कोयोटे' महान् सागर में जलमग्न पृथ्वी का उद्धार दुष्ट प्राणियों को मारकर करते हैं। एलगोक्विन जाति की प्रलय-कथा में भी सृष्टिकर्ता मिकेलो जलमग्न पृथ्वी का उद्धार करता है और प्रलय के कारण दुष्ट प्राणियों से बदला लेता है।[127] परन्तु सेक, फोक्स इन्डियन, चिप्पीवाज़ और ओजीवाज़ जनजातियों में कुछ पशु, बतख, मछली, छछूँदर आदि प्रलयसागर में गोता लगाकर पृथ्वी को अपने पैरों या मुँह में दबाकर बाहर निकालते हैं।[128]

कामायनी की प्रलय-कथा में इस प्रकार का कोई संकेत नहीं है कि किसी असुर का वध करके प्रलय-सागर से पृथ्वी का किसी ने उद्धार किया हो। सृष्टि के बारे में जिज्ञासु मनु अनेक प्रश्न करते हैं।[129] परन्तु यह जिज्ञासा एक दर्शनिक की जिज्ञासा है, अर्धसभ्य मानव की जिज्ञासा नहीं है। *कामायनी* में पशु-पक्षी या दिव्य प्राणी के रूप में स्रष्टा का मानवीकरण नहीं किया गया है। उस 'अनन्त रमणीय' को 'विराट', 'विश्वदेव' या 'कुछ' कहकर एक अनादि विश्व-शक्ति के रूप में माना गया है।[130] यह अज्ञात विश्व-शक्ति ही समस्त विश्व के प्रलय और विकास का स्रोत है। अतः *कामायनी* में जलप्लावन के अवसान के पश्चात् सृष्टि में नये सिरे से शरद-विकास का स्वाभाविक एवं काव्यात्मक वर्णन किया गया है।[131] अतः स्पष्ट है कि कामायनी में जलप्लावन के पश्चात् पृथ्वी को कोई दिव्य प्राणी

जल से बाहर नहीं निकालता, अपितु जलप्लावन के उतरने पर भूमि स्वयं बाहर निकल आती है।[132]

यहाँ यह स्पष्ट कर देना आवश्यक है कि *कामायनी* का जलप्लावन प्राकृतिक शक्तियों द्वारा हुआ है।[133] अतः जलप्लावन के पश्चात् जलमग्न भूमि भी स्वाभाविक रूप से शनैः-शनै जल से बाहर निकलती है। यहाँ प्रलयसागर से पृथ्वी की उत्पत्ति नहीं होती अपितु जलप्लावन का अवसान होने पर पृथ्वी पर मानवता का विकास अवश्य नये सिरे से होता है। अतः *कामायनी* में वर्णित जलप्लावन की कथा की उन्हीं प्रलय-कथाओं से तुलना की जा सकती है जिनमें प्रलय पृथ्वी के जलमग्न होने पर मानवता का विनाश वर्णित है तथा दैवी कृपा से प्रलय से अवशिष्ट कुछ धार्मिक एवं सदाचारी प्राणियों द्वारा प्रलयान्त में मानवता का पुनर्विकास दिखाया गया है।

प्रलयोत्तर मानवता के पुनर्विकास से सम्बन्धित प्रसिद्ध प्रलय-कथाओं में मुख्य रूप से निम्नलिखित बातें मिलती हैं–

1. पर्वत पर आश्रय ग्रहण करने के पश्चात् नायक द्वारा सर्वप्रथम बलि, यज्ञ या स्तुति करना।
2. शेष प्राणियों द्वारा आगामी मानवता का विकास।
3. कभी-कभी नायक को अमरत्व की प्राप्ति।

1. पर्वत पर आश्रय के पश्चात् यज्ञ- यज्ञ से पूर्व अक्काद-कथा में जलयान के पर्वत पर टिक जाने के बाद जल के अवसान का पता लगाने के लिए नायक उत्नपिश्तम द्वारा पक्षियों को उड़ाने का उल्लेख है। बाबुली इतिहासकरों के विवरणों में भी पोत से उड़ाये गये दूसरे पक्षी के पैरों में मिट्टी के निशानों का उल्लेख है जो बाइबिल की ओलिव-शाखा के समानान्तर प्रतीत होता है। *बाइबिल* की 'जे' कथा में दूसरी बार उड़ाई गई फाख्ता अपनी चोंच में ओलिव की पत्ती लाती है जिससे भूमि का जल से बाहर निकलना सिद्ध हो जाता है। इन पक्षियों द्वारा पूर्ण आश्वस्त होकर ही प्रलय से पीड़ित नौकाश्रित प्राणी बाहर निकलते हैं। लेकिन जब नौका पर्वत पर आश्रय ग्रहण कर लेती है और जलप्लावन रुक जाता है, उस समय पक्षियों को उड़ाकर भूमि का पता लगाना व्यर्थ-सा लगता है। पर्वत के शिखर से प्रलय के जल का अवसान तो स्पष्ट दिखाई दे जाता। *कामायनी* में इसका स्पष्ट संकेत विद्यमान है।[134] समुद्र के मध्य में यात्रा करते हुए पोत से पक्षियों को उड़ाकर भूमि का पता लगाना उचित है। लेकिन पर्वताश्रित होकर कदापि नहीं। ऐसा प्रतीत होता है कि समुद्री यात्रा की विधि को प्रलय-कथा से जोड़ दिया गया है। स्वयं

बाइबिल की 'पी' कथा में पोत से पक्षियों के उड़ाने का उल्लेख नहीं है।[135] अन्य देशों की किसी कथा में इन उल्लेखों का संकेत नहीं मिलता। भारतीय कथाओं और *कामायनी* के जलप्लावन में इन उद्देश्यविहीन विवरणों का कोई स्थान नहीं है।

प्रलयोपरान्त नौका से पर्वत-भूमि पर पदार्पण करते समय प्रलय से त्रस्त प्राणियों की निश्चिन्तता और हर्षातिरेक का अनुमान करना कठिन है। ऐसे समय नास्तिक प्राणी के मन में भी आस्तिक भावों का उदय होता है और वह सर्वव्यापाक महान् शक्ति की किसी न किसी प्रकार स्तुति करके अपनी हार्दिक कृतज्ञता प्रकट करता है। पौराणिक गाथाओं में इसी शक्ति को दिव्यप्राणी का रूप दे दिया जाता है। *प्रलय के पश्चात् स्थल पर उतरकर सर्वप्रथम, तप, यज्ञ और स्तुति करना या देवों को बलि देना अक्काद-बाबुली, यूनानी, बाइबिल और भारतीय प्रलय-कथाओं का असाधारण लक्षण है। शतपथब्राह्मण, महाभारत, भागवतपुराण, मत्स्यपुराण* आदि में वर्णित मनु की प्रलय-कथाओं से स्पष्ट है कि प्रलय के बाद कठोर तपस्वी मनु यज्ञ करते हैं। वेदज्ञान और तप भारतीय दर्शन में सृष्टि-शक्ति के रूप में वर्णित है जो कल्पारम्भ की सृष्टि-रचना में कल्पाधिपति मनु की सहायक होती है। इसी तप एवं यज्ञ की शक्ति से भारतीय प्रलय-कथाओं में मनु को प्रलय के पश्चात् मानवता का विकास करनेवाला माना गया है।

अक्काद-कथा में उत्नपिश्तम ने निज़र पर्वत शिखर पर देवों के लिए यज्ञ करने, बलि देने और सात-सात बार पेय देने का उल्लेख मिलता है। बाबुली प्रलय-कथा में भी ज्यूथ्रस द्वारा अपनी पुत्री, पत्नी और बालक सहित पोत से उतरकर अरमेनिया के पर्वत पर देवों को बलि दी थी। नौका से प्रथम बार उतरे हुए साथियों सहित राजा के स्वर्ग चले जाने पर शेष लोगों द्वारा भी नौका से उतरकर देवों को बलि देना वर्णित है। *बाइबिल-कथा* में भी नूह द्वारा बलि-वेदी बनाकर पवित्र पशु-पक्षियों को भूनकर भगवान् को अर्पित करने का उल्लेख है। ड्युकालियन द्वारा अपनी पत्नी पीर्हा सहित पार्नास पर्वत पर अपने रक्षक जीअस को बलि देने का वर्णन मिलता है। *कामायनी* में भी मनु को प्रलय के पश्चात् पाक-यज्ञ करते हुए दिखाया गया है।[136]

(2) शेष प्राणियों द्वारा मानवता का विकास- *अक्काद-कथा* में एक विलक्षण उल्लेख है कि यज्ञ के पश्चात् जीवन प्रदान करनेवाली प्रेम की देवी इस्तार ने अपने मणियों के हार की शपथ लेकर कहा कि वह जलप्लावन के भयंकर दिनों की सदा याद रखेगी। *बाइबिल* की कथा में इसका और विकसित रूप प्राप्त होता है कि बलि की मनहर गन्ध से प्रसन्न होकर भगवान् ने अपने मन में कहा कि मानवों के लिए वे अब कभी धरा को अभिशप्त नहीं करेंगे। उन्होंने भविष्य में मनुष्यों को

प्रलय द्वारा नष्ट न करने का वचन दिया और अपने वचन को अभिज्ञान के रूप में मेघों में रख दिया अर्थात् जब कभी आकाश मेघाच्छन्न हो तो मेघों में इन्द्रधनुष के द्वारा ईश्वर को प्रलय द्वारा मानवता का विनाश न करने का अपना वचन याद आ जाये। ध्यातव्य है कि अंग्रेजी में वचन और धनुष के लिए लगभग समान उच्चारण वाले शब्द 'वो' और 'बो' हैं। *कामायनी* में इस प्रकार की निम्न स्तर की पौराणिक कल्पना के लिए कोई स्थान नहीं है। कामायनी में प्रलय किसी दिव्य प्राणी का कार्य नहीं है। अतः उनके शपथ लेने आदि से सम्बन्धित दन्तकथाओं और प्रकृति के पदार्थों की प्रलय द्वारा छद्म वैज्ञानिक व्याख्या का प्रश्न ही नहीं उठता। इस छूछी कल्पना की निस्सारता इसी बात से प्रकट हो जाती है कि अन्य किसी प्रलय-कथा में इसका विकास नहीं मिलता।

एक बात विशेष रूप से ध्यान देने की यह है कि *भारतीय, बाइबिल* और *यूनानी* कथाओं में तप, यज्ञ और बलि द्वारा भगवान् प्रसन्न होकर प्रलय-कथा नायकों को भावी मानवता के विकास का वरदान देते हैं। ये नायक ही इस सर्ग के अग्रदूत कहलाये जिनकी वंश-परपराएँ ही भूमण्डल के अनेक भागों में बिखरी पड़ी हैं। *अक्काद-कथा* में नायक उत्नपिश्तम तो अमरता प्राप्त कर लेता है, उसके साथ प्रलय से अवशिष्ट उसके सम्बन्धियों, सेवक, चालक आदि व्यक्तियों और पालतू तथा वन्य पशुओं से आगामी सभ्यता का विकसित होना संकेतित है। अन्य *सुमेरियन* कथाओं में अत्राहसिस अथवा जियूसुद्दू प्रलय के बाद मानव-सभ्यता का विकास करते हैं। *बाबुली* कथा के अनुसार ज्यूथ्रस राजा के साथ अवशिष्ट लोगों ने अरमेनिया से पुनः बाबुल आकर हस्तलिपियों को खोद लिया और अनेक नगरों एवं मंदिरों का निर्माण करके बाबुल को पुनर्वसित किया। *बाइबिल* में प्रलय से अवशिष्ट नूह के शेम, हेम और जेफेथ तीन पुत्रों की सन्तति से ही समस्त पृथ्वी के भरने का उल्लेख है। *यूनानी* कथा में द्युकालियन और पीर्हा दम्पत्ति द्वारा भगवान के वर से मानवजाति का विकास करने का उल्लेख है। *कामायनी* में मनु भी मानव सभ्यता के प्रवर्त्तक के रूप में चित्रित हैं।[137] उनके पुत्र का नाम ही मानव है।[138]

चीनी जलप्लावन की कथाएँ परम्परागत प्रलय-कथा से एकदम भिन्न हैं। वहाँ प्रलय के पश्चात् बलि अथवा यज्ञ का उल्लेख नहीं मिलता। वहाँ तो प्रकृति की भीषणता और उससे निरन्तर जूझते हुए मनुष्य के स्वाभाविक उद्यम से सभ्यता का विकास दिखाया गया है। इस कार्य के श्रीगणेशकर्त्ता 'खुन' और 'यू' पिता-पुत्र को 'बाढ़ों का स्वामी' कहकर जलप्लावन के पश्चात् व्यवस्थित सभ्यता का विकास करनेवाला कहा गया है। अर्द्धसभ्य जन-जातियों की कथाओं में भी प्रलय के पश्चात्

यज्ञ और बलि का उल्लेख नहीं है। वहाँ स्त्री-पुरुषों की उत्पत्ति भी अद्‌भुत ढंग से वर्णित है- जैसे आरीनोको और माकुसी जाति के प्रलय से अवशिष्ट दम्पत्ति द्वारा पत्थर और मणिपुरी जाति में नारियल सिर के ऊपर से फेंकने से तथा लिथुनिया जाति में पृथ्वी की हड्डी के ऊपर से कूदने से, वापो इण्डियन में कोयोटे के पंख से नर-मादा का उत्पन्न होना कहा गया है।[139] कभी-कभी प्रलय से एक ही नर या मादा शेष रहता है जिसका किसी अन्य के संसर्ग से मानवता का विस्तार करना वर्णित है- जैसे पील्यू द्वीपवासियों की कथा में देव से, क्रीस जाति की कथा में एक कुमारी अपनी रक्षक चील से और पीरू-वियन जाति की कथा में एक भाई खाना लानेवाले तोते को अपनी पत्नी बनाकर उसके संसर्ग से मानवता का विकास करते हैं।[140] चीन की कथाओं और पत्थर आदि फेंकने की जन-कथाओं से *कामायनी* की कथा का मेल नहीं खाता। हाँ प्रलय से एक शेष रहने के अन्तिम उदाहरणों से कुछ साम्य अवश्य है। मनु प्रलय से एकाकी शेष रहते हैं। मनु-प्राण की व्याख्या करते समय बताया जा चुका है कि यह सृष्टि मैथुनी सृष्टि है। अत: मिथुन (दो) के लिए मनु के साथ एक स्त्री का होना आवश्यक है। तभी मैथुनी सृष्टि सम्भव है। अत: प्रसाद ने प्रलय से किसी प्रकार श्रद्धा के शेष रहने का भी वर्णन किया है। श्रद्धा की प्रेरणा और संसर्ग से मनु सन्तति उत्पन्न करके मानवता का विकास करते हैं।[141]

इन सभी प्रलय-कथाओं में नौका से उतरते ही यज्ञ या बलि का उल्लेख है। भगवान् या देव भी शीघ्र ही नायक से प्रसन्न हो जाते हैं और उसे मानवता का विकास का झट-पट वर दे डालते हैं। आधुनिक युग का श्रेष्ठ काव्य-ग्रन्थ होने के कारण *कामायनी* में इस पौराणिक-शैली का अभाव होना स्वाभाविक है। *प्रलय से त्रस्त नायक का झट-पट बलि देना और शीघ्र ही प्रसन्न होकर सन्तति-प्रसार में संलग्न हो जाना मनोविज्ञान के सर्वथा विपरीत है। प्रसाद ने इस घटना का क्रमिक, स्वाभाविक एवं मनोवैज्ञानिक तथा काव्यात्मक वर्णन करके इस अल्प कथानक में चार चाँद लगा दिये हैं।* देव-सृष्टि का ध्वंस[142] और भावी मानव-सृष्टि का प्रवर्त्तक[143] मनु प्रलय-सागर से जैसे-तैसे जीवित रह जाता है। वह चिन्तित मनु एक शिला पर बैठकर जल के अवसान को देखने लगता है।[144] पास ही उसकी नौका पड़ी है।[145] यहाँ प्रसाद ने निराश एवं चिन्तिन मनु का अत्यन्त मनोवैज्ञानिक वर्णन किया है। मनु निराश होकर अतीत देव-सृष्टि को प्रलय का दोषी ठहराते हैं।[146] धीरे-धीरे प्रलय-निशा का अन्त हुआ,[147] रमणीय उषा का आगमन हुआ[148] और धरा भी प्रलय-सागर से बाहर निकल आई।[149] अनन्त रमणीय विश्वदेव की प्रेरणा से मनु ने आशावान होकर[150] एक पर्वत-गुफा में अपना स्थान बनाया।[151] इसके पश्चात् ही मनु ने धैर्यपूर्वक पूर्व संचित अग्नि से अग्निहोत्र और पाकयज्ञ करना आरम्भ किया

है। इस प्रकार उनमें देवों की यज्ञ-संस्कृति पुनः जाग्रत हो उठी।[152] कर्मशील मनु में प्राकृतिक भूख के समान अनादि वासना के कारण सहचरी के लिए इच्छा जाग्रत हुई।[153] उधर गन्धर्व देश की भ्रमणशील कुमारी प्रलय से निरुपाय होकर हिमालय की चोटी पर घूम रही थी।[154] यहाँ पर श्रद्धा ने निराश मनु को प्रेरणात्मक श्रेष्ठ उपदेश दिया है जो मनु को भावी मानवता के विकास के लिए उद्यत कर देता है। श्रद्धा के समर्पण और प्रेरणा से विजयिनी मानवता की कीर्ति अनिल, भू और जल में सर्वत्र फैलने के लिए अग्रसर हो जाती है।[155] आगे इसी श्रद्धा और मनु से उत्पन्न मानव से सम्पूर्ण मानवता का विकास हुआ।[156]

यहाँ एक महत्वपूर्ण बात यह है कि तप और यज्ञ मनु के दैनिक जीवन से सम्बन्धित दिखाए गए हैं। भारतीय दर्शन के अनुकूल ही तप और यज्ञ मनु को सृष्टि का विकास करने के लिए प्रेरित करते हैं। भारतेतर प्रलय-कथाओं की उस भावना के साथ इस भारतीय तप और यज्ञ-प्रक्रिया को मिलाना भूल होगी जिस भारतेतर बलि का किसी देव को प्रसन्न करना ही उद्देश्य है।

(3) नायक को अमरत्व-प्राप्ति- प्रलयोपरान्त बलि देकर उत्लपिश्तम सपत्नीक और ज्यूथ्रस सपरिवार स्वर्ग चले जाते हैं। यह *अक्काद-बाबुली* कथा की महत्वपूर्ण विशेषता है। इसके संकेत *बाइबिल* में भी खोजे जा सकते हैं।[157] *'कामायनी'* में भी श्रद्धा के निर्देशन में आनन्द सर्ग में मनु के स्वर्गाधिकारी होने का उल्लेख मिलता है। केलास को दिव्य तपोवन[158] और श्रद्धा-मनु को द्युतिमय देव द्वन्द्व कहकर सम्बोधन किया गया है।[159]

निष्कर्ष- प्राकृतिक शक्तियों द्वारा महाविनाश एवं स्थानीय जलप्लावन के साक्षात् अनुभव जिज्ञासु मानव की सर्जनात्मक कल्पना के साथ मिलकर परम्परा से सार्वभौम प्रलय-कथाओं का रूप धारण कर लेते हैं। प्रत्येक प्रलय-कथा के उद्गम, प्रचार और प्रसार में प्राकृतिक कारण एवं सृष्टि-विद्या दोनों महत्वपूर्ण तत्व सक्रिय रहते हैं। छोटी-से-छोटी वस्तु से लेकर असीम ब्रह्माण्ड तक प्रत्येक वस्तु की उत्पत्ति के बारे में जिज्ञासा मानव की जन्मजात प्रवृति है। यही प्रवृति सृष्टि-विद्या का मूल हैं। विज्ञान, दर्शन और धर्म अपने-अपने ढंग से इस गुत्थी को सुलझाने का प्रयत्न करते रहे हैं। फिर भी सृष्टि का प्रथम आरम्भ कल्पनातीत ही रहा है। भारतीयों की भाँति अब पाश्चात्य विद्वान् भी मानने लगे हैं कि अनादि और अन्तहीन सृष्टि का प्राकृतिक विकास-क्रम तो सदैव चक्रवत् घूमता रहता है। अतः विशिष्ट सृष्टि के आरम्भ का वर्णन करने के लिए एकमात्र तर्कसंगत और व्यावहारिक उपाय है पूर्व सृष्टि के अन्त का वर्णन करना जिससे वह भावी सृष्टि के लिए उद्गम स्थल का

काम दे सके। इसी कारण प्रलय-कथाओं में प्रलय द्वारा पूर्व सृष्टि के विनाश के पश्चात् मानवता का पुनर्विकास दिखाया जाता है।

विश्व की प्रलय-कथाओं के अनुशीलन से ज्ञात होता है कि सुमेर-अक्काद-बाबुल, बाइबिल, यूनान, भारत और चीन की प्रलय-कथाओं की पाँच प्रसिद्ध परम्पराएँ हैं जिनका विकास अपने-अपने प्रभाव के क्षेत्र में अनेक रूपों में प्राप्त होता है। इनमें से प्रथम चार परम्पराओं में दैवी प्रकोप से प्रलय द्वारा समस्त मानवता का विनाश, प्रलय की पूर्वसूचना, दिव्य निर्देशन, प्रलय-रक्षा का साधन नौका तथा कुछ सदाचारी प्राणियों का शेष रहना और शेष प्राणियों द्वारा पुनः मानवता का विकास आदि बातें सामान्यतया बतलाई गई हैं। लेकिन चीन की जलप्लावन की कथाओं में समस्त सृष्टि के विनाश, प्रलय-कथा का नायक, पूर्व सूचना, रक्षा का साधन, नौका, प्रलय-अवधि और शेष प्राणियों आदि का परम्परागत उल्लेख नहीं मिलता क्योंकि वहाँ पर जलप्लावन का कारण दैवी प्रकोप न होकर स्वाभाविक प्राकृतिक आपत्ति के रूप में वर्णन किया गया है। परन्तु जलप्लावन के बाद मानवता के पुनर्गठन का वहाँ भी स्पष्ट संकेत है। इसी प्रकार विश्व की अर्धसभ्य जन-जातियों में जलप्लावन के बाद मानवता का विकास मूल विचार है। अतः निष्कर्ष रूप में कहा जा सकता है कि जलप्लावन और उसके बाद मानवता का विकास एक ऐसा प्राचीन एवं परम्परागत संप्रत्यय है जो विश्व की अधिकांश जातियों में विद्यमान है। परन्तु इस विश्वव्यापी मौलिक पृष्ठभूमि पर *गिलगमेश* महाकाव्य के कुछ अंशों को छोड़कर किसी पृथक् महाकाव्य की रचना नहीं हुई। मानवता के इस विश्व-विश्रुत आदि कथानक के आधार पर रचित प्रसिद्ध महाकाव्य *'कामायनी'* इसी अभाव की पूर्ति का सराहनीय प्रयास है।

कामायनी की प्रलय-कथा का आधार शुद्ध भारतीय है। यहाँ विश्व की प्रलय-कथाओं के विशाल परिप्रेक्ष्य में इस कथा की तुलना इसके वैशिष्ट्य एवं गौरव को उद्घाटित करने के उद्देश्य से की गयी है। *कामायनी* के जलप्लावन की कथा में भारतीय तथा भारतेतर प्रलय-कथाओं की सभी मुख्य बातें अपने तर्कसंगत निखार के साथ विद्यमान हैं। प्रसाद ने अंधविश्वास पर आधारित इन पौराणिक कथाओं के अस्वाभाविक आवरण को उतारकर फेंक दिया है। कथा धर्म के आवरण में जनसाधारण के लिए नहीं, अपितु सहृदय पाठकों के लिए काव्यमय रूप में मनोवैज्ञानिकता, स्वाभाविकता एवं क्रमबद्धता के साथ प्रस्तुत की गई है। पूर्व सृष्टि का हृदयविदारक विनाश, देवों की वासनादि के मादक चित्रों की प्रलय-वर्णन में प्रतिक्रिया, प्राकृतिक शक्तियों द्वारा जलप्लावन का क्रमिक परन्तु सर्वांगपूर्ण चित्रात्मक

वर्णन, प्रलयसागर में डगमग नौका की विचित्र स्थिति, प्रलय के पश्चात् मनु की मानसिक अवस्था, श्रद्धा का प्रेरणात्मक उपदेश, मानवता का स्वाभाविक विकास एवं जीवन-यात्रा की कठिनाइयों से जूझते हुए मानव को अन्त में देवत्व प्राप्ति– वे विशिष्ट स्थल हैं जो इस कथा को विश्व की आदि-मानव सम्बन्धी प्रलय-कथाओं के शीर्षासन पर प्रतिष्ठित कर देते हैं।

संदर्भ

1. *Encyclopaedia of Religion and Ethics*, IV, p. 546
2. वही, p. 550
3. वही, p. 550
4. *Encyclopaedia of Britannica*, VII, p. 175
5. *Christian Mythology*, p. 29
6. *Encyclopaedia of Religion and Ethics*, IV, p. 549 & 556
7. वही, p. 549
8. *Radio Activity and Surface History of Earth*, p. 5
9. *Encyclopaedia of Religion and Ethics*, IV, p.545
10. "........If we indentify a Kalpa or Brahma's day with interrevolutionary period and the 'revolution' with the 'incidental dissolution' of the Puranas and the transgression of seas with the 'Great FlooosQ' or immersion of the earth in an envelope of water as concieved by the Puranics, the two accounts fairly accurately except in point of time." *The Geography* of the *Puranas*, p. 195-196
11. *Encyclopaedia of Britannica*, VII, p. 175
12. *Encyclopaedia of Religion and Ethics*, IV, p. 549
13. *Encyclopaedia of Religion and Ethics*, IV, p. 230
14. *भारतीय संस्कृति का विकास-वैदिक धारा*, पृ० 348, 135-137
15. *ऋग्वेद*, 10/162, 10/90; *तैत्तिरीय ब्राह्मण*, 2/8/9/3-7; *विष्णुपुराण*, 1/5/40
16. अनादिर्भगवान्कालो नाऽन्तोऽस्य द्विज विद्यते।
    अव्युच्छिन्नास्ततस्वेते सर्ग स्थित्यन्त संयमाः ।।-*विष्णुपुराण*, 1/2/26
17. *The Philosophy of Srimad Bhagavata*, p. 233
18. *वैदिक धर्म एवं दर्शन*, पृ० 658, 749
19. ....अम्भः किमासीद्गहनं गम्भीरं......तम आसीत्तमसा
    गूळहमग्रेऽप्रकेतं सलिलं सर्वमा इदम्.........। *ऋग्वेद*, 10/129/1-6
20. *विष्णुपुराण*, 1/2/25
21. नाहो न रात्रिर्न नभो भूमिर्नासीत्तमो ज्योतिरभूच्च नान्यत्।
    'श्रोत्रादि बुद्धयानुपलभ्यमेकं प्राधानिक ब्रह्म पुमांस्तदासीत्।।-*विष्णुपुराण*, 1/2/23
22. ....संसुप्तवच्छून्यवदप्रतर्क्यं, *भागवतपुराण*, 12/4/18-22, 2/9/32, 9/1/8

23. महाप्रलयकालान्त एतदासीत्तमोमयम्।
    प्रसुप्तमिवचातर्क्यमप्रज्ञातमलक्षलणम्।।
    अविज्ञैयमविज्ञातं जगत् स्थास्नु चरिष्णु च।–*मत्स्यपुराण*, 2/25–26
24. *Encyclopaedia of Religion and Ethics*, IV, p. 125, 128
25. *Greek Mythology*, p. 16,19
26. *Encyclopaedia of Religion and Ethics*, IV, p. 126-128
27. *ऋग्वेद*, 10/190, 10/129/3–4, 10/127/6, 10/121, 1/144/2, 10/149/2; *अथर्ववेद*, 4/2/8, 12/1; *तैत्तिरीय संहिता*, 5/64; *तैत्तिरीय ब्राह्मण*, 1/2/1/3; *शतपथ ब्राह्मण*, 6/1/1/12–13, 11/1/6/1–11, 14/8/6/1; *बृहदारण्यकोपनिषद्*, 5/5/1; *तैत्तिरीय उपनिषद्*, 2/1; *तैत्तिरीय आरण्यक*, 1/23; *ऐतरेय ब्राह्मण*, 3/6
28. *ऋग्वेद*, 1/138/2, 1/95/10; *शतपथ ब्राह्मण*, 2/5/1/8; *तैत्तिरीय ब्राह्मण*, 1/3/6/2
29. *विष्णुपुराण*, 3/2/50; *भागवतपुराण*, 3/8/23; *हरिवंशपुराण*, 3/10/1 तथा 34
30. *हरिवंशपुराण* 3/9/1–4, 3/10/31–34; *विष्णुपुराण*, 1/3/24; *मत्स्यपुराण*, 2/10–14
31. 'यदाप्नोत् तस्मादाप:'– *मार्कण्डेयपुराण : एक सांस्कृतिक अध्ययन*, पृ० 120
32. *मत्स्यपुराणानुशीलनम्*, पृ० 322
33. तमिद् गर्भं प्रथमं दध्र आपो यत्र देवा: समगच्छन्त विश्वे।
    अजस्य नाभावध्येकमर्पित यस्मिन् विश्वानि भुवानि तस्थु:।।–*ऋग्वेद*, 10/82/6
34. यत्रदेवाश्च मनुष्याश्चारानाभाविवश्रिता:
    अपां त्वा पुष्पं पृच्छामि तत्रतन्मायया हितम्।–*अथर्ववेद*, 10/8/34
35. *गोपथब्राह्मण*, 1/1/22–29
36. *विष्णुपुराण*, 1/2/22
37. अप एव ससर्जादौ.....–*मत्स्यपुराण*, 2/28
38. आपो नारा इति प्रोक्ता आपो वै नर सूनव:।
    अयनं तस्य ता: पूर्व तेन नारायणस्मृत:।।–*विष्णुपुराण*, 1/4/6, 1/3/24
39. *भागवतपुराण*, 1/3/1–4
40. वही, 3/8/8–17, 9/1/8–12
41. *विष्णुपुराण*, 1/4/7–50; *भागवतपुराण*, 1/3/7, 2/7/1; *महाभारत* वनपर्व, 272/51–55; *महाभारत*, शान्तिपर्व, 209/16–30
42. *विष्णुपुराण*, 1/4/51–52
43. वही, 1/2/57–58
44. *मत्स्यपुराणानुशीलनम्*, पृ० 4–8, 15–16
45. क्रमश: *मत्स्यपुराण*, 1/29; *महाभारत*, वनपर्व, 187/51; *भागवतपुराण*, 5/18/26–28
46. *पुराण परिशीलन*, पृ० 128; *वैदिक विज्ञान और भारतीय संस्कृति*, भूमिका, पृ० 6–7
47. *मनुस्मृति*, 12/123; *मार्कण्डेयपुराण : एक सांस्कृतिक अध्ययन*, पृ० 136, 170
48. *पुराण परिशीलन*, पृ० 153–154
49. *शतपथब्राह्मण*, 6/1/1/1
50. *वैदिक विज्ञान और भारतीय संस्कृति*, पृ० 131, 134–136; *पुराण परिशीलन*, पृ० 151–155
51. *मार्कण्डेयपुराण : एक सांस्कृतिक अध्ययन*, पृ० 131–133

52. *विष्णुपुराण,* 1/2/60; *भागवतपुराण,* 6/16/37
53. लिंगपुराण, 1/70/51; *वायुपुराण,* 4/72-73
54. *भागवतपुराण,* 5/18/28;*मत्स्यपुराण,* 1/15-16, 1/31, 2/10, 2/14, 2/18
55. *भागवतपुराण,* 1/3/15, 2/7/12
56. वही, 2/7/12, 8/24/8-9, 57, 61; *मत्स्यपुराण,* 2/14-15
57. *मत्स्यपुराण,* 2/10
58. *महाभारत,* वनपर्व, 187/40; *भागवतपुराण,* 8/24/36; अग्निपुराण, 2/13
59. *मत्स्यपुराण,* 2/11, 16, 18, 20
60. *Encyclopaedia of Religion and Ethics,* IV, p. 226, 549-550
61. वही, p. 227
62. *Encyclopaedia of Religion and Ethics,* IV, p. 549-550, 556
63. *South American Mythology*, p. 38
64. *South American Mythology*, p. 44
65. *Chinese Mythology*, p. 84-87
66. *Encyclopaedia of Religion and Ethics,* IV, p. 555
67. *Christian Mythology*, p. 29
68. *Encyclopaedia of Britannica,* VII, p. 174
69. यहाँ प्रथम अध्याय में आई हुई प्रलय-कथाओं का पुनः संदर्भ नहीं दिया जायेगा। वहाँ अक्काद-बाबुली प्रलय-कथा, बाइबिल और उसके प्रभाव की प्रलय-कथाएँ, यूनान, फारस, चीन और भारतीय प्रलय-कथाएँ आदि शीर्षकों के अन्तर्गत इनका सन्दर्भ दिया जा चुका है।
70. *Encyclopaedia of Religion and Ethics,* IV, p. 547
71. वही, p. 551
72. *Encyclopaedia of Religion and Ethics,* IV, p. 555
73. *Encyclopaedia of Religion and Ethics,* IV, p. 547
74. *Encyclopaedia of Britannica,* VII, p. 174
    Encyclopaedia of Religion and Ethics, IV, p. 550-552, 554
75. *Christian Mythology*, p. 48
76. *विष्णुपुराण,* 1/6/14-17, 20; *भागवतपुराण,* 1/6/29
77. *कामायनी,* पृ० 22
78. वही, पृ० 25
79. वही, पृ० 31
80. उनको देख कौन रोया यों अन्तरिक्ष में बैठ अधीर!
    व्यस्त बरसने लगा अश्रुमय वह प्रालेय हलाहल नीर!-*कामायनी,* पृ० 21
    x x x
    किसका था भू-भंग प्रलय सा जिसमें ये सब विकल रहे;
    अरे ! प्रकृति के शक्ति चिह्न ये फिर भी कितने निबल रहे!-*कामायनी,* पृ० 33
81. *कामायनी,* पृ० 15
82. वही, पृ० 16

83. वही, पृ॰ 14
84. वही, पृ॰ 18
85. अरी आँधियों ! ओ बिजली की दिवा-रात्रि तेरा नर्त्तन;
 उसी वासना की उपासना, वह तेरा प्रत्यावर्त्तन।–*कामायनी*, पृ. 15
86. विकल वासना के प्रतिनिधि वे सब मुरझाये चले गये;
 आह ! जले अपनी ज्वाला से फिर वे जल में गले, गये।-*कामायनी*, पृ॰ 19
87. *Bible*, Genesis, 7/11,8/2
88. *Encyclopaedia of Religion and Ethics*, IV, p. 548
89. *कामायनी*, पृ॰ 21-25
90. दिग्दाहों से धूम उठे, या जलधर उठे क्षितिज तट के!
 x x x
 हा-हाकार हुआ क्रन्दनमय कठिन कुलिश होते थे चूर;
 हुए दिगन्त बधिर, भीषण रव बार बार होता था क्रूर ।–*कामायनी*, पृ. 21
91. With the first glow of dawn,
 A black cloud rose up from horizon.
 In side it Adad thunders,
 While Shullat and Hanish go in front,
 Moving as heralosQ over hill and plain.
 Erragal tears out the posts;— *Near Eastern Mythology*, p.49
92. बार बार उस भीषण रव से कँपती धरती देख विशेष,
 मानो नील व्योम उतरा हो आलिंगन के हेतु अशेष।
 x x x
 व्यस्त बरसने लगा अश्रुमय वह प्रालेय हलाहल नीर।
 x x x
 x शंपाओ के शकल निपात,
 उल्का लेकर अमर शक्तियाँ खोज रहीं ज्यों खोया प्राप्त।-*कामायनी*, पृ॰ 21-22
93. Fourth comes Ninurta and cause
 The dyks to overflow.
 The Anunnaki lift up their torches,
 Consternation over reaches to the heavens.
 —*Near Eastern Mythology*, p. 49
94. अंधकार में मलिन मित्र की धुंधली आभा लीन हुई;
 वरुण व्यस्त थे, घनी कालिमा स्तर-स्तर जमती पीन हुई। *कामायनी*, पृ॰ 22
95. Who turned to blackness all that had been Light.
 —*Near Estern Mythology*, p. 49
96. धसती धरा, धधकती ज्वाला, ज्वाला-मुखियों के निश्वास;
 और संकुचित क्रमशः उसके अवयव का होता था ह्रास। *कामायनी*, पृ॰ 22
97. The wild land was shattered like a pot; —*Near Estern Mythology*, p. 49

98. सघन गगन में भीम प्रकम्पन, झंझा के चलते झटके।

x x x

तरल तिमिर से प्रलयपवन का होता आलिंगन, प्रतिघात। *कामायनी*, पृ० 21,23

99. For one day the storm wind blew,
Gathering speed as it blew, submerging mountains,
Overtakng the people like a battle.
No one can see his fellow.
Nor can the people be recognized from heaven.

—*Near Estem Mythology*, p. 49

100. स्वयं देव थे हम सब, तो फिर क्यों न विशृखल होती सृष्टि;
अरे अचानक हुई इसी से कड़ी आपदाओं की वृष्टि।

x x x

विकल हुआ सा काँप रहा था, सकल भूत चेतन समुदाय;
उनकी केसी बुरी दशा थी वे थे विवश और निरुपाय।
देव न थे हम और न ये हैं, सब परिवर्तन के पुतले;
हाँ, कि गर्व-रथ में तुरंग सा; जितना जो चाहे जुत ले।

x x x

अरे अमरता के चमकीले पुतलो! तेरे वे जय नाद;
काँप रहे हैं आज प्रतिध्वनि बनकर मानों दीन विषाद।
प्रकृति रही दुर्जेय, पराजित हम सब थे भूले मद में;–*कामायनी*, पृ० 17, 33, 15

101. The GoosQ were dismayed at the flood, and sought refuge in ascending to highest heaven,
The GoosQ cowered like dogs; on the battlement they crouched,
The GoosQ were down cast, they sate-a-weeping;
Closed were their lips.

—*Encyclopaedia of Religion and Ethics,* IV, p. 551

102. वेला क्षण-क्षण निकट़ आ रही क्षितिज क्षीण, फिर लीन हुआ;
उदधि डुबाकर अखिल धरा को बस मर्यादाहीन हुआ।
लगते प्रबल थपेड़े, धुँधले तट का था कुछ पता नहीं;
कातरता से भरी निराशा देख नियति पथ बनी वहीं।

x x x

मृत्यु-सदृश शीतल निराश ही अलिंगन पाती थी दृष्टि।–*कामायनी*, पृ० 23-24, 28

103. I looked at the weather; stillness had set in
And all of mankind had returned to clay.
The land scape was as level as a flat roof.
I looked about for costiness in the expanse of the sea;
Bowing low, I sat and wept.

—*Near Eastern Mythology*, p. 50

104. "अहोरात्र कारणं सविता"–*विष्णुपुराण*, 2/11/21, 2/8/12; *मत्स्यपुराण*, 141/5; *मनुस्मृति*, 1/165

105. अरे! प्रकृति के शक्ति-चिह्न ये फिर भी कितने निबल रहे!
x x x
प्रहर दिवस कितने बीते, अब उसको कौन बता सकता!
इनके सूचक उपकरणों का चिह्न न कोई पा सकता।—*कामायनी*, पृ० 33,35
106. पंचभूत का यह ताण्डवमय नृत्य हो रहा था कब का!
x x x
काला शासन-चक्र मृत्यु का कब तक चला न स्मरण रहा।—*कामायनी*, पृ० 23, 25
107. *Encyclopaedia of Religion and Ethics*, IV, p. 548
108. किन्तु उसी ने ला टकराया इस उत्तर-गिरि के शिर से;
देव सृष्टि का ध्वंस अचानक श्वास लग लेने फिर से।
x x x
हिमगिरि के उत्तुंग शिखर पर बैठ शिला की शीतल छाँह,
एक पुरुष, भीगे नयनों से देख रहा था प्रलय प्रवाह। —*कामायनी*, पृ० 25, 11
109. *Encyclopaedia of Religion and Ethics*, IV, p. 548
110. *कामायनी*, पृ० 24-25
111. *Encyclopaedia of Religion and Ethics*, IV, p. 548
112. *Encyclopaedia of Britannica*, VII, p. 174
113. *कामायनी*, पृ० 15-21
114. The chest or ark of the Bible left to the drift by the chance or at divine will in the place of the purposely navigated boat of Akkadian story.
—*Encyclopaedia of Religion and Ethics*, IV, p. 551
115. एक नाव थी, और न उसमें डाँडे लगते, या पतवार;
तरल तरंगों में उठ गिर कर बहती पगली बारम्बार!
लगते प्रबल थपेड़े, धुँधले तट का था कुछ पता नहीं;
कातरता से भरी निराशा देख नियति पथ बनी वहीं।—*कामायनी*, पृ० 24

116. ".............The whole is narrated in a child like way by those who evidently did not see the difficulties."
—*Encyclopaedia of Religion and Ethics*, IV, p. 545
117. वही, p.548
118. वही, p.548
119. *Near Eastem Mythology*, p. 51
120. महामत्स्य का एक चपेटा दीन पोत का मरण रहा ।
x x x
किन्तु उसी ने ला टकराया इस उत्तर-गिरि के शिर से;
देवे सृष्टि का ध्वंस अचानक श्वास लगा लेने फिर से।—*कामायनी*, पृ० 25
121. हिमगिरि के उत्तुंग शिखर पर बैठ शिला की शीतल छाँह,
एक पुरुष, भीगे नयनों से देख रहा था प्रलय प्रवाह—*कामायनी*, पृ० 11

122. *Encyclopaedia of Religion and Ethics,* IV, 549
123. *South American Mythology*, p. 95
124. *Encyclopaedia of Religion and Ethics,* IV, 549
125. *विष्णुपुराण* 1/4/7-52
126. *Encyclopaedia of Religion and Ethics,* IV, 549
127. वही, p.127
128. वही, p.549
129. *कामायनी*, पृ० 33-34
130. वही, पृ० 34
131. नीचे प्रलय सिन्धु लहरों का, होता था सकरुण अवसान।
x x x
उधर पराजित कालरात्रि भी जल में अन्तर्निहित हुई।
वह विवर्ण मुख त्रस्त प्रकृति का आज लगा हँसने फिर से;
वर्षा बीती, हुआ सृष्टि में शरद-विकास नये सिर से।–*कामायनी*, पृ० 11, 31
132. उतर चला था वह जलप्लावन और निकलने लगी मही।–*कामायनी*, पृ० 12
133. वही, पृ० 21
134. हिमगिरि के उत्तुंग शिखर पर बैठ शिला की शीतल छाँह,
एक पुरुष भीगे नयनों से देख रहा था प्रलय प्रवाह।
नीचे प्रलय सिंधु लहरों का, होता था सकरुण अवसान। *कामायनी*, पृ० 11
135. *Encyclopaedia of Religion and Ethics,* IV, p. 552
136. पाक यज्ञ करना निश्चित कर लगे शालियों को चुनने;
उधर वह्नि ज्वाला भी अपना लगी धूम पट थी बुनने।–*कामायनी*, पृ० 40
137. *कामायनी*, पृ० 26
138. वही, पृ० 285, 294
139. *Encyclopaedia of Religion and Ethics,* IV, p. 547-48
140. *Encyclopaedia of Religion and Ethics*, p. 549
141. *कामायनी*, पृ० 59-67
142. देव सृष्टि का ध्वंस अचानक श्वास लगा लेने फिर से। -*कामायनी*, पृ० 25
143. आज अमरता का जीवित हूँ मैं वह भीषण जर्जर दम्भ,
आह सर्ग के प्रथम अंक का अधम पात्र मय सा विष्कंभ।-*कामायनी*, पृ० 26
144. तरुण तपस्वी-सा वह बैठा, साधन करता सुर-श्मशान;
नीचे प्रलय सिन्धु लहरों का, होता था सकरुण अवसान। -*कामायनी*, पृ० 11
145. बँधी महावट से नौका थी सूखे में अब पड़ी रही;
उतर चला था वह जलप्लावन और निकलने लगी मही। -*कामायनी*, पृ० 12
146. *कामायनी*, पृ० 13-21
147. वाष्प बना उजड़ा जाता था वह भीषण जल-संघात,
सौर चक्र में आवर्तन था प्रलय निशा का होता प्रात ।-*कामायनी*, पृ० 28

148. उषा सुनहले तीर बरसती जय-लक्ष्मी सी उदित हुई;
उधर पराजित कालरात्रि भी जल में अन्तर्निहित हुई ।–*कामायनी*, पृ० 31
149. सिन्धु सेज प्रर धरा वधू अब तनिक संकुचित बैठी सी;
प्रलय निशा की हलचल स्मृति में मान किये सी ऐंठी सी ।–*कामायनी*, पृ० 32
150. *कामायनी*, पृ० 34–35
151. वही, पृ० 38
152. पहला संचित अग्नि जल रहा x x
जलने लगा निरन्तर उनका अग्निहोत्र सागर के तीर;
मनु ने तप में जीवन अपना किया समर्पण होकर धीर।
x x x
तप में निरत हुए मनु नियमित कर्म लगे अपना करने।–*कामायनी*, पृ० 60
153. *कामायनी*, पृ० 43
154. एक दिन सहसा सिन्धु अपार लगा टकराने नगतल क्षुब्ध;
अकेला यह जीवन निरुपाय आज तक घूम रहा विश्रब्ध।–*कामायनी*, पृ० 60
155. *कामायनी*, पृ० 59–67
156. वही, 250–52
157. *Encyclopaedia of Religion and Ethics*, IV, p. 549
158. सुनकर यह दिव्य तपोवन जिसमें सब अघ छुट जाये।––*कामायनी*, पृ० 295
159. वह देव-द्वन्द्व द्युतिमय था फिर क्यों न प्रणति में झुकते ।–*कामायनी*, पृ० 293

अध्याय-3

कामायनी की कथा और उसके मूल स्रोत

प्रथम दो अध्यायों में हम देख चुके हैं कि विश्व के प्रसिद्ध प्रलय आख्यानों में जलप्लावन के बाद मानवता का विकास एक मूल विचार है। परन्तु इस विश्व व्यापी आख्यान पर *गिलगमेश* महाकाव्य के कुछ अंशों को छोड़कर किसी पृथक् महाकाव्य की रचना नहीं हुई। *कामायनी* महाकाव्य इसी अभाव की पूर्ति का सफलप्रयास है। अतः *कामायनी* के विलक्षराा कथानक के वैशिष्ट्य को उजागर करने के लिए उसका विस्तृत अध्ययन प्रस्तुत किया जा रहा है।

(क) *कामायनी* की सर्गानुसार कथा

(1) चिन्ता

हिमालय के एक उच्च शिखर पर बैठे हुए प्रलय से अवशिष्ट युवक मनु चिन्तित अवस्था में प्रलय के जल का अवसान देख रहे थे। पास में ही उनकी नौका महावट से बँधी हुई थी। अतीत की असंख्य स्मृतियाँ उनके मानस को मथ रही थीं। वे प्रलय के कारणों पर दृष्टिपात करते हुए देवों की अपार शक्ति, अतुल वैभव, निर्बाध वासना और निरीह पशुओं की अत्यधिक बलि को उनके विनाश के चार मूल कारण निश्चित करते हैं। उनके विचार से देवों द्वारा सीमा का अतिक्रमण ही प्रलय द्वारा उनके विनाश का बीज था। इस अनाचार को देखकर अन्तरिक्ष की असीम शक्ति के रोने से प्रालेय हलाहल नीर बरसने लगा था। महामेघों की मूसलाधार वर्षा, उनके गर्जन, ओलों के गड़गड़ाने, तीव्र वायु के भटके, बिजली के कड़कने और प्राणियों के हृदय-विदारक चीत्कार से दसों दिशाएँ निनादित हो उठी थीं। ज्वालामुखी के भयंकर विस्फोटों से नष्ट-भ्रष्ट होकर धरा धसक गयी थी। घोर वर्षा के भैरव जलसंघात के साथ ही समुद्र की गगनचुम्बी विकराल तरंगों ने समस्त धरा को जलमग्न कर दिया था। यह प्रलय कितने समय तक रहा इसका अनुमान लगाने के लिए उस समय सूर्यादि उपकरणों का चिह्न भी शेष नहीं रहा था। मनु की पतवार रहित नौका उत्ताल तरंगों के प्रबल थपेड़ों से डगमगाती हुई उस अनन्त सागर में

नियति के निर्देशन में ही चलती रही। सौभाग्य से मनु की नौका को महामत्स्य का एक चपेटा लगा, जिससे वह 'उत्तरगिरि' की चोटी पर जा लगी। मनु के चारों ओर एकाकीपन और नीरवता का साम्राज्य छाया हुआ था। धीरे-धीरे भीषण जलसंघात वाष्प बनकर उड़ने लगा और भूमि निकलने लगी। सौर जगत् ने भी नियमित कार्य करना आरम्भ कर दिया। अन्त में प्रलय-निशा की समाप्ति होने पर निराश मनु को प्रेरणादायक प्रातःकाल के दर्शन हुए।

(2) आशा

उषा के दिव्य आलोक से सर्वत्र उल्लास दिखाई पड़ने लगा। सूर्य की किरणों से हिम पिघल गया। नवीन वनस्पतियाँ प्रस्फुटित हुईं। मन्द पवन ने उनमें जीवन का संचार कर दिया। इस अतिरंजित वातावरण ने मनु के हृदय में आकर्षण, कुतूहल और विराट् सत्ता के प्रति आस्था का भाव जाग्रत कर दिया। प्रकृति की अनन्त रमणीयता ने निराश मनु के हृदय में आशा का संचार कर दिया। अपार सुषमा से मण्डित हिमालय की एक स्वच्छ गुफा में मनु ने अपना निवास-स्थान बनाया। पूर्व संचित अग्नि से अग्निहोत्र प्रारम्भ करके आशावान मनु तप में प्रवृत्त हो गये। यज्ञ और तप ने उन्हें जीवन का अस्तित्व बनाये रखने के कर्म में व्यस्त कर दिया। मनु शालियों और शुष्क डालियों को चुन-चुनकर पाक-यज्ञ करते और उससे अवशिष्ट अन्न को अपने समान दैववशात् प्रलय से बचे हुए किसी अपरिचित प्राणी की तृप्ति के लिए सहानुभूतिवश कहीं दूर रखने लगे थे। एक रात्रि को शरद् ज्योत्स्ना के उद्दीपक वातावरण ने उनके हृदय में अनादि वासना को जाग्रत कर दिया। मनु एकाकी जीवन को त्यागकर अभाव-पूरक सहचरी को अपनी कथा सुनाने के लिए व्याकुल हो उठे। इस संवेदना ने उनके मन को मथ डाला। भावावेश में मनु मादक रजनी को सम्बोधित करके कहने लगे कि यदि देववशात् प्रलय से शेष मेरी सहचरी कहीं मिल जाय, तो याद करके उसके मन में भी मिलन की आकांक्षा बलवती कर देना।

(3) श्रद्धा

एक दिन अचानक श्रद्धा ने आकर उदास मनु से उनका परिचय पूछा। उसकी कोमल वाणी को सुनकर और उसके अनिंद्य दिव्य-सौन्दर्य को देखकर मनु अवाक् रह गये। मनु ने कुछ क्षण पश्चात् मेषों के चर्म धारण करनेवाली युवती को अत्यन्त निराशापूर्ण शब्दों में उत्तर दिया कि वे एक अत्यन्त असमर्थ, असहाय, हतभाग्य और अनाथ प्राणी हैं। मनु के द्वारा परिचय पूछने पर श्रद्धा ने कहा कि वह ललित कला सीखने गन्धर्वों के देश में आई थी। एक दिन वह हिमालय पर घूमने आई और

अचानक क्षुब्ध सागर ने उसके जीवन को एकाकी और निरुपाय बना दिया। यहाँ बलि के अन्न को देखकर उसे किसी व्यक्ति के जीवित रहने का अनुमान हुआ। श्रद्धा ने मनु को अत्यन्त सशक्त शब्दों में जीवन की जटिलताओं से न डरने, दुःख को ईश्वर का वरदान समझने और कर्मण्यता का उपदेश देकर प्रेरणा दी। साथ ही श्रद्धा ने निराश मनु की सहायता करके मानवता की बेल को फैलाने के लिए अपनी दया, ममता, मधुरिमा एवं अगाध विश्वास सहित अपने जीवन को समर्पित कर दिया। श्रद्धा ने भावी जीवन की रूपरेखा बताकर मनु को स्वयं शक्तिशाली होकर विकीर्ण शक्तियों के समन्वय द्वारा मानवता की मंगलमय वृद्धि करके उसे विजयी बनाने की प्रेरणा दी।

(4) काम

श्रद्धा के प्रेरणादायक वचनों से मनु के मानस में यौवन की मधुर तरंगें उठने लगीं। मनु सोचने लगे कि यौवन वसन्त की भाँति आकर जीवन में मादकता, आकर्षण और उल्लास भर देता है। मनु ज्योत्स्नामयी रजनी की विभूतियों के सौन्दर्य का अवलोकन करते-करते श्रद्धा के अपूर्व रूप एवं उसकी आकर्षक नीली वेशभूषा का ध्यान करने लगे। वे सौन्दर्य के अज्ञात रहस्य को जानने के लिए आकुल हो उठे। इन्हीं विचारों में डूबते-उतराते उन्हें नींद आ गयी और उन्हें स्वप्न में काम की ध्वनि सुनाई दी। काम ने अपना परिचय देते हुए कहा कि स्वर्ग के आदि में ही उसका और अनादि वासना रूपा रति का जन्म हुआ था। देवों के विलासमय जीवन में वे पूर्णतः समाये हुए थे। लेकिन देवों के विलास का मर्यादाहीन प्रवाह प्रलयसागर में जा मिला। अब वह संयत होकर मानव-सृष्टि के विकास में सहायता करना चाहता है। प्रेम और सौन्दर्य की मूर्ति श्रद्धा उन दोनों की पुत्री है। उसकी सहायता से मनु का जीवनमार्ग सरल और सुखद हो जायेगा। यदि मनु, तुम्हें इस नारी-रत्न की प्राप्ति की कामना हैं तो इसके योग्य बनो। इतना कहकर काम की ध्वनि शान्त हो गयी। मनु सहसा जागकर प्रश्न करने लगे कि उसकी प्राप्ति का उपाय क्या है? परन्तु वहाँ उत्तर देलेवाला कोई विद्यमान न था और सवेरा हो चुका था।

(5) वासना

यद्यपि समर्पण और ग्रहण की भावनाएँ, श्रद्धा और मनु के हृदय में स्थान बना चुकी थीं, तथापि उनमें अभी अतिसामीप्य का अभाव था। एक दिन मनु ने स्नेहशीला श्रद्धा के साथ एक पशु को अठखेलियाँ करते हुए आते देखा। मनु दोनों के प्रीति-भाव को देखकर क्षुब्ध हो उठे। लेकिन मानव-हृदय की पारखी श्रद्धा ने अपने स्निग्ध कर के स्पर्श से मनु का क्षोभ शान्त कर दिया। श्रद्धा कोमल भावों से परिपूर्ण मनु को ज्योत्स्ना में बाहर खींच लाई। उस उद्दीपक वातावरण में मनु ने श्रद्धा का हाथ

पकड़कर उसके प्रति अपने चिर ईप्सित आकर्षण को प्रकट कर दिया। मनु को सहसा अपने बचपन का स्मरण हो आया, जब वे बालिका श्रद्धा के प्रति अटूट स्नेह रखते थे और प्रलय ने दोनों को विलग कर दिया था। अन्त में मनु ने अपना प्रेम-भाव व्यक्त करके श्रद्धा को अपना लिया। श्रद्धा इस हार्दिक समर्पण के समक्ष नारी-सुलभ लज्जा से अभिभूत हो गयी।

(6) लज्जा

श्रद्धा मनु के प्रणय-निवेदन की प्रतिक्रिया में उतने ही वेग से आत्मसमर्पण करना चाहती थी, परन्तु नारीसुलभ लज्जा अवरोधक बनकर खड़ी हो गयी। उसके यौवन से मदमाते अंग-प्रत्यंग, मन, वाणी और कर्म सभी में इस नवीन भावेदय के कारण अद्‌भुत परिवर्तन आ गया। श्रद्धा की इस अन्तर्मुखी स्थिति में छायामूर्ति लज्जा प्रकट होकर उसकी उलझन को सुलझाती हुई कहने लगी- "मैं देवसृष्टि में रति नाम से प्रसिद्ध थी। अब अशरीरी अनुभूति के रूप में नारी-सौन्दर्य और शालीनता की रक्षिका तथा नारी-जीवन के विकास में मार्गदर्शिका एवं साधिका बन कर उपस्थित हुई हूँ।" श्रद्धा ने प्रश्न किया- "मेरा मन पुरुष सम्पर्क से शिथिल हो गया है। मैं उस स्थिति में पहुँच गई हूँ, जहाँ ग्रहण की भावना का त्याग करके सात्विक आत्मसमर्पण ही एकमात्र अवलम्बन होता है। ऐसी स्थिति में मुझे क्या करना चाहिए यह मुझे समझाओ।" लज्जा ने समाधान किया-"नारी! तुम श्रद्धा हो और पुरुष विश्वास रूप है। अतएव अब तुम विश्वास से परिपूर्ण होकर अमृतमयी श्रद्धा के रूप में ही विश्व का कल्याण कर सकती हो। इस कारण अब सत्-असत् के अन्तर्द्वन्द्व को त्याग कर ऐकान्तिक आत्मसमर्पण द्वारा मनु के दाम्पत्य जीवन को हरा-भरा करने में ही तुम्हारी सार्थकता है।"

(7) कर्म

मनु ने काम के उपदेश और श्रद्धा के कर्मण्यता के प्रेरणात्मक वचनों को भ्रान्त अर्थ में ग्रहण किया। अतः वे देवसृष्टि के संस्कारवश यज्ञ, सोमपान और आनन्द उत्सव को ही एकमात्र करणीय कर्म समझने लगे। मनु काम्ययज्ञ करने की इच्छा से पुरोहितों के अभाव में चिन्तित थे। दैववशात् दो असुर पुरोहित आकुलि और किलात भी प्रलय से शेष रह गये थे। श्रद्धा के स्वस्थ पशु के आमिष के लोभी उन धूर्त पुरोहितों ने मनु की मनःस्थिति का लाभ उठाया। श्रद्धा की सम्मति के बिना मैत्रावरुण के लिए पशु-यज्ञ पूर्ण हुआ। श्रद्धा उस वीभत्स दृश्य को देखकर अपनी गुफा में चली गयी। पुरोडाश और सोमरस के सेवन से मनु के मन में विलास-भावना का आधिक्य हो गया। वे हिंसा से रुष्ट श्रद्धा को गुफा में जाकर मनाने लगे। श्रद्धा

मनु की कामुक एवं आतुर मन-स्थिति की नम्रता को स्थायी न समझकर बोली कि कल तुम्हारी प्रवृत्ति फिर हिंसामूलक यज्ञ में हो जायेगी। यज्ञपुरुष के सृष्टि-यज्ञ की सम्पन्नता तो आत्मतुष्टि के मार्ग को छोड़कर आत्मत्याग द्वारा ही सम्भव है। अपने विलास की पूर्ति हेतु मनु ने हिंसा न करने की बात मान ली। श्रद्धा ने मनु की बात पर विश्वास कर लिया। तत्पश्चात् दोनों पारस्परिक मनोमालिन्य को भूलकर सोमपान करके काम-क्रीड़ा में निमग्न हो गये।

(8) ईर्ष्या

श्रद्धा के प्रेम-पगे हृदय की क्षणिक चंचलता ने उसके जीवन को दूसरा ही मोड़ दे दिया। अब वह गर्भवती हो गयी थी। गर्भ की स्वाभाविक प्रतिक्रिया के कारण श्रद्धा में शृंगारिक हाव-भावों का नितान्त अभाव हो गया। नूतनता के अभिलाषी मनु को आलस्य के भार से दबी हुई आकर्षणविहीन श्रद्धा में अब कोई लगाव न रह गया था। शालियों का बीनना, अन्न और बीजों का संग्रह करना तथा तकली कातना आदि श्रद्धा के कार्य उनको अरुचिकर और प्रणयसुख में बाधक प्रतीत होने लगे थे। पशुहिंसात्मक यज्ञ के पश्चात् मनु को मृगया से अत्यधिक प्रेम हो गया था। एक सन्ध्या को मनु मृगया से लौटकर अपने मृग और अस्त्रों को कुटीर के द्वार पर डालकर वहीं बैठ गये। श्रद्धा ने मनु को अपना नवनिर्मित कुटीर, झूला, ऊनी वस्त्र आदि दिखाकर संकेत किया कि वह गर्भवती है और यह सब उसने भावी शिशु के लिए किया है। मनु की आत्मकेन्द्रित सुख की भावना को इस ममता से और भी आघात पहुँचा। हर्ष के स्थान पर उनके मन में ईर्ष्याजन्य व्यथा उत्पन्न हो गई। श्रद्धा के प्यार के एकाधिकार की याचना करने वाले मनु इस प्रेम विभाजन की बात को न सह सके और श्रद्धा को असहाय अवस्था में छोड़कर गृह-त्याग करके चले गये।

(9) इड़ा

मनु मरुत् सदृश अबाध गति से अज्ञात दिशा की ओर चलने लगे। उनके अशान्त हृदय में जीवन की कटुता, विषमता और उसके अभावों के कारण असहनीय अन्तर्द्वन्द्व चल रहा था। वे 'स्व' पर केन्द्रित अपने जीवन की निष्फलता पर पश्चाताप करते हुए इस निष्कर्ष पर पहुँचे कि इसी आत्माराधना के कारण उन्होंने श्रद्धा को भी कष्ट दिया। भटकते हुए मनु सरस्वती नदी के किनारे-किनारे भौतिक हलचलों से ध्वस्त सारस्वत नगर में पहुँचे। यहाँ मनु को सुर और असुरो के संघर्ष की स्मृति ने और दुःखी कर दिया। श्रद्धा एवं आत्म-विश्वास का अभाव ही इनके संघर्ष का मूल कारण था। श्रद्धाविहीन होने के कारण मनु का हृदय भी आन्दोलित हो रहा था। इसी चिन्तन क्रम में एक रात को मनु को 'काम' की आक्रोश-भरी ध्वनि

पुनः सुनाई दी। काम ने स्वार्थान्ध मनु को आत्मविश्वासमयी श्रद्धा को त्यागने के कारण शाप दिया कि भविष्य में मानव-जीवन द्वेष, कलह, स्वार्थपरता, अज्ञान और निराशा से परिपूर्ण हो जायेगा। इसी विषम स्थिति में मनु की चिन्ता-निशा व्यतीत हुई। प्रभात की वेला में उनकी भेंट उस नगर की परम सुन्दरी रानी इड़ा से हुई। उस युवती के अनुपम सौन्दर्य एवं बुद्धि-वैभव के समक्ष मनु ने आत्मसमर्पण कर दिया। इड़ा से आत्मविश्वास, बुद्धिवाद और कर्मण्यता की प्रेरणा प्राप्त करके मनु उसके आदेशानुसार उस नगर के पुनर्निर्माण में सोत्साह संलग्न हो गये।

(10) स्वप्न

मनु के वियोग से सन्तप्त श्रद्धा अहर्निश कष्ट के विषम दिन उसी कुटिया में काट रही थी। उस विरहिणी की समस्त कान्ति, चंचलता और शक्ति लुप्त हो चुकी थी। पुत्रवती श्रद्धा एक संध्या को विरहावस्था के दुःखद विचारों में निमग्न थी। उसका कुमार 'माँ-माँ' करता हुआ उसके पास आया और अपनी माँ के समीप सो गया। श्रद्धा ने अर्द्धनिद्रित अवस्था में एक अद्भुत स्वप्न देखा कि मनु इड़ा नामक युवती के पास पहुँच गये हैं। उसके पथ-प्रदर्शन में उन्होंने एक समृद्ध राज्य की स्थापना की है। मनु वहाँ एक सुशोभित मंच पर आसीन हैं। उनके हाथ में मदिरा का प्याला है और इड़ा उसमें आसव डाल रही है। मनु उससे प्रश्न करते हैं कि-"मैंने तो तुम्हारा उजड़ा नगर पुनः बसा दिया। परन्तु मेरा हृदय अभी तक सूना है। अतः तुम मेरे उजड़े हृदय की रानी बनकर उसे पुनः बसा दो।" इड़ा ने उत्तर दिया कि "मैं तो तुम्हारी आत्मजा प्रजा हूँ।" मनु के अन्दर नरपशु जाग्रत हो उठा था। अतः उन्होंने इड़ा को हठात् आलिंगन में बद्ध कर लिया। इड़ा के क्रन्दन से अन्तरिक्ष में रुद्र और अन्य देव शक्तियाँ क्रुद्ध हो उठीं। नगरवासी भौतिक विप्लव से त्रस्त होकर राज-द्वार पर एकत्रित हो गये और सर्वत्र अव्यवस्था फैल गई। भयभीत मनु प्रहरियों को राजद्वार बन्द करने का आदेश देकर शयनागार में चले गये। यह सब स्पप्न में देखकर श्रद्धा काँप उठी और उसकी आँख खुल गई। आत्मीय के अनिष्ट की आशंका से वह चिन्ता-सागर में डूब गई।

(11) संघर्ष

श्रद्धा का स्वप्न सत्य सिद्ध हुआ। इड़ा मनु के प्रस्ताव से संकुचित हो गई। परन्तु भौतिक विप्लव, अपमान और दुर्व्यवहार से प्रजा में अत्यधिक रोष छा गया। मनु शयन-कक्ष में पड़े हुए सोच रहे थे कि मैंने अपने बुद्धिबल से नियमन और शासन करके प्रजा को उन्नत किया है। मैं अपनी ही सृष्टि से त्रस्त क्यों रहूँ? स्वच्छन्दप्रियता के कारण मैंने अपनी पत्नी को त्यागा फिर इड़ा मुझे अपना अस्त्र बनाकर मनमानी

कैसे कर सकती है? मैं चिरबन्धनहीन हूँ। अतः मैं नियमों की अवहेलना करता हुआ मृत्यु-पर्यन्त स्वच्छन्दतापूर्वक ही जीवन व्यतीत करूँगा। इड़ा ने शयन-कक्ष में आकर मनु को समझाया कि निर्बाधित अधिकार, उच्छृंखलता और स्वार्थ-वृत्ति को छोड़कर प्रजापति को तो नियमानुकूल प्रजा के हित-साधन में संलग्न रहना चाहिए, अन्यथा सारी व्यवस्था नष्ट हो जायेगी। मनु को इड़ा की उपदेशात्मक बातें अरुचिकर लगीं। वे प्रजा के प्रति अपने महान् कार्यों का उल्लेख करते हुए बोले कि "आज मानव प्रकृति से भी संघर्ष की क्षमता रखता है। अतः नियम के बन्धन को तोड़कर मेरे कृत्यों के प्रतिदानस्वरूप तुम मेरी रानी बनकर मेरे मन का ताप दूर करो।" इड़ा पुनः उद्बोधन करके जब द्वार की ओर बढ़ी तो वासनाभिभूत मनु ने उसे अपने बाहुपाश में जकड़ लिया। इड़ा के चीत्कार को सुनकर 'मेरी रानी' कहती हुई प्रजा सिंहद्वार को तोड़कर भीतर घुस आई। वे असुर पुरोहित आकुलि-किलात ही प्रजावर्ग का नेतृत्व कर रहे थे, जिन्होंने पहले श्रद्धा के पशु की बलि दी थी। मनु और प्रजावर्ग में भयंकर युद्ध हुआ। असुर पुरोहितों सहित प्रजा के अनेक व्यक्ति हताहत हुए। लेकिन क्षुब्ध प्राकृतिक शक्तियों ने प्रजा का साथ दिया। अचानक अन्तरिक्ष से भगवान रुद्र के भयंकर बाण के आघात से मनु भी मूर्च्छित होकर रक्तप्लावित रणभूमि में धराशायी हो गये।

(12) निर्वेद

युद्धोपरान्त नष्ट-भ्रष्ट सारस्वत प्रदेश में नीरवता व्याप्त थी। इड़ा मूर्च्छित मनु के पास बैठी थी। अतीत की इस घटना के कारण इड़ा के हृदय में घृणा और ममता का द्वन्द्व चल रहा था। दोनों मनोभावों का मूल मनु ही थे। इड़ा के चिन्तन का निष्कर्ष था कि जब सुख अपनी चरम सीमा का अतिक्रमण कर जाता है तो वह ही दुःख में परिणत हो जाता है। कहाँ पहुँचकर रुका जाय, प्राणी को इसका ज्ञान ही नहीं होता। सहसा एक हृदयविदारक ध्वनि सुनकर इड़ा का चिन्तनक्रम टूट गया। अस्तव्यस्त अवस्था में श्रद्धा अपने पुत्र के साथ अपने प्रवासी पति को खोजती हुई पुकार रही थी। इड़ा के पास आकर श्रद्धा ने मूर्च्छित मनु को पहचान लिया। श्रद्धा के स्नेहसिक्त स्पर्श से मनु को चेतना आई। सारस्वत नगर की भव्यता को साश्चर्य देखते हुए बालक का परिचय श्रद्धा ने उसके पिता मनु से कराया। श्रद्धा की संगीत-लहरी से परिवार में आनन्द की एक लहर दौड़ गई। मनु ने श्रद्धा के प्रति कृतज्ञता ज्ञापन करते हुए उस घृणित वातावरण से दूर ले चलने का अनुरोध किया। लेकिन मनु की शारीरिक दुर्बलता के कारण श्रद्धा ने कुछ दिन और वहीं ठहरना उचित समझा। मनु अपने कुकृत्यों के पश्चाताप की अग्नि में जल रहे थे। लेकिन उनका मन सारस्वत निवासियों के प्रति प्रतिशोध की भावना से अभी भी भरा हुआ

था। अतः श्रद्धा और कुमार को अपने प्रतिशोध में बाधक समझकर मनु एक रात्रि को चुपचाप वहाँ से चले गये।

(13) दर्शन

मनु के चले जाने पर चिन्ताकुल श्रद्धा एक सन्ध्या को सरस्वती-तट पर अकेली जा बैठी। कुमार ने आकर उदास माता से घर चलने का आग्रह किया। परन्तु श्रद्धा ने उसे समझाया कि उन्मुक्त गगन के नीचे सारा विश्व ही उसका घर है। पीछे खड़ी इड़ा ने प्रश्न किया कि "अम्बे ! तब मुझसे इतनी विरक्ति क्यों है?" श्रद्धा ने उत्तर दिया- "तुमने तो मेरे पति को आश्रय देकर उपकार ही किया है। मेरे पति ने तुम्हारा अपराध किया था। अतः मैं ही क्षमाप्रार्थी हूँ।" इड़ा ने कहा-"अपराध तो सभी से सम्भव है। किन्तु मनु ने मेरे द्वारा दी हुई बुद्धि का दुरुपयोग किया।" श्रद्धा ने उसको समझाया कि हृदयहीन बुद्धि ही सारे विनाश की जड़ है। श्रद्धा ने तर्कमयी इड़ा को श्रद्धामय कुमार के सहयोग से मानवता का विकास करने का आदेश दिया। आज्ञानुसार वे दोनों नगर की ओर चले गये और श्रद्धा मनु को खोजने चली गई। तत्पश्चात् श्रद्धा ने मनु को खोज लिया और उन्हें बताया कि कुमार को वह ही स्वेच्छा से इड़ा के पास छोड़ आई है। श्रद्धा की उदारता से चकित मनु को अन्तर्निनाद से पूरित प्रकाशयुक्त वातावरण में नटराज शिव अलौकिक नृत्य करते हुए दृष्टिगोचर हुए। मनु ने श्रद्धा से उन पवित्र एवं आनन्दप्रद चरणों तक ले चलने का अनुरोध किया।

(14) रहस्य

श्रद्धा और मनु हिमालयस्थ कैलास-शिखर पर चढ़ने लगे। दुर्गम पर्वतीय यात्रा का दृश्य अत्यन्त भव्य एवं रमणीय था। पर्याप्त ऊँचाई पर पहुँचने के बाद मनु थककर रुक गये और आगे बढ़ने की असमर्थता प्रकट करने लगे। श्रद्धा ने बताया कि "वे आधारहीन आकाश के समतल स्थान पर पहुँच गये हैं जहाँ से अब लौटना सम्भव नहीं है।" निराश मनु ने साहस से आँखें खोलकर देखा तो उनको विभिन्न रंगों के तीन अनमिल लोक दिखाई दिये। ये त्रिपुर त्रिभुवन के प्रतिनिधि थे और मनु इसके केन्द्रबिन्दु बने हुए थे। श्रद्धा ने मनु को बताया कि रागारूण 'इच्छा लोक', श्याम वर्ण 'कर्मलोक' और श्वेतवर्ण का गोलक 'ज्ञानलोक' है। इन तीनों का सामंजस्य न होने के कारण जीवन विडम्बना से पूर्ण रहता है। अन्त में श्रद्धा की स्मिति की ज्योति से तीनों लोक मिलकर एकाकार हो गये। तत्पश्चात् शिव का ताण्डव नृत्य आरम्भ हो गया और श्रद्धायुत मनु समाधिस्थ होकर अनहद नाद में लीन हो गये।

(15) आनन्द

इड़ा और मावन के सहयोग से सारस्वत नगर को अत्यन्त समृद्धि प्राप्त हो गई थी। एक दिन इड़ा और मानव के साथ सारस्वत नगर के निवासियों का दल अपने बच्चों सहित वृषभ और चमरी मृगों पर सामान लादकर कैलास की यात्रा करने के लिए निकल पड़ा। बच्चों की जिज्ञासा को शान्त करते हुए वह दल अत्यन्त रमणीय समतल भूमि पर पहुँचा। वहीं अनुपम मानसरोवर था। निकट ही कैलास शिखर पर मनु ध्यानस्थ बैठे थे। मानव दौड़कर श्रद्धा की गोद में जा बैठा और इड़ा ने उसके चरणों पर अपना सिर रख दिया। मनु ने मुस्कराकर कैलास की ओर संकेत करके उसको बताया कि यहाँ पर कोई भी पराया नहीं है। सभी जड़-चेतन पदार्थ उस एक चेतना के ही अंश हैं और वह एक चिति-शक्ति सर्वत्र व्याप्त है। यह जगत् उसी शक्ति का शरीर है। इसलिए यह सत्य और सुन्दर है। यहाँ सभी जड़-चेतन एक हैं। श्रद्धा की कृपा से सबके हृदय में पूर्ण अभेद की भावना जाग्रत हो गई, सारी विषमता लुप्त हो गई और सभी समरसता का अनुभव करते हुए अखण्ड आनन्द में लीन हो गये।

(ख) *कामायनी* की कथा का विभाजन

कामायनी की सर्गानुसार कथा के अनुशीलन से ज्ञात होता है कि इस कथा के दो मुख्य भाग हैं-

(अ) खण्ड-प्रलय द्वारा पूर्व विद्यमान देव-सृष्टि का विनाश,

(ब) प्रलय के उपरान्त मनु द्वारा मानवता का विकास।

(अ) प्रथम भाग की कथा में भी, देवसृष्टि का वर्णन और प्रलय का वर्णन, दो उप-विभाग हैं-

(1) देवसृष्टि-वर्णन : सर्ग के आदि में मानव-जाति से पूर्व एक अत्यन्त शक्तिशाली जाति अपने चरमोत्कर्ष पर थी। इस निश्चिन्त जाति के चिर किशोरवय देव अपने को अमर समझते थे। उनके पाद-प्रहार से पृथ्वी डगमगाने लगती थी। उन्होंने अपनी अपरिमित शक्ति से प्रकृति को भी अपनी चेरी बना रखा था। इस दिव्य जाति का यशोगान एवं जयघोष सर्वत्र कर्णगोचर होता था। लेकिन शक्ति से मदमाते देवों में दम्भ का प्रादुर्भाव हो गया।[1] फलस्वरूप यह देव-जाति आत्ममंगल की उपासना में संलग्न हो गई और अपने को ही एकमात्र आराध्य एवं शक्ति-केन्द्र समझने लगी। अन्य सर्वोच्च शक्ति में उसका विश्वास नहीं था। इस प्रकार अपूर्ण अहन्ता में प्रवीण विश्वासहीन देवों में आत्ममोह स्वातन्त्र्यमयी उच्छृंखलता का वास हो गया था।[2]

विश्व के अशेष वैभव, अपार आनन्द, दीप्ति, शोभा और कान्ति सब कुछ देव जाति के स्वायत्त थे। इनके रत्नजटित भव्य भवनों के वातायनों से सदैव मधुमदिर समीर आता रहता था। ये भवन मणि-दीपों के प्रकाश से प्रकाशित रहते थे। सुरबालाएँ मधुरतम-शृंगार के साथ अम्लान-कुसुम-सुरभित एवं मणिरचित मनोहर मालाएँ और नूपुर, कंकण, हार आदि आभूषण धारण करती थीं।[3]

प्रकृति को भी कम्पित करनेवाली अपनी अजेय शक्ति और विश्व के केन्द्रीभूत ऐश्वर्य के मद में वह देवजाति अतृप्त, उन्मत्त एवं निर्बाध विलास को ही अपने जीवन का एकमात्र लक्ष्य समझने लगी। अतः वे अपनी उद्दाम वासना की तीव्रता और अधीरता के कारण विकल वासना के प्रतिनिधि बन गये। चिरकिशोरवय नित्य विलासी देवों के लिए दिगन्त को सुरभित करनेवाला मधूपूर्ण अनन्त वसन्त सदा विद्यमान रहता था। अतः सुरापान से मस्त देव मदमाते यौवन की अंग-भंगिमाओं से पूर्ण विलासिनी सुरबालाओं के साथ नित्य प्रेमालिंगन, विहार, संगीत, गीत, नृत्य आदि में व्यस्त रहते थे।[4]

यह देवजाति कर्मकाण्ड में दक्ष थी। अतः निरन्तर यज्ञ किया करती थी। इस सुर-संस्कृति के देव-यजन में पशु-बलि का अत्यन्त महत्त्व था।[5]

(2) प्रलय-वर्णन : परन्तु सीमा का अतिक्रमण ही इस देवजाति के विनाश का कारण बन गया । महान् शक्तिशाली, अतुंल वैभव सम्पन्न एवं याज्ञिक देव जाति वासना-सरिता के मदमत्त प्रवाह में निमग्न होकर प्रलयसागर की ओर अग्रसर होने लगी। देवों की उच्छृंखलता और उनके अनाचार तथा निरीह पशुओं के निर्मम वध को देखकर अन्तरिक्ष में बैठी हुई किसी असीम शक्ति के रोने से प्रालेय हलाहल नीर बरसने लगा। क्षितिज से महामेघ उठने लगे जो दिग्दाहों से उठे हुए राशिभूत धूम के समान प्रतीत होते थे। सघन महामेघों से सूर्य आच्छन्न हो गया जिससे समस्त दृश्य जगत् गहन अन्धकार में लिप्त हो गया। मेघों से गड़गड़ाते हुए ओले गिरकर सब पदार्थों को नष्ट-भ्रष्ट करने लगे। मूसलाधार विषमय वर्षा से पृथ्वी और आकाश एक हो गये। आकाश को कंपित करनेवाले तीव्र वायु के प्रतिघातों से महामेघ परस्पर टकराकर घोर गर्जन करने लगे। भयावनी कड़क के साथ चूर-चूर होकर विद्युत्पात प्राणियों का विनाश करने लगा। समस्त भूमण्डल प्रकम्पित होने लगा। उस समय प्राणियों के रुदन, हाहाकार और चीत्कार तथा प्रलय-पवन के प्रतिघात, मेघों के घोर गर्जन एवं बिजली की तुमुल असह्य कड़क से दशों दिशाएं आपूरित होकर प्रतिध्वनि करने लगी थीं।[6]

घोर वर्षा के भैरव जल-संघात के साथ ही समुद्र में भी गगनचुम्बी विकराल तरंगे उठने लगीं जिससे समस्त जलचर विकल हो गये। क्षुब्ध सागर के प्रबल थपेड़ों से भूमण्डल डममगाकर डूबने-उतराने लगा। ज्वालामुखी के भयंकर विस्फोटों से धरा धसकने लगी। इस प्रकार प्रलयकालीन क्षुब्ध सागर भी समस्त धरा को जलमग्न करके मर्यादाहीन हो गया। श्वासों की गति को अवरुद्ध करने वाले घनीभूत पवन से चेतन प्राणी नष्ट हो गये।[7]

इस प्रकार गरल जलदों के प्रालेय हलाहल नीर, वज्रपात, ज्वालामुखी, समुद्र की मर्यादाहीनता तथा घनीभूत पवन से समस्त देवसृष्टि नष्ट हो गई। इतना ही नहीं ग्रह, नक्षत्र, सविता, पूषा, सोम, मरुत, पवमान, वरुण आदि प्रकृति के शक्ति-चिह्न भी पंचभूत के भैरव मिश्रण से विकल होकर विलीन हो गये थे। पंचभूत अर्थात् पृथ्वी, अग्नि, जल, वायु तथा आकाश के तत्वों के भैरव मिश्रण का यह विनाशकारी नृत्य कितने काल तक होता रहा इसका अनुमान लगाने के लिए उस समय सूर्यादि उपकरणों का चिह्न भी नहीं रहा था। मनु की पतवार रहित नौका उत्ताल तरंगों के प्रबल थपेड़ों से डगमगाती हुई उस प्रलय-सागर में नियति के निर्देशन में ही चलती रही। सौभाग्य से महामत्स्य के एक चपेटे ने उसे 'उत्तर-गिरि' की चोटी से लगा दिया। नौका से उतरकर मनु ने उसको महावट से बाँध दिया। इस प्रकार देव-जाति के मनु जैसे-तैसे उस प्रलय से बच सके थे।[8]

(ब) प्रलयोत्तर मानवता का विकास ही *कामायनी* की मुख्य कथा है। अतः द्वितीय भाग के पाँच उपविभाग किये जा सकते हैं, जिनसे *कामायनी* की कथा के स्वरूप का निर्माण हुआ है-

(1) मनु एवं मन्वन्तर की कथा।

(2) मनु एवं श्रद्धा के मिलन की कथा।

(3) मनु एवं इड़ा के मिलन तथा सारस्वत प्रदेश के संघर्ष की कथा।

(4) मनु-श्रद्धा की नटराज-दर्शन सम्बन्धी कथा।

(5) इड़ा, मानव और सारस्वत निवासियों की कैलास-यात्रा सम्बन्धी कथा।

(1) मनु एवं मन्वन्तर की कथा : मन्वन्तर अर्थात् मानवता के नवयुग के प्रवर्त्तक के रूप में मानवों के आदिपुरुष वैवस्वत मनु की कथा आर्यों की अनुश्रुति में दृढ़ता से मानी गई है।[9] भारतीय इतिहास की जलप्लावन की प्राचीन घटना ने मनु को देवों से विलक्षण मानवों की एक भिन्न संस्कृति प्रतिष्ठित करने का अवसर दिया था।[10] इस जलप्लावन में सम्पूर्ण देवसृष्टि नष्ट हो गई थी। केवल देवसृष्टि के

ध्वंसावशिष्ट मनु ही नौका द्वारा जैसे-तैसे बच सके थे। उत्तरगिरि की चोटी पर उतरकर इन्हीं देव-जाति के मनु ने नवीन मानव-संस्कृति का विकास किया।[11] पर्वताश्रयी मनु पूर्वसंचित अग्नि से अग्निहोत्र करने वाले और तप में प्रवृत्त चित्रित किये गये हैं। यज्ञ और तप ने उन्हें जीवन का अस्तित्व बनाये रखने के कर्म में प्रवृत्त किया। ये मनु मानव के पिता हैं। इड़ा सर्ग में ये ही प्रजापति, नियामक, वर्णाश्रम धर्म के प्रवर्त्तक, व्यवस्थापक और वर्तमान याज्ञिक सभ्यता के सूत्रपातकर्त्ता के रूप में अंकित हुए हैं। जीवन की विषमताओं से जूझकर मनु अन्त में श्रद्धा के सहयोग द्वारा ज्ञान प्राप्त करके आनन्द लाभ करते हैं। तप द्वारा सृष्टि का विकास और अन्त में तप में ही लीन हो जाना भारतीय प्रजापति एवं मन्वन्तराधिप मनु की कल्पना के दो आदि और अन्त हैं।

(2) मनु एवं श्रद्धा के मिलन की कथा : जलप्लावन के अनन्तर *कामायनी* की कथा के दूसरे अंग की पूर्ति मनु और श्रद्धा के मिलन और उनके गृहस्थ जीवन की झाँकी से होती है।[12] आशावान मनु जीवन-कर्म में प्रवृत्त हो चुके थे। एक दिन उनमें प्रकृति के सुरम्य वातावरण में अनादि वासना का उदय हुआ। उधर अनादिवासना रति और काम की पुत्री श्रद्धा भी हिमालय पर प्रलय से शेष रह गई थी। मनु द्वारा सहानुभूतिवश रखे हुए अग्निहोत्र के अन्न के संकेत से श्रद्धा एकाकी मनु को खोज लेती है। असहाय मनु की सहायता करके श्रद्धा मानवता के मंगलमय विकास के लिए अपना जीवन अर्पण कर देती है। काम के उपदेश और श्रद्धा के प्रेरणात्मक वचनों से कठोर कर्म में प्रवृत्त मनु में देवों की हिंसात्मक याज्ञिक संस्कृति पुनः जाग उठती है। मनु आकुलि-किलात पुरोहितों की सहायता से हिंसात्मक मैत्रावरुण-यज्ञ सम्पन्न करते हैं। श्रद्धा इस हिंसा कर्म से रुष्ट हो जाती है। परन्तु वासनाभिभूत मनु आगे से ऐसा न करने का आश्वासन देकर उसे मना लेते हैं। श्रद्धा की गृहस्थ के नाना कर्मों में प्रवृत्ति और गर्भअलस वेदना में नूतनता के अभाव को मनु अपने प्रणय-सुख में बाधक समझने लगते हैं। मनु की आत्मकेन्द्रित सुख की भावना को भावी शिशु के प्रति श्रद्धा की ममता से और भी आघात पहुँचता है। इस प्रकार श्रद्धा के निश्शेष प्रेम पर अपने एकाधिकार का हनन समझकर ईर्ष्या से जलते हुए स्वार्थी मनु गर्भवती गृहिणी श्रद्धा को छोड़कर चले जाते हैं।

(3) मनु एवं इड़ा मिलन तथा सारस्वत प्रदेश के संघर्ष की कथा : *कामायनी* की कथा का तीसरा महत्त्वपूर्ण अंग मनु और इड़ा की कथा है। मनु भटकते हुए उजड़े सारस्वत प्रदेश में पहुँचते हैं। रास्ते में मानव-जीवन को अभिशप्त करने वाली काम की ध्वनि उनको और दुःखी बना देती है। वहाँ मनु का उस प्रदेश की अत्यन्त सुन्दर रानी इड़ा से परिचय होता है। इड़ा मनु के हृदय में अपनी तर्कमयी बुद्धि से अदृश्य के प्रति उपेक्षा और अश्रद्धा, प्रत्यक्ष में विश्वास, बुद्धि एवं विज्ञान में

आस्था और स्वावलम्बन की भावनाओं को कूट-कूटकर भर देती है। वह मनु को वहाँ का राजा बनाकर उस ध्वस्त प्रदेश को पुनः समृद्ध करा लेती है। यहाँ इड़ा के सम्पर्क से मनु का मन्वन्तराधिप या प्रजापति रूप निखर उठा है। मनु यहाँ प्रजा का नियमन, शासन, वर्ण-व्यवस्था, श्रम-विभाग-कर्त्ता और यन्त्र-निर्माण करके प्रकृति के साथ संघर्ष सिखाने वाले के रूप में चित्रित किये गये हैं। लेकिन इड़ा के प्रति मनु के अनाचार से प्राकृतिक एवं मानसिक दोनों शक्तियाँ क्रोधित होकर उन पर आक्रमण कर देती हैं। विरोधी जनशक्ति के नायक आकुलि-किलात हैं। प्राकृतिक शक्ति भौतिक विप्लव एवं रुद्र के बाण के रूप में प्रकट हुई है। मनु इस संघर्ष में रुद्र के शराघात से मूर्च्छित हो जाते हैं।

(4) मनु और श्रद्धा के नटराज-दर्शन की कथा : इसके पश्चात् प्रसाद ने मनु एवं श्रद्धा के नटराज-दर्शन सम्बन्धी कथा के आधार पर *कामायनी* की कथा का विकास किया है। स्वप्न में प्राप्त सूचना के आधार पर श्रद्धा मूर्च्छित मनु को खोज लेती है। अपने श्रद्धामय पुत्र मानव को तर्कमयी इड़ा के सहयोग से मानवता के विकास का आदेश देकर श्रद्धा उनको सारस्वत नगर में ही छोड़ देती है। श्रद्धा की उदारता, विशाल हृदयता, निःस्वार्थ प्रेम और सान्त्वनाभरे विश्वासमय शीतल वचनों से मनु के हृदय में सात्विक श्रद्धा का उदय होता है। परिणामस्वरूप मनु का हृदय अन्तर्निनाद से पूरित हो जाता है। उनको एक दिव्य प्रकाशयुक्त वातावरण में अलौकिक नृत्य करते हुए नटराज के दर्शन होते हैं। मनु श्रद्धा से उन आनन्दप्रद चरणों तक ले चलने का आग्रह करते हैं। श्रद्धा पथप्रदर्शक बनकर उनको इच्छालोक, कर्मलोक और ज्ञानलोक से निर्मित त्रिपुर का रहस्य समझाती है। वह बताती है कि यह त्रिपुर त्रिभुवन का प्रतिनिधि है और मनु ही इसका केन्द्रबिन्दु है। श्रद्धा की स्मिति द्वारा तीनों अनमिल लोकों के एकाकार होते ही शिव का ताण्डवमय नृत्य आरम्भ हो जाता है। इच्छा, ज्ञान और क्रिया के रहस्य को समझकर श्रद्धायुत मनु नटराज के दर्शन के पश्चात् समाधिस्थ होकर अनहद नाद में लीन हो जाते हैं।

(5) कैलास-यात्रा सम्बन्धी कथा : *कामायनी* की कथा का अन्तिम भाग सारस्वत निवासियों की कैलास-यात्रा के आधार पर पूर्ण हुआ है। कैलास-शिखर के मध्य निर्मल मानसरोवर के तट पर दिव्य तपोवन में श्रद्धा और मनु समरसता को अपनाकर अखण्ड आनन्द का अनुभव कर रहे थे। इड़ा, मानव और सारस्वत नगर के निवासी भी पशुओं पर अपना सामान लादकर कैलास के उस शान्त तपोवन में पहुँच जाते हैं। तपोवन और उस देवद्वन्द्व के प्रभाव के कारण सब द्वयता को भूल जाते हैं। संयुक्त परिवार की तरह वे समरसता को प्राप्त होकर अखण्ड आनन्द में लीन हो जाते हैं।

(ग) *कामायनी* की कथा के मूल स्रोत

वेद संहिताओं में *कामायनी* की कथा सम्बन्धी उल्लेख

(1) देवसृष्टि का वर्णन : वेदों में मनुष्यों और उनके युग से पूर्व देवों एवं उनके युग का उल्लेख मिलता है।[13] दस देवताओं को अन्य देवताओं से पहले विद्यमान बताया गया है।[14] अतः ज्ञात होता है कि देवताओं की पीढ़ियाँ थीं। इन्द्र, विष्णु, मरुत, और आश्विन को सजातीय देव माना गया है।[15] आचार्य सायण ने देवों की गन्धर्व, अप्सरस, देव, असुर और राक्षस पाँच जातियों का उल्लेख किया है।[16] देवों में इन्द्र को चिरयुवा और ज्येष्ठ तथा श्रेष्ठ बताया गया है।[17] इन्द्र के साथ कुछ अन्य देवों को भी चिरयुवा कहा गया है।[18] इन देवों को दार्शनिक सूक्तों एवं देवाख्यानों में कहीं भी अनादि और अनन्त नहीं माना गया हैं।[19] ये देव मूलतः मर्त्य थे। परन्तु बाद में उन्होंने भिन्न-भिन्न साधनों से मृत्यु को दूर करके अमरत्व प्राप्त किया था।[20] यह यज्ञप्रिय जाति थी।[21]

देवों का नेता इन्द्र अत्यन्त शक्तिशाली बताया गया है जिसके भय से पृथ्वी, आकाश और पर्वतों के काँपने का उल्लेख मिलता है।[22] इन्द्र के दम्भ का अनेक मन्त्रों में संकेत किया गया है।[23] यह ऐश्यर्वपूर्ण देवजाति[24] अनेक आभूषणों का उपयोग करती थी।[25] इनके पाषाणनिर्मित दुर्ग, स्तम्भों वाले भवन, सहस्रद्वार राज्य-भवन और अनेक प्रकार के हर्म्यों का उल्लेख मिलता है।[26] देवों की विलासित[27] संगीत प्रियता[28], एवं पान गोष्ठियों[29] का अनेक बार संकेत किया गया है।

(2) प्रलय-वर्णन : ऋग्वेद में क्षुब्ध सागर,[30] सहस्त्रद्वार वाली नौका का उद्वेलित लहरों पर तैरने[31] और बाढ़ के उल्लेख मिलते हैं।[32] परन्तु इन प्रमाणों से प्रलय-कथाओं की पुष्टि नहीं होती। *अथर्ववेद* में हिरण्यमयी नौका का हिमवत् शिखर पर उतरना वर्णित है।[33] परन्तु यहाँ भी मनु के नाम का संकेत नहीं है।

(3) मानवता का विकास : मनु – वैदिक संहिताओं में मनु आदिपुरुष बताये गये हैं। वे मानव-जाति के पिता और उसके रक्षक माने गये हैं।[34] मनुष्यों के पूर्व पितामह मनु का ताद्रूप्य अनेक विदेशी विद्वानों ने जर्मन ट्यूटन, केल्टिक, ग्रीस और अंग्रेजी के मनेश, मनुस, मन्नु, मनन्न, मिनोस और मैन से स्थापित किया है।[35] व्यक्तिवाचक संज्ञा के रूप में मनु शब्द का प्रयोग लगभग तीस बार और इस अर्थ में उतने ही बार 'मनवः' शब्द *ऋग्वेद* में आया है।[36]

मनु का नाम लेने वाले पुराने ऋषि भरद्वाज, गोतम, कुत्स और वामदेव आदि हैं। दिवौदास के पुत्र या वंशज परुच्छेद और गृत्समद, सदाप्रण, कश्यप भी मनु का नाम

लेते हैं।[37] सदाप्रण ऋषि के अनुसार मनु ने विशिशिप्र को जीता था।[38] भरद्वाज ऋषि के अनुसार अग्नि-देवता ने मनु को दासों के ऊपर किया।[39] मारीच ऋषि के अनुसार पवमान देवता ने दस्यु से मनु की रक्षा की।[40] मनु के लिए सुख की इच्छा से इन्द्र ने दास नमुचि को मारा।[41] इन्द्र ने भक्त के लिए अमित धन दिया, वृत्र का नाश किया।[42] इन्द्र ने मनु के लिए व्रतहीन काली चमड़ी वालों को दण्ड दिया, नाश किया। जलाते हुए सारे हिंसको को जला डाला, निष्ठुरों को जला डाला।[43] धनधारक शत्रुनाशक और आयुधधारक सोम का मनु के लिए बहने का उल्लेख मिलता है।[44] इन्द्र को मनु के साथ सोमपान करते हुए दिखाया गया है।[45] ऋषि नाभानेदिष्ठ के अनुसार सहस्र के दाता ग्रामणी मनु का अनिष्ट न करे, उसकी दक्षिणा सूर्य के समान हो। सावर्णी को देवता आयु प्रदान करें जिससे हम निरन्तर अन्न पाते रहें।[46] मनु सर्वप्रथम कृषि करने वाले, मानवों के रक्षक, मानव स्वभाव के ज्ञाता, मननशील और पृथ्वी का विस्तार करने वाले बताये गये हैं।[47] वैवस्वत मनु को मनुष्यों के लिए पृथ्वी-पात्र में कृषि और सस्य दुहने के लिए विराज गाय का वत्स बताया गया है।[48]

वेदों में उल्लेख मिलता है कि मनु ने अग्नि समिद्ध करके सात पुराहितों के साथ देवों के लिए पहले-पहल हविष प्रदान किया था।[49] मनु ने अग्नि को प्रकाशरूप में मानव-जाति के मध्य स्थापित किया था।[50] *ऋग्वेद* में उल्लेख आता है कि देव, मातरिश्वा और काव्यउशना ने मनु को अग्नि प्रदान कर उसे यज्ञ के लिए प्रतिष्ठित किया।[51] मनु की भाँति अग्नि को समिद्ध करने और मनु द्वारा समिद्ध अग्नि का आह्वान करने का उल्लेख भी *ऋग्वेद* में मिलता है।[52] मनु के अपत्यों के मध्य अग्नि का निवास बताया गया है।[53] याज्ञिकों को मनु-पुत्र कहा गया है।[54] मनु-यज्ञ आज के यज्ञ के पूर्वरूप हैं, क्योंकि यज्ञों की तुलना मनु द्वारा किये गये यज्ञों के साथ की गई है।[55] यद्यपि मनु का नाम अंगिरस, अथर्वन, भृगु, दध्यंच, अत्रि और कण्व आदि प्राचीन याज्ञिकों के साथ भी आता है,[56] तथापि उपर्युक्त विवरण से स्पष्ट है कि मनु ही वास्तविक प्रथम याज्ञिक एवं यज्ञ के संस्थापक हैं।[57]

वैदिक साहित्य में यज्ञ और युद्ध दोनों से सोम का अटूट सम्बन्ध स्थापित किया गया है। मनु के लिए पक्षी सोम लाया था।[58] वहाँ सोम से हवन करने का भी उल्लेख मिलता है।[59] धनधारक, शत्रुनाशक और आयुधधारक सोम से प्रार्थना की गई है कि वे उसी तरह प्रवाहित हों जैसे किसी दिन वे मनु के लिए प्रवाहित हुए थे।[60] वृत्र के साथ भिड़ने से पूर्व इन्द्र ने मनु के तीन तालाबों का सोम पी डाला था।[61] इस प्रकार मनु और सोम का अटूट सम्बन्ध प्रतीत होता है।

वैवस्वत मनु *ऋग्वेद* के आठवें मण्डल के 27 से 31 पाँच सूक्तों के मन्त्रद्रष्टा ऋषि हैं। इन सूक्तों का अनुशीलन करने पर ज्ञात होता है कि मनु ने अपने और अपने

पुत्र के लिए ऐश्वर्य, धनोपलब्धि, अशन-वसनादि के साधन, इष्ट वस्तु गौ-अश्व आदि पशु और पृथ्वी, वनस्पति, औषधि आदि की कामना की है। दूसरे, वे चोर आदि से अबाधित गृह, प्रकोटयुक्त नगर और राक्षसों से रक्षा की प्रार्थना करते हैं। तीसरे, श्रेष्ठ सर्वस्नेही प्रजापालक शासक की सम्मान-प्राप्ति, बल और शत्रुदण्ड की कामना करते हैं। ये अजेय राज्य में तेजस्वी वीरों, नायकों और गुणवान् विद्वानों के धन और यश की प्रार्थना करते हैं। चौथे, मनु द्वारा ही सन्मार्ग से विचलित न करने और संरक्षक रहने की प्रार्थना की गई है। वहाँ पर बताया गया है कि जो सदाचार, दान, सेवा, ज्ञान आदि सद्गुणों से समन्वित होकर यज्ञ और ईश्वरोपासना करता है तथा सोमरस का सम्पादन करके उत्तम ऐश्वर्य का लाभ करता है, वह प्रभु के महान् गुणों को चाहता है। इस प्रकार ब्रह्मचर्य व्रत का पालन करते हुए अग्निहोत्र आदि में लीन रहने की कामना की गई है। इकत्तीसवाँ सूक्त तो यज्ञ माहात्म्य से ही सम्बन्धित है।[62] एक अन्य स्थल पर भी मनु द्वारा यज्ञ-कर्म करके ऐश्वर्य प्राप्त करने की कथा आती है।[63]

ऋग्वेद में मनु को विवस्वान् का पुत्र माना गया है।[64] विवस्वन्त के सम्बन्ध से उन्हें वैवस्वत या पितृत्वमात्र द्योतनार्थ विवस्वन्त ही कहा गया है।[65] मनु को सावर्णि[66] और सांवरणि[67] भी कहकर पुकारा गया है। श्री ब्लूमफील्ड और प्रो0 कीथ सावर्णि का ही अशुद्ध पाठ सांवरणि मानते हैं।[68] इस सावर्णि की कथा का मूल *ऋग्वेद* के दो संदिग्धार्थ मन्त्र हैं। वहाँ वर्णन मिलता है कि त्वष्टा की पुत्री के विवाहोत्सव में समस्त विश्व एकत्रित हो गया। किन्तु यम की माता विवस्वान् की पत्नी अदृश्य हो गई। देवताओं ने मर्त्यों से अमर्त्य सरण्यू को छिपा दिया और सवर्णा (वैसी ही स्त्री) विवस्वन्त को दे दी। बाद में विवस्वत ने अश्व का रूप धारण करके सरण्यू से आश्विन उत्पन्न किये।[69] यहाँ वैवस्वत मनु का उल्लेख नहीं किया गया है। परन्तु उक्त मन्त्रों की व्याख्या में शौनक और यास्क वैवस्वत मनु को विवस्वान् द्वारा सवर्णा से उत्पन्न पुत्र मानते हैं। *बृहद्देवता* में यह कथा विस्तार से आई है।[70] वहाँ स्पष्ट रूप से इसी सवर्णा में विवस्वान् द्वारा राजर्षि मनु की उत्पत्ति बताई गई है।[71] यास्क भी इन मन्त्रों के आधार पर मनु को विवस्वान् अर्थात् सूर्य और सरण्यू की प्रतिनिधिभूत सवर्णा का पुत्र बताते है।[72] लेकिन यास्क इन्हें सामान्य व्यक्ति न मानकर द्युस्थानीय दिव्यजन मानते हैं।[73] मनु के वंशज नाभानेदिष्ठ मानव ऋषि ने भी अपने सूक्त में मनु को सावर्णि कहकर सम्बोधित किया है।[74] लेकिन *अथर्ववेद* में वैवस्वत मनु नाम ही अधिक आया है।[75]

वैवस्वत मनु और उनके कनिष्ठ पुत्र नाभानेदिष्ठ मानव के नाम से एक उत्तराधिकर की कथा मिलती है। 'नाभाग' शब्द का अर्थ बिना भाग है। इस पुत्र को

उसके पिता मनु अथवा अग्रज भ्राताओं ने सम्पत्ति-विभाग करते समय भुला दिया था। इसको बाद में मनु ने गौ प्राप्त करने की शिक्षा दी थी।[76] इड़ा का पैतृक नाम भी मानवी मिलता है।[77]

श्रद्धा : श्रद्धा का प्राथमिक अर्थ देवताओं के अस्तित्व एवं उनकी वदान्यता में विश्वास करना है। अतः पुराहितों की दृष्टि में श्रद्धा का मानवीकरण अत्यन्त आवश्यक है।[78] परिणामस्वरूप श्रद्धा *ऋग्वेद* में एक अत्यन्त वास्तविक देवता के रूप में उभरी है। श्रद्धासूक्त के एक मन्त्र में श्रद्धा की त्रिकाल आराधना करने का उल्लेख मिलता है। यहाँ यजमान और देव दोनों द्वारा श्रद्धा की उपासना करने का संकेत किया गया है।[79] अनुक्रमिणी के अनुसार उक्त श्रद्धा-सूक्त की रचयित्री अर्थात् ऋषि कामगोत्र में उत्पन्न श्रद्धा *कामायनी* है।[80] लेकिन ऋग्वेद के *बाल्यखिल्य सूक्त*[81] और *यजुर्वेद*[82] में सोम को पवित्र करनेवाली श्रद्धा को सूर्य की पुत्री बताया गया है। बृहद्देवता में श्रद्धा की गणना देवी और ऋषि अथवा ब्रह्मवादिनियों में की गई है।[83]

काम : *ऋग्वेद* में काम की उत्पत्ति का प्रथम संकेत मिलता है।[84] परन्तु काम को पूर्ण प्रतिष्ठा *अथर्ववेद* में प्राप्तु हुई है। वह यहाँ पंचवाण से युक्त एवं यज्ञों में बलि प्राप्त करनेवाला देवता है।[85] मेक्डानल एवं कीथ दोनों विद्वानों ने काम और श्रद्धा दोनों को भावात्मक देवताओं में स्थान दिया है।

आकुलि-किलात : *ऋग्वेद* के एक सूक्त के देवता मनु हैं। यहाँ असुर पुरोहितों को धान्य की हवि के स्थान पर मांस की हवि देते हुए बताया गया है। यहाँ रथप्रोष्ठ वंशीय ऐक्ष्वाक राजा असमाति राथप्रौष्ठ का अपने गोपायन पुराहितों से झगड़ा होने का उल्लेख मिलता है। राजा ने किलात-आकुलि दो मायावी असुर पुराहितों को श्रेष्ठ मानकर बन्धु, सुबन्धु, श्रुतबन्धु और विप्रबन्धु नामक गोपायन बन्धुओं को छोड़ दिया था। इन असुर पुराहितों ने उनमें से एक सुबन्धु नाम के गोपायन का छल-कपट से वध कर दिया। परन्तु उसके अन्य गोपायन बन्धुओं ने *ऋग्वेद* के सूक्तों के जाप से उसे पुनर्जीवित कर दिया था।[86] *बृहद्देवता* में यह कथा विस्तार से आई है। यहाँ वर्णन मिलता है कि मायावी आकुलि-किलात अपनी माया और योगबल से कपोत बनकर सुबन्धु पर गिर पड़े। उनके आघात और सम्मोहन के परिणास्वरूप जब सुबन्धु मोहित एवं संज्ञाहीन हो गये तब वे उसके प्राणों को नोचकर राजा असमाति के पास गये। लेकिन शेष गोपायन बन्धुओं ने *ऋग्वेद* के मन्त्रों के जाप से सुबन्धु को जीवित कर दिया।[87] शेष वैदिक साहित्य में भी इन पुराहितों का उल्लेख आता है।[88]

इड़ा : मैत्रावरुण के लिए घृत आदि हव्य से इड़ा की उत्पत्ति का संकेत *ऋग्वेद* में प्राप्त होता है।[89] हविष की प्रतिरूप होने के कारण इड़ा देवी को घृतहस्त[90] और घृतपाद[91] कहा गया है। *ऋग्वेद* में इड़ा को यूथ–माता कहकर जलपूर्ण नदियों के साथ गवादि पुष्टि को देनेवाली कहा गया है।[92] इस प्रकार इड़ा को पशु और पृथ्वी से प्राप्त सम्पत्ति के रूप में समझा जा सकता है।[93] वैदिक साहित्य में इड़ा का सामान्य अर्थ ही अन्न या पुष्टि है।[94] मानव की पुष्टि भी पशु और पृथ्वी से उत्पन्न पदार्थों तथा जल से होती है। अतः गौ, इड़ा, पृथ्वी और जल से पूर्ण नदी सबको माता और देवी का महत्वपूर्ण पद प्राप्त है। भरत सन्तान देववात और देवश्रवा ऋषियों द्वारा अग्नि को इड़ा के स्थानवाली उत्तम पृथ्वी में सुदिन के लिए स्थापित करने का उल्लेख है। अग्नि से दृषद्वती, आपया और सरस्वती के तट पर धनयुक्त होकर मनुष्यों में दीप्तिमान होने की प्रार्थना की गई है।[95] यहाँ इड़ा का अर्थ अन्न या पुष्टि अर्थात् समृद्धि, स्तुति अर्थात् हविष अथवा इनका मानवीकृत रूप देवी दोनों रूपों से लिया जा सकता है।

ऋग्वेद में देवों और मानवों सहित इड़ा, आनन्दपूर्ण वाणियों सहित भारती या मही और सारस्वतों के साथ सरस्वती तीनों देवियों से एक साथ ही सुख–समृद्धि के लिए अनेक बार प्रार्थना की गई है।[96] इन तीनों देवियों को और कभी अकेली इड़ा को हमारी बुद्धि को कर्मो में प्रेरित करनेवाली, रक्षिका और पालन करनेवाली,[97] बताया गया है। वहाँ इड़ा को मनु की भाँति अन्य मानवों को कर्म–चेतना देनेवाली[98] मनुष्यों पर शासन करनेवाली,[99] शोभनशील वीरोंवाली, निष्पाप एवं समस्त सुखों के देनेवाली भी कहा गया है।[100] *यजुर्वेद* में भी इड़ा, सरस्वती और भारती देवियों के त्रिक् में आती है।[101] वहाँ इन तीनों देवियों को हविष्मती और इन्द्रपत्नी बताया गया है।[102] यहाँ महीधर ने 'इन्द्रपत्नी' का अर्थ- हविष्य के द्वारा इन्द्र का पालन करनेवाली देवियों के रूप में किया है। अन्य मन्त्र में तीनों देवियों से प्रार्थना की गई है कि वे हव्य पदार्थों को देवताओं तक पहुँचा दें।[103] *अथर्ववेद* में इड़ा को घृतपदी, व्रतात्मक कर्मों में प्रेरित करनेवाली, यज्ञ कर्त्ताओं को पवित्र करनेवाली, सोमलता को धारण करनेवाली और सद्यः फलदायी वैश्वदेवी कहकर पुकारा गया है।[104] अन्य मन्त्र में अग्नि देवता से मधुर दूध देकर तृप्त करनेवाली इड़ा गाय की हिंसा न करने की प्रार्थना की गई है।[105] इस प्रकार *अथर्ववेद* में इड़ा हविष और अन्न या पुष्टि की देवी, कर्मप्रेरक वैश्व देवी तथा गौ के रूप में उपस्थित हुई है। *तैत्तिरीय संहिता* की एक आख्यायिका से ज्ञात होता हैं कि प्रथम याज्ञिक मनु ने यज्ञ में हविष के लिए घृत का आविष्कार किया। उस घृत की हविष को 'मानवी' कहा गया। मैत्रावरुण के लिए सर्वप्रथम इस घृत की हविष का प्रयोग किया गया था। अतः इस हविष रूपी इड़ा को मैत्रावरुणी कहा जाने लगा।[106]

इड़ा के साथ प्रजापति के अनाचार का संकेत *ऋग्वेद* के उन कतिपय मन्त्रों में मिल जाता है, जिनमें पिता अपनी पुत्री पर आसक्त होते हुए दिखाये गये हैं। इनमें एक शरसंधायक की ओर संकेत किया गया है।[107] *मैत्रायणी संहिता* की एक गाथानुसार प्रजापति अपनी पुत्री उषा पर आसक्त हो गये। उषा ने अपना हिरणी का रूप बना लिया तो प्रजापति भी हिरण बन गये। तब रुद्र ने क्रुद्ध होकर उनके ऊपर बाण-संधान किया। प्रजापति ने रुद्र को पशुपति बना देने की प्रतिज्ञा करके उनको बाण न छोड़ने को सहमत किया था।[108]

ब्राह्मण ग्रन्थों में *कामायनी* की कथा-सम्बन्धी उल्लेख

(1) देव-सृष्टि-वर्णन : ब्राह्मण ग्रन्थों में देव और मनुष्य दोनों को प्रजापति की सन्तान बताया गया है।[109] लेकिन मनुष्य देवों के बाद उत्पन्न हुए बताये गये हैं।[110] देव दीर्घायु और मनुष्य लघु आयु होते हैं।[111] ब्राह्मण ग्रन्थों में इस बात के अनेक प्रमाण मिलते हैं कि यह जाति पहले अमर नहीं थी। बाद में देवों ने तप, यज्ञ आदि द्वारा अमरत्व प्राप्त किया था।[112] देव-जाति के विलास और ऐश्वर्य के वर्णन ब्राह्मण ग्रन्थों में भी प्राप्त होते हैं। वहाँ देवों को अप्सराओं के साथ विहार करते हुए बताया गया है।[113] देवों की पानगोष्ठी[114] और उनके संगीत, नृत्य एवं गीत का उल्लेख मिलता है।[115]

(2) प्रलय-वर्णन : *जैमिनीय ब्राह्मण* में जलप्लावन की कथा का अति संक्षिप्त विवरण मिलता है। यहाँ सामवेद की ऋचाएँ स्वर्णिम नौका के रूप में उपस्थित होकर मनु की इस जलप्लावन से रक्षा करती हैं।[116] *शतपथ ब्राह्मण* में यह कथा कुछ विस्तार से आई है। एक दिन प्रातः काल हाथ धोने लिए जल लेते समय मनु की अंजलि में एक मत्स्य आ गया। उसने मनु को ओघ की सूचना देकर नौका निर्माण की चेतावनी दी। उसकी प्रार्थना पर मनु ने इस मत्स्य का पालन-पोषण किया और इसके महामत्स्य होने पर उसे सागर में छोड़ दिया। नियत समय पर जलप्लावन हुआ। मनु ने अपनी नौका को उस मत्स्य के शृंग में बाँध दिया। उस मत्स्य ने नौका को खींचकर हिमालय की मनोरवसर्पण चोटी पर पहुँचा दिया।[117]

(3) मानवता का विकास : मनु- ब्राह्मण ग्रन्थों में मनु को आदिपुरुष माना गया है।[118] वहाँ वे आदिशासक एवं राजा हैं और उनकी प्रजा को स्पष्टतः मनुष्य कहा गया है।[119] इसी ग्रन्थ में मनु को पृथ्वीपति और प्रजापति शब्दों से भी सम्बोधित किया गया है। यहाँ पर पृथ्वी को मनु की घोड़ी बताया गया है जिसके द्वारा मनु ने समृद्धि प्राप्त की थी।[120] यद्यपि आचार्य सायण ने *ऋग्वेद* का भाष्य करते हुए मनु के लिए प्रजापति शब्द का प्रयोग किया है[121] तथापि ब्राह्मण ग्रन्थों में ही प्रथम याज्ञिक

मनु को निश्चित रूप से प्रजापति कहा गया है, क्योंकि उसने ही सबकी सृष्टि की है।[122] यहाँ पर भी मनु को ही सर्वप्रथम यज्ञकर्त्ता माना गया है जिसके अनुकरण पर प्रजा ने यजन किया था।[123] प्रथम याज्ञिक मनु का ब्राह्मण ग्रन्थों में यज्ञ के साथ अटूट सम्बन्ध है। वहाँ विधान है कि जो कुछ मनु ने कहा है वह औषध है।[124] यह तथ्य मनु को महान् धर्म-शास्त्रकार के आसन पर प्रतिष्ठित कर देता है।

ब्राह्मण ग्रन्थों में प्रजापति तथा श्रद्धा और प्रजापति तथा काम का सम्वाद मिलता है, जिसमें श्रद्धा तथा काम दोनों अपने-अपने यज्ञ के लिए प्रजापति से आग्रह करते हैं।[125] ब्राह्मण ग्रन्थों में एकाकी प्रजापति द्वारा सिसृक्षा से प्रथम तप करने और तत्पश्चात् सृष्टि-विकास करने का उल्लेख मिलता है।[126]

मनु-इड़ा- *शतपथ ब्राह्मण* में प्रलय के उपरान्त मनु द्वारा प्रजा की कामना से तप करने और दधिघृत की हवि से मित्रावरुण के लिए पाकयज्ञ करने का वर्णन मिलता है। इसी पाक-यज्ञ में घृत आदि की आहुतियों से उत्पन्न इड़ा नामक योषित से मनु ने सृष्टि का विकास किया था। मनु ने इड़ा के सहयोग से प्रजा, पशु एवं समृद्धि प्राप्त की थी। यज्ञ में इड़ा के उपयोग से प्रत्येक याज्ञिक मनु की तरह प्रजा एवं अभिलषित वस्तु प्राप्त कर सकता है।[127] *तैत्तिरीय ब्राह्मण* में भी मनु और इड़ा के यज्ञ से समृद्धि की कथा मिलती है। यहाँ इड़ा को मानवी और यज्ञतत्त्वप्रदर्शिनी कहकर सम्बोधित किया गया है। इड़ा ने मनु को असुरों द्वारा पूर्व, पश्चिम और दक्षिण दिशा में अग्न्याधान करने की सूचना देते हुए कहा कि असुरों को पहले श्री प्राप्त होगी, परन्तु वे विनाश को प्राप्त हो जायेंगे। इड़ा ने मनु से कहा कि वह उसकी अग्नि का आधान करेगी जिससे वह प्रजा अैर पशुओं की अभिवृद्धि कर सकेगा। इसीसे मनु इस लोक और स्वर्ग को जीत सकेगा।[128] इस प्रकार प्रथम याज्ञिक मनु का सम्बन्ध, श्रद्धा, काम और इड़ा से सिद्ध हो जाता है। श्रद्धालु यजमान की इड़ा से उसकी कामनाओं की पूर्ति होती है।

इड़ा को गौ, पशु, पृथ्वी,[129] अन्न[130] और श्रद्धा[131] भी बताया गया है। इड़ा के सभी पर्यायवाची शब्द यज्ञ से सम्बन्धित हैं। इड़ा को यज्ञ और सामविशेष भी कहा गया है।[132] यज्ञ की पात्री को ही यहाँ इड़ा बताया गया है।[133] *शतपथ ब्राह्मण* में इड़ा के यज्ञ में प्रयोग की प्रक्रिया का विशद वर्णन मिलता है।[134] इड़ा को विश्वरूपिणी अग्निस्वरूपा और दीप्तमती,[135] प्रीति-उत्पादिका[136] तथा सरस्वती भारती देवियों के साथ इड़ा गन्धयुक्त मादक सोम का इन्द्र के लिए सम्पादन करने वाली बताया गया है।[137] इड़ा यजमान के लिए अन्न[138] और पशुओं[139] द्वारा समृद्धि करनेवाली कही गई है। ऐल को इड़ा का पुत्र बताया गया है।[140]

मनु और उसकी सन्तान- मनु की सन्तान के विकीर्ण उल्लेख ही ब्राह्मण ग्रन्थों में प्राप्त होते हैं। वैवस्वत मनु के कनिष्ठ पुत्र मानव[141] की उत्तराधिकार सम्बन्धी कथा का उल्लेख *ऐतरेय ब्राह्मण* में स्पष्ट रूप से प्राप्त होता है।[142] शर्यात का पैतृक नाम भी मानव है।[143] यहीं शर्यात की पुत्री का नाम भी शर्याती बताया गया है। शर्यात के वंशज शार्यात का भी पैतृक नाम मानव है।[144] इड़ा को बार-बार मानवी और मनु दुहिता कहा गया है।[145]

श्रद्धा और मनु- ब्राह्मण ग्रन्थों में श्रद्धा पवित्र देवी है। इसका निवास देवों में बताया गया है। यह विश्व श्रद्धामय है। श्रद्धा काम की माता है। श्रद्धा को हवि से सन्तुष्ट किया जाता है।[146] यहाँ 'काम' शब्द का अर्थ सायण ने 'अभिलषित फल' और 'मातरं' का अर्थ उत्पादिका किया है।[147] अर्थात् श्रद्धा देवी अभिलषित फलों की उत्पादिका है। इसका यही अभिप्राय है कि देवों में निवास करनेवाली श्रद्धा देवी को हवि द्वारा सन्तुष्ट करके यजमान सम्पूर्ण कामनाओं की पूर्ति कर सकता है। *तैत्तिरीय ब्राह्मण* में श्रद्धा देवी का हविष से यजन करने और उससे अमृत-लोक देने की स्तुति की गई है। यहाँ भी श्रद्धा को सम्पूर्ण कामनाओं को पूर्ण करनेवाली, विश्व का भरण-पोषण करनेवाली, जगत् या लोकों की प्रतिष्ठा, भुवन की अधिपत्नी, ऋत की प्रथम पुत्री और देवत्व प्रदान करनेवाली बताया गया है।[148]

प्रजापित ने सत्य, असत्य एवं श्रद्धा और अश्रद्धा का निर्माण करके सत्य में श्रद्धा और असत्य में अश्रद्धा को स्थापित किया।[149] कर्मकाण्ड में यजमान पति के साथ पत्नी का होना अनिवार्य है। पत्नी के अभाव में यज्ञ कैसे हो सकता है? इसके उत्तर में *ऐतरेय ब्राह्मण* में कहा गया है कि श्रद्धा पत्नी है और सत्य स्वयं यजमान है। श्रद्धा और सत्य उत्तम दम्पत्ति का मिथुन इहलोक एवं परलोक को जीत लेता है।[150] वैदिक साहित्य में मनु का प्रथम यजमान होना सिद्ध है। अतः *तैत्तिरीय ब्राह्मण* में यजमान को श्रद्धादेव और उनकी स्तुति या वाक् को असुर-संहारिणी बताया गया है।[151] *शतपथ ब्राह्मण* में भी आकुलि-किलात द्वारा पशुयज्ञ के प्रसंग में यजमान मनु को दो बार श्रद्धादेव कहकर सम्बोधित किया गया है और उनकी जाया के लिए 'मनावी' विशेषण प्रयुक्त किया गया है।[152]

श्रद्धा को एक स्थान पर इड़ा बताया गया है।[153] श्रद्धा देवी यजमान की संपूर्ण कामनाओं की पूर्ति करती है तो स्तुति या हविष की देवी इड़ा प्रजा एवं ऐश्वर्य की अभिवृद्धि करती है। इसी प्रकार दोनों ही यजमान के लिए आवश्यक हैं। श्रद्धा को तेज[154] और जल[155] बताया गया है। श्रद्धा को ऋत,[156] सूर्य[157] और प्रजापति[158] की दुहिता बताया गया है।

आकुलि-किलात : आकुलि-किलात का उल्लेख ब्राह्मण ग्रन्थों में भी प्राप्त होता है।[159] वहाँ उन्हें बिना अग्नि के ही माँस पकानेवाला तथा बीज के बोते ही फसल तैयार करनेवाला बताया गया है।[160] *तांड्य ब्राह्मण* में इनका मनु का यज्ञ करानेवाले असुर पुरोहितों के रूप में उल्लेख मिलता है।[161] परन्तु आकुलि-किलात द्वारा श्रद्धादेव मनु के बैल की बलि से पशु-यज्ञ कराने का उल्लेख केवल *शतपथ ब्राह्मण* में ही प्राप्त होता है। *तैत्तिरीय ब्राह्मण* में यजमान श्रद्धादेव की वाक् अर्थात् स्तुति को असुरघ्नी कहने का उल्लेख किया जा चुका है। लेकिन *शतपथ ब्राह्मण* में इस असुर एवं शत्रुसंहारक ध्वनि का निवास मनु की वाक् के स्थान पर मनु के वृषभ में बताया गया है। अतः उसके रँभाने से असुर और राक्षसों का संहार होता है। इसी कारण असुर उस संहारक बैल को मारने और मनु को पाप में लीन करने की युक्ति सोचने लगते हैं। उन असुरों में से आकुलि-किलात नामक दो असुर मनु को श्रद्धादेव समझकर उनसे पशु-यज्ञ कराने की स्वीकृति ले लेते हैं। उस वृषभ की यज्ञ में बलि दी जाती है। लेकिन असुर संहारक वाक् बलि से पूर्व ही मनु की जाया मनावी में ही प्रवेश कर जाती है।[162] इसी ब्राह्मण में आगे बलि के लिए पशु और यूप दोनों की अनिवार्यता घोषित करते हुए पशु को यूप से बाँधने, उसके वध करने की विधि, हविरूप में देवों को समर्पित करने और अवशिष्ट अंश को यजमान द्वारा खाये जाने की प्रक्रिया का विस्तृत वर्णन मिलता है।[163] मनु के इस वृषभ की तुलना डॉ० कुहन् आदि विद्वानों ने यूनान के 'मिनो-टूर' से की है।[164]

प्रजापित का अपनी दुहिता पर मुग्ध होने की गाथा का उल्लेख ब्राह्मण ग्रन्थों में अनेक प्ररोचनाओं के साथ किया गया है। सर्वप्रथम *ऐतरेय ब्राह्मण* में उल्लेख आता है कि प्रजापति ने मृगी बनी अपनी दुहिता का मृग बनकर पीछा किया। इस दुष्कर्म से क्रुद्ध होकर देवों ने प्रजापति को दण्ड देने के लिए अपने घोरतम शरीरों से 'भूतवन' नाम के एक रौद्र रूप का निर्माण किया। देवों ने उसको प्रसन्न करने के लिए उसे पशुपति बना दिया। तब उस पशुमान रौद्रमूर्ति ने प्रजापति का अपने बाण से भेदन कर दिया।[165] *शतपथ ब्राह्मण* में वर्णन आता है कि प्रजापति ने अपनी दुहिता के साथ अभिधान किया। क्रुद्ध देवों ने प्रजापति द्वारा अपनी ही दुहिता और उनकी बहिन के साथ अनैतिक आचरण, उसके पशुयज्ञ और अतिचार को पाप समझकर रुद्र से प्रजापति की शिकायत की। रुद्र ने रुष्ट होकर प्रजापति को अपने बाण से बेध किया।[166] अन्य ब्राह्मणों में भी इस कथा के संकेत मिलते हैं।[167] प्रजापति अकेला था और दूसरी उसके समीप वाक् (इड़ा) थी। उन दोनों के मैथुन से वाक् गर्भवती हो गई।[168] प्रजापति ने अपनी पुत्री उषा के पीछे गमन किया।[169] *शतपथ ब्राह्मण* में दूसरे स्थान पर वर्णन आता है कि एकाकी स्रष्टा ने अपने शरीर के दो भाग किये। वे पति-पत्नि हो गये और उन्होंने मनुष्यों की उत्पन्न किया।[170]

उपनिषद् आदि ग्रन्थों में *कामायनी* की कथा-सम्बन्धी उल्लेख

उपनिषद् आध्यात्मिक ज्ञान के भण्डार हैं। यहाँ देव-सृष्टि, प्रलय और मनु आदि की कथा के विस्तृत संकेत नहीं मिलते। मानव से पूर्व देव-सृष्टि के अस्तित्व का संकेत *ऐतरेय आरण्यक* में प्राप्त होता हैं। परन्तु वहाँ प्रजापति द्वारा सृष्टि की इच्छा[171] से सृष्टि-विकास के लिए तप करने का उल्लेख मिलता है।[172] *बृहदारण्यक उपनिषद्* में वर्णन मिलता है कि एकाकी प्रजापति ने रमण के लिए द्वितीय की इच्छा की। अतः उसने अपने आपको स्त्री-पुरुष दो भागों में विभक्त किया। वे भाग पति-पत्नी हो गये। उन दोनों के संयोग से मनुष्य उत्पन्न हुए। आचार्य शंकर ने इसके भाष्य में लिखा है कि प्रजापति मनु ने शतरूपा नाम की अपनी दुहिता को पत्नी कल्पित करके उसके साथ मैथुन किया और मनुष्य उत्पन्न किये।[173] लेकिन इस उपनिषद् में आगे पत्नी का नाम शतरूपा न देकर वाक् ही दिया है। वहाँ उल्लेख आता है कि सृष्टि से पूर्व प्रजापति एकाकी था। उसने कामना की कि उसके जाया हो और वह उससे प्रजा रूप में उत्पन्न हों। यहाँ मन को आत्मा अर्थात् प्रजापति, वाक् को जाया और प्राण को प्रजा कहा गया है।[174] इसका अभिप्राय यही है कि मनु प्रजापति ने इड़ा (वाक्) द्वारा प्राणियों की सृष्टि की।

उपनिषदों के पश्चात् भी भारतीय साहित्य में वैवस्वत मनु का उल्लेख हुआ है।[175] *मुण्डक उपनिषद्* में श्रद्धा को ब्रह्म की पुत्री कहा गया है।[176] *सौभाग्यलक्ष्मी उपनिषद्* में शक्ति का एक नाम श्रद्धा भी है।[177] *वृहवचोपनिषद्* में त्रिपुर सुन्दरी, सरस्वती, सावित्री, कामकला आदि शक्ति के नाम गिनाये गये है।[178]

इड़ा का उल्लेख उपनिषदों में नहीं मिलता। सूत्र ग्रन्थों में इड़ा यज्ञ की पात्री है।[179] एक स्थान पर सूत्रों में इड़ा को मित्रावरुण की पुत्री माना गया है।[180]

पुराणेतिहास में *कामायनी* की कथा-सम्बन्धी उल्लेख

(1) *बाल्मीकि रामायण* में देवसृष्टि-वर्णन- यहाँ इन्द्र को अन्य देवों में श्रेष्ठ और उनका स्वामी बताया गया है।[181] इन्द्र ने दैत्यों का वध करके त्रिलोकी का राज्य प्राप्त किया था।[182] देवों के पराक्रम, शक्ति, वैभव और विलास का संकेत इन्द्र के चरित्र से ही लग जाता है।[184]

(2) प्रलय-वर्णन- इस काव्य में वैवस्वत मनु से सम्बधित जलप्लावन की कथा नहीं मिलती। परन्तु राम की क्रोधाग्नि एवं उनके ब्रह्मास्त्र के फलस्वरूप प्रलय जैसी स्थिति का वर्णन अवश्य मिलता है। यहाँ अग्नि, वायु, समुद्र की मर्यादाहीनता, मेघों की टकराहट एवं इन प्राकृतिक शक्तियों के भयंकर उत्पातों का उल्लेख किया गया है।[184]

(3) मानवता का विकास : मनु – *बाल्मीकि रामायण* में मनु को विवस्वान् का पुत्र, वैवस्वत मनु, पूर्व काल का प्रजापित और इक्ष्वाकु का पिता कहा गया है। इक्ष्वाकु ही अयोध्या का प्रथम राजा था, जिससे मनु के वंशक्रम का अति विस्तार हुआ।[185] इन्हीं इक्ष्वाकुओं को पृथ्वी का अधिपति कहा गया है।[186] इनकी राजधानी अयोध्या की स्थापना राजा मनु ने की थी।[187] वहाँ मनु द्वारा मही को इक्ष्वाकु को दिये जाने का उल्लेख मिलता है।[188] कृत्युग में दण्डधर महाराज मनु ने अपने पुत्र इक्ष्वाकु को राज्य-सिंहासन पर बैठाकर राजवंशों की वृद्धि करने का आदेश दिया था। मनु ने उसको दण्ड द्वारा प्रजा की रक्षा करने की आज्ञा दी थी। परन्तु अकारण दण्ड का निषेध किया था। इक्ष्वाकु के आश्वसन के पश्चात् प्रसन्न मनु का त्रिदिव एवं सनातन ब्रह्मलोक जाने का उल्लेख भी मिलता है।[189] राम ने मनुरचित धर्मशास्त्र के दो श्लोकों का सन्दर्भ देते हुए बालि के प्रति अपने व्यवहार का औचित्य सिद्ध किया था।[190]

इड़ा – इल का विस्तृत आख्यान भी बाल्मीकी *रामायण* में प्राप्त होता है। पूर्व काल के प्रजापति कर्दम के पुत्र इल को बाह्लिक देश का एक धर्मात्मा, प्रभावशाली, धार्मिक, पराक्रमी और स्थिर बुद्धि वाला राजा बताया गया है। एक बार शिकार खेलते हुए राजा इल वन में पहुँचकर स्त्री रूप हो गये। उमा की आराधना से उनको एक मास स्त्री और एक मास पुरुष रहने का अर्द्ध वरदान ही प्राप्त हुआ। प्रथम मास में ही त्रिभुवन सुन्दरी इला का परिचय और समागम बुध से हुआ। गर्भवती होने के कारण इला प्रतिमास अपना लिंग परिवर्तन होते रहने पर भी एक वर्ष तक बुध की प्रार्थना पर उसके पास ही रही। वर्षान्त में इला ने पुरुरवा को जन्म देकर उसे बुध को सौंप दिया। महर्षि बुध और प्रजापति कर्दम के परामर्श से अन्ततः संवर्त और मरुत ने अश्वमेध के अनुष्ठान द्वारा शिव को प्रसन्न करके इनको पुनः पुरुषत्व प्राप्त कराया। तदनन्तर इन्होंने वाह्लिक देश को छोड़कर मध्य देश में प्रतिष्ठानपुर नामक नगर की स्थापना करके वहाँ का शासनभार सँभाला।[191]

(1) *महाभारत* में देवसृष्टि-वर्णन – यहाँ देवजाति को पूर्णरूपेण अमर मान लिया गया है। यहाँ 'अमर' शब्द ही देवतावाचक हो गया है।[192] इन्द्र को अनेक बार अरम-श्रेष्ठ, अमरराज, अमराधिप आदि कहकर सम्बोधित किया गया है।[193] इन्द्र याज्ञिक देवजाति का नेता था। उसने देवों सहित तप एवं विष्णु की उपासना की थी।[194] उसकी सभा और दिव्य प्रासादों का भी उल्लेख मिलता है।[195] देवों के अनेक अलंकारों का वर्णन भी मिलता है।[196] इन्द्र, कुबेर, वरुण एवं यमराज को अनेक अप्सराओं एवं गन्धर्वों से आवृत दिखाया गया है। गीत, नृत्य एवं वाद्य से देवताओं का

मनोरंजन करना अप्सराओं का कार्य था।[197] देव इन्द्र और मनु को भारतवर्ष प्रिय लगने का उल्लेख भी मिलता है।[198]

(2) प्रलय-वर्णन – *महाभारत* में प्रलय-वर्णन दो प्रकार से प्राप्त होता है। पहला मनु के जलप्लावन के आख्यान के रूप में और दूसरा मार्कण्डेय ऋषि के द्वारा अनुभूत प्रलय-वर्णन के रूप में। वैवस्वत मनु से सम्बन्धित जलप्लावन को 'मत्स्योपाख्यान' नाम दिया गया है। प्रजापति के समान कान्ति वाले तेजस्वी महर्षि मनु बदरिकाश्रम में कठोर तपस्या कर रहे थे। एक दिन चीरणी नदी से जल लेते समय मनु के हाथ में एक मत्स्य आ गया। मनु ने इस मत्स्य की संवर्द्धना की। मत्स्य के अदेशानुसार मनु ने नौका का निर्माण किया और मत्स्य ने प्रलयकाल में मनु की नौका को खींचकर हिमालय के नौबन्धन स्थान पर पहुँचा दिया।[199] दूसरे प्रकार के प्रलय-वर्णन में सिद्धान्त पक्ष की प्रबलता है। मार्कण्डेय ऋषि चतुर्युगावस्था का वर्णन करके क्रम से अग्नि, वर्षा, वायु आदि के विप्लव द्वारा कल्पान्त प्रलय का वर्णन करते हैं।[200]

(3) मानवता का विकास : मनु – *महाभारत* में आकर अनेक मनुओं का विकास हो गया है।[201] परन्तु उनमें स्वायंभुव और वैवस्वत मनु ही अधिक प्रसिद्ध हैं। *अथर्ववेद* में पृथ्वी दोहन के आख्यान में वैवस्वत मनु को गौरूप वसुधा का वत्स बताया गया है। परन्तु यहाँ स्वायंभुव मनु का वत्स बनने का उल्लेख है।[202] *महाभारत* में भीष्म द्वारा मनु के राजा होने का सविस्तार वर्णन किया गया है। पहले अव्यवस्थित समाज से दुखी होकर प्रजाजनों ने ब्रह्मा से समाज में शन्ति और नियम की स्थापना के लिए राजा मनोनीत करने की प्रार्थना की। ब्रह्मा ने मनु को राजा होने की आज्ञा दी। परन्तु पाप कर्म से भयभीत मनु ने मिथ्यावादी लोगों पर शासन करना अत्यन्त कठिन बताकर उन प्रजाजनों को स्वीकार नहीं किया। जब प्रजाजनों ने मिलकर राजकोश के लिए अन्न एवं धन देने तथा मनु को अनेक प्रकार की सुविधा और आदर देने की प्रतिज्ञा की तब महातेजस्वी मनु ने राजा बनना स्वीकार किया। तत्पश्चात् प्रजा आदिराजा मनु के प्रभाव से वर्णाश्रमोचित धर्म में मन लगाने लगी।[203] वैवस्वत मनु ही राज्य-शासन के विविध नियम और राज्यकोश के लिए देय कृषि-उत्पादन का भाग आदि नियमों के प्रणयन-कर्त्ता माने जाते हैं।[204]

प्रयल के उपरान्त मत्स्यावतार ने मनु को समस्त लोकों और देवासुर तथा मानवों की सृष्टि करने की आज्ञा दी। मनु ने आदेशानुसार ही तपोबल से सम्पन्न होकर सृष्टि-कार्य आरम्भ किया था।[205] *महाभारत* में वैवस्वत मनु धर्मात्मा और बुद्धिमान बताये गये हैं। मानवों से सम्बन्ध रखनेवाले ब्राह्मण, क्षत्रियादि सब मनु वंश से

विख्यात हुए। वैवस्वत मनु के वेन, धृष्णु नरिष्यन्त, नाभाग, इक्ष्वाकु, कारूष, शर्याति, इला, पृषध्र, नाभागरिष्ट दस पुत्र थे। इसके पश्चात् इस पृथ्वी पर उनके पचास पुत्र और हुए। परन्तु वे आपसी फूट के कारण नष्ट हो गये। इन्हीं दस पुत्रों से मानव वंश विकसित हुआ।[206]

यद्यपि स्वायंभुव मनु को धर्मशास्त्र का निर्माता और परमतत्व का उपदेशक माना जाता है,[207] तथापि वैवस्वत मनु ने भी अपने पिता से प्राप्त सात्वत धर्म और योग का उपदेश समस्त जगत् के कल्याण के लिए इक्ष्वाकु को प्रदान किया था।[208] महाभारत में ब्रह्मा से इन्द्र, इन्द्र से मृत्यु, मृत्यु से रुद्रों, रुद्रों से तण्डि, तण्डि से शुक्र, शुक्र से गौतम और गौतम ऋषि से वैवस्वत मनु को 'शिव सहस्रनाम' की प्राप्ति होने का भी उल्लेख मिलता है। मनु ने यह स्तोत्र समाधिनिष्ठ एवं ज्ञानी नारायण नामक किसी साध्य देवता को प्रदान कर दिया था।[209]

इड़ा – इला का *महाभारत* में एक स्थान पर वैवस्वत मनु के दस पुत्रों में आठवीं सन्तान बताया गया है और दूसरे स्थान पर मनु की पुत्री एवं पुरुरवा की माता बताया गया है।[210] स्त्रीपरूप में इला ने बुध के समागम से पुरुरवा को जन्म दिया था और बाद में वह पुरुष रूप में सुद्युम्न कहलाई।[211] अत: एक स्थान पर इनको पुरुरवा का पिता और माता दोनों कहा गया है[212] और इलापुत्र पुरुरवा को ऐल नाम से पुकारा गया है।[213]

श्रद्धा, काम और रति – *महाभारत* में श्रद्धा और लज्जा को दक्ष प्रजापित की दस पुत्रियों में गिनाया गया है जो धर्म की पत्नी थीं। ब्रह्मा ने इनको धर्म का द्वार निश्चित किया था।[214] अन्यत्र श्रद्धा को सूर्य की पुत्री बताया गया है। इसी कारण इसे वैवस्वती, सावित्री तथ प्रसवित्री भी कहा गया है।[215] लोक को धारण करनेवाले शम, काम और हर्ष धर्म के तीन पुत्रों में से काम की पत्नी का नाम रति दिया गया है।[216]

(1) पुराणों में देव-सृष्टि वर्णन – पुराणों में ऊर्ध्व स्रोता देवों की रचना अर्वाक् स्रोता मनुष्यों से पूर्व बताते हुए देवों को विषय-सुख के प्रेमी, पुरुषार्थ के असाधक और ज्ञान-सम्पन्न बताया गया है।[217] अन्य पुराणों में ब्रह्मा द्वारा मनुष्यों से पूर्व देवों की उत्पत्ति का वर्णन मिलता है।[218] यहाँ देवों के भव्य प्रासादों का विस्तृत विवरण प्राप्त होता हैं।[219] पुराणों में देवताओं का दिव्य सुमेरु पर्वत पर अप्सराओं के साथ रमण करना, सरोवरों में जलक्रीड़ा करना, नन्दन-वन में विहार करना आदि विस्तार के साथ वर्णित है। पान-गोष्ठी में मधुपान करके और पारिजात वृक्ष की मंजरियों से निर्मित मालाएँ धारण करके अप्सराएँ, गन्धर्व एवं सुरबालाएँ नृत्य, संगीत

एवं गीत द्वारा मनोरंजन में मग्न रहते थे।[220] इस प्रकार पुराणों में देवों के वैभव और विलासिता का परिचय मिल जाता है।

(2) प्रलय-वर्णन – पुराणगत प्रलय-कथाओं का अति विस्तृत विवरण प्रथम अध्याय में विनियुक्त है। फलतः यहाँ पुनरावृत्ति का परिहार करते हुए इन प्रलय के वर्णनों का संकेत मात्र करना ही उचित है। पुराणों में प्रलय-वर्णन चार रूपों में प्राप्त होता है–किसी को नायक बनाकर जैसे वैवस्वत मनु और उसके परिवर्तित नामों के साथ, दूसरे मार्कण्डेय ऋषि द्वारा स्वानुभूत प्रलय का वर्णन, तीसरे अवतारों के समय किसी ब्याज से प्रलयकालीन दृश्यों का वर्णन और चौथे प्रलय भेदों का वर्णन करते हुए सभी प्रकार के प्रलयों का सैद्धान्तिक वर्णन। इस प्रकार पुराणों में प्रलय-वर्णन चरम उत्कर्ष पर पहुँच गया है।

(3) मानवता का विकास : मनु – पुराणों के पंच लक्षणों में मन्वन्तर-कल्पना का विशेष स्थान है।[221] वहाँ पर चौदह मनुओं के नाम गिनाये गये हैं। इनमें से स्वायंभुव, स्वारोचिष, उत्तम, तामस, रैवत और चाक्षुष छः मनु पूर्वकाल में हो चुके हैं। इस समय विवस्वान् अर्थात् सूर्यपुत्र वैवस्वत मनु का सातवाँ मन्वन्तर चल रहा है। इसे सभी पुराण एक स्वर से स्वीकार करते हैं।[222] *मनुस्मृति* के अनुसार भी महातेजस्वी स्वायंभुवादि सात मनुओं ने अपने-अपने अधिकार काल में इस सम्पूर्ण चराचर जगत् को उत्पन्न कर इसका पालन किया। इस समय सातवें वैवस्वत मनु का ही अधिकार काल चल रहा है।[223]

वैवस्वत मनु की उत्पत्ति से सम्बन्धित सरण्यू एवं सवर्णा का वैदिक आख्यान पुराणों में आकर अति विस्तृत परन्तु परिवर्तित हो गया है। यहाँ विवस्वान् की पहली पत्नी का नाम संज्ञा दिया गया है जिससे यम-यमी और श्राद्धदेव मनु तीन सन्तानें उत्पन्न हुईं। पति का तेज सहन न कर सकने के कारण संज्ञा अपनी प्रतिनिधिभूता छाया को अपनी सन्तान और पति की सेवा में नियुक्त करके स्वयं तप करने वन में चली गई। सूर्यदेव ने उसको ही संज्ञा समझकर उससे अन्य मनु सावर्णि, शनिश्चर आदि सन्तान उत्पन्न कीं। बाद में रहस्योद्घाटन हो जाने पर अश्वा बनी हुई संज्ञा से सूर्य ने अश्वरूप होकर आश्विनों को उत्पन्न किया।[224] इस प्रकार पुराणों में वैवस्वत मनु विवस्वान् की पहली पत्नी संज्ञा से उत्पन्न और मनु सावर्णि दूसरी पत्नी छाया से उत्पन्न बताये गये हैं।

पुराणों में सातवें मन्वन्तराधिप श्राद्धदेव वैवस्वत मनु को प्रजापति[225], देवपूज्य मन्वन्तराधिप[226], मनुदेव[227] और दण्डधर[228] कहा गया है। वहाँ मनु को कई स्थलों पर राजा एवं उसके अनेक पर्यायवाची शब्दों से सम्बोधित किया गया है। वहाँ राजा मनु को धीर, क्षमावान्, प्राणियों की रक्षा के लिए आकुल और दयालु कहा गया है।[229]

वैवस्वत मनु द्वारा संतति के लिए मित्रावरुण यज्ञ अर्थात् पुत्रेष्टि और तप करने का उल्लेख पुराणों में प्राप्त होता है।[230] *वायुपुराण* में भी मनु द्वारा मित्रावरुण यज्ञ करने और संसार की वृद्धि करने के लिए वेदों के चार भाग करने का उल्लेख मिलता है।[231] वैवस्वत मनु एक क्षत्रिय मन्त्रवादी थे। इनके यज्ञ में विघ्न डालने के कारण वरुत्री के पुत्रों को इन्द्र ने वेदी में ही भून डाला था।[232] उन्होंने शब्द ब्रह्म की व्याख्या की थी।[233] मनु को परम तपस्वी और वैष्णव भक्त के रूप मे चित्रित किया गया है। तप से उनको मनुत्व और ज्ञान प्राप्त हुआ था जिससे उन्होंने अपने मन्वन्तर की सृष्टि का विकास किया था।[234] *ब्रह्मवैवर्तपुराण* में श्राद्धदेव मनु को स्पष्ट ही वैष्णव कहा गया है।[235] *मत्स्यपुराण* में मनु को धर्मविद् और सुख-दुख को समान समझकर योग का अभ्यास करने वाला बताया गया है। प्रलयकाल समुपस्थित होने पर योगबल से ही मनु ने सर्वभूतों का समाकर्षण करके उनको नौका पर रख लिया था।[236] *स्कन्दपुराण* में वैवस्वत मनु द्वारा शंकर की उपासना और पुनः वरदान-प्राप्ति का उल्लेख मिलता है।[237]

मनु-पुत्र – वैवस्वत मनु के पुत्रों की पौराणिक नामावली में अत्यधिक अनिश्चितता के दर्शन होते हैं। पुराणों में एक वर्ग ऐसा है जो मनु पुत्रों में इक्ष्वाकु को प्रथम मानकर केवल नौ पुत्रों के नाम देता है।[238] दूसरे वर्ग में अधिकतर पुराण इक्ष्वाकु को ज्येष्ठ मानकर दस नाम गिनाते हैं।[239] कुछ पुराणों में पुत्रेष्टि से उत्पन्न इल को ज्येष्ठ मानकर मनु पुत्रों की संख्या दस बताई गई है।[240]

इलोपाख्यान – मनु-सन्तान के बारे में अन्य समस्या यह है कि मनु पुत्रों में इक्ष्वाकु ज्येष्ठ था या इल। दूसरे इल, इला और सुद्युम्न का परस्पर क्या सम्बन्ध है? इस सम्बन्ध में पुराणों में विलक्षण परन्तु रोचक इलोपाख्यान प्राप्त होता है। पहले वर्ग के पुराण इला को मनु-पुत्री और इक्ष्वाकु से ज्येष्ठ मानते हैं। *शिवमहापुराण, ब्रह्मपुराण, ब्रह्माण्डपुराण, हरिवंशपुराण* आदि पुराणों[241] के इलोपाख्यान में *शतपथ ब्राह्मण* में वर्णित इड़ा-उत्पत्ति की कथा को एक नवीन मोड़ दे दिया गया है। इन पुराणों में लगभग एक ही शब्दावली में कथा आती है कि इक्ष्वाकु आदि बहुत से पुत्र उत्पन्न होने से पूर्व प्रजाकामी प्रजापति मनु ने मित्रावरुण-यज्ञ किया था। उससे दिव्याम्बरधरा, दिव्याभरणभूषिता और दिव्यसहनन इला (इड़ा) समुत्पन्न हुई। दण्डवर मनु ने उससे अपना अनुगमन करने के लिए कहा। लेकिन इला ने मनु से यह धर्मवाक्य कहा था कि – "मैं मित्रावरुण के अंश से प्रादुर्भूत हुई हूँ। अतः मैं उन्हीं के समीप जाऊँगी। मुझको धर्म से मत हटाओ।" देव मनु से यह कहकर वह मित्रावरुण के पास गई और अंजलिबद्ध होकर बोली कि–"मैं आपकी अंशसंभूता हूँ। मैं आप दोनों

के लिए क्या करूँ?" धर्म में परायण साध्वी के दम और सत्य से प्रसन्न होकर मित्रावरुण ने उसे मनु के वंश की वृद्धि करनेवाला, जगत्प्रिय एवं धार्मिक सुद्युम्न नामक सुप्रसिद्ध पुत्र होने का वरदान दिया। तदनन्तर अपने पिता के पास लौटती हुई इला को बुध ने मैथुन के लिए आमन्त्रित किया। गर्भवती इला पुरुरवा को जन्म देकर वरदान के फलस्वरूप पुरुष रूप में सुद्युम्न नाम से विख्यात हुई। इन पुराणों में समान रूप से उल्लेख आता है कि इक्ष्वाकु आदि और सुद्युम्न के तीन पुत्रों को तो राज्य का भाग प्राप्त हो गया था। परन्तु कन्याभाव के कारण सुद्युम्न को राज्य नहीं मिला था। वशिष्ठ के वचन से वह महात्मा के प्रतिष्ठान में था। धर्मराज सुद्युम्न की प्रतिष्ठा यह थी कि उस महायशस्वी ने राज्य को प्राप्त करके अपने पुत्र-पुरुरवा को दे दिया था। वह मानवेय स्त्री और पुरुष दोनों लक्षणों से युक्त था। स्त्री लक्षणों से उसका नाम इला और पुरुष रूप में वही सुद्युम्न नाम से विख्यात हुआ।[242]

इन पुराणों में से केवल *ब्रह्माण्ड पुराण* में आगे भी कथा-सूत्र प्राप्त होता है कि 'स्त्री भाव के कारण सुद्युम्न को राज्य नहीं मिला'। इस बात को सुनकर ऋषियों ने सूत के पुत्र से प्रश्न किया कि वह मानव सुद्युम्न स्त्री केसे हो गया था? तब उमावन की कहानी बताई गई है कि सनकादि ऋषियों के बाद उस केलिवन में जाने से विलास की अवस्था में होने के कारण पार्वती जी अत्यधिक लंज्जित हुई थीं। अतः शंकर भगवान् ने यह समय (शर्त) लगा दी थी कि जो पुरुष इस वन में आयेगा वह स्त्री हो जायेगा। इसी कारण सुद्युम्न भी मृगया के कारण वहाँ जाने पर स्त्री बन गया था और इला कहलाने लगा था। इला ही मित्रावरुण यज्ञ से सुद्युम्न रूप में परिणत हुई और सुद्युम्न मृगयार्थ उमावन में जाने के कारण पुनः स्त्रीभाव को प्राप्त हो गया था। अन्त में महादेव के प्रसाद से ही उसने पुरुष रूप प्राप्त किया था।[243] यहाँ पर पुनः शब्द ध्यान देने योग्य है जो इला को दो बार स्त्री और दो बार पुरुष रूप में परिणत होने की ओर स्पष्ट संकेत कर रहा है। आगे सभी पुराणों में शंकर के कोप अथवा उमावन 'शरवण' की कथा का सहारा लिया गया है।

लिंगपुराण में ज्येष्ठा मनु-पुत्री इला का मित्रावरुण की इष्टि से सुद्युम्न, सुद्युम्न का शवरण्य वन में जोने से पुनः स्त्री और उस स्त्री से बुध द्वारा पुरुरवा की उत्पत्ति के बाद इक्ष्ाकु के अश्वमेध से एक-एक मास के अन्तर से स्त्री-पुरुष अर्थात् किम्पुरुष होने का अतिरिक्त उल्लेख मिलता है।[244] *विष्णुपुराण* और *मार्कण्डेयपुराण* की कथा परस्पर समान है। वहाँ एक विशेष बात की ओर संकेत किया गया है कि पुत्रकामी मनु के मित्रावरुण यज्ञ में होता के विपरीत संकल्प से यज्ञ में विपर्यय हो जाने के कारण पुत्र के स्थान पर इला नाम की कन्या उत्पन्न हुई और वही

मित्रावरुण की कृपा से सुद्युम्न नामक मनुपुत्र हुआ। सुद्युम्न महादेव जी के कोप से पुनः स्त्री इला होकर चन्द्रपुत्र बुध के आश्रम के निकट घूमने लगा। बुध ने अनुरक्त होकर उससे पुरुरवा नामक पुत्र उत्पन्न किया। तदनन्तर परमर्षियों के यज्ञ से इला पुनः सुद्युम्न बन गई। स्त्री होने के कारण सुद्युम्न को राज्य का भाग नहीं मिला था। उनके पिता ने वशिष्ठ के आदेशानुसार उसे प्रतिष्ठान नगर का राज्य दिया था जो उसने पुरुरवा को प्रदान कर दिया था।[245] यहाँ पर उमावन (शरवण) का उल्लेख नहीं किया गया है और दूसरे यज्ञ के साथ इक्ष्वाकु का नाम भी सम्बद्ध नहीं है।

इला को मनुपुत्रों से ज्येष्ठा माननेवाले पुराणों की श्रेणी में *भागवतपुराण* में यह इलोपाख्यान अपने चरम बिन्दु पर पहुँच गया है। इस आख्यान में सर्वत्र तारतम्य स्थापित किया गया है जिससे रोचकता और स्वाभाविकता की वृद्धि होने के कारण यह एक स्वतन्त्र कृति जान पड़ता है। यहाँ मनु की कथा से सम्बन्धित अनेक महत्वूर्ण संकेत प्राप्त होते हैं। अन्य पुराणों में मनुपुत्रों के नामोल्लेख के साथ कहीं भी मनु-पत्नी और उनके पुत्रों की माता का नाम नहीं दिया गया है। पुराणों में सातवें मन्वन्तराधिप वैवस्वत मनु को श्राद्धदेव अथवा श्रद्धादेव नाम से तो अनेक स्थलों पर सम्बोधित किया गया है।[246] परन्तु *भागवतपुराण* में स्पष्टतः इक्ष्वाकु आदि दस मनु-पुत्रों की माता और मनुपत्नी का नाम श्रद्धा बताया गया है। इन पुत्रों की उत्पत्ति से पूर्व मनु सन्तानहीन थे। अतः उन्होंने सन्तान-प्राप्ति के लिए वशिष्ठ जी से मित्रावरुण यज्ञ कराया था। *मार्कण्डेय* और *विष्णु पुराणों* में वर्णित होता के अपचार के साथ यहाँ मनु-पत्नी श्रद्धा का नाम विशेष रूप से सम्बद्ध कर दिया गया है। पयोव्रता श्रद्धा ने होता से कन्या के लिए नम्रतापूर्वक याचना की थी। अतः यज्ञ में होता के विपरीत संकल्प के फलस्वरूप पुत्र के स्थान पर इला नाम की कन्या उत्पन्न हुई जिसे देखकर मनु प्रसन्न नहीं हुए। मनु के अनुनय-विनय करने पर वशिष्ठ जी ने संकल्प-विपर्यय की बात उनको बताई और अपने तपोबल एवं भगवान् की स्तुति से इला को ही सुद्युम्न नामक पुरुष में परिवर्तित कर दिया। यहाँ पर तपस्वी वशिष्ठ की स्तुति का तात्पर्य सद्य-कृत इष्टि में प्रसन्न मित्रावरुण की पुनः स्तुति से भी लिया जा सकता है, क्योंकि अन्य पुराणों में मित्रावरुण की पुनः कृपा से ही इला का सुद्युम्न होना लिखा है। इस पुराण में अश्वारोही राजा सुद्युम्न का अपने अमात्यों और अनुचरों के साथ शिकार खेलते-खेलते मेरु पर्वत की उपत्यका में अवस्थित उमावन में पहुँचकर अश्व एवं सभी अनुचरों सहित स्त्री रूप होना लिखा है। इस अवस्था में घूमते हुए उसका बुध से साक्षात्कार होने पर दोनों का समान रूप से परस्पर मोहित होना वर्णित किया गया है और स्पष्टतः बुध को उसका पति बताया गया है। पुरुरवा पुत्र की उत्पत्ति के बाद उसके द्वारा वशिष्ठ गुरु का स्मरण

किया जाना लिखा है। वशिष्ठ जी द्वारा भगवान् शंकर की आराधना करने पर उसका एक मास स्त्री और एक मास पुरुष रूप में रहकर पृथ्वी का शासन करना वर्णित है। परन्तु प्रजा उस किम्पुरुष प्रजा-पालक का अभिनन्दन नहीं करती थी। इस अवस्था में उसके तीन पुत्र हुए। वृद्धावस्था आने पर सुद्युम्न प्रतिष्ठान नगर के राज्य को पुरुरवा को देकर वन में तपस्या करने चले गये।[247]

भागवतपुराण में आगे सुद्युम्न के तपस्या हेतु वन जाने पर मनु द्वारा पुत्र की कामना से यमुना-तट पर सौ वर्ष तक तपस्या करने और भगवान् की आराधना से अपने सदृश इक्ष्वाकु प्रमुख दस पुत्रों की प्राप्ति का उल्लेख मिलता है।[248] इस प्रकार इला और उसका पुरुष-रूप सुद्युम्न मनु के अन्य पुत्रों से ज्येष्ठ ठहरते हैं।

पुराणों के दूसरे वर्ग में इला को वैवस्वत मनु का ज्येष्ठ पुत्र माना गया है। *ब्रह्मपुराण*[249] में वर्णन मिलता है कि वैवस्वत कुलोत्पन्न राजा इल एक बार विशाल सेना के साथ मृगयार्थ हिमालय के एक रमणीय वन में गया। वहाँ की शोभा से आकृष्ट होकर इल ने वशिष्ठ एवं अमात्य आदि सबको देश, कोश, बल और राज्य की व्यवस्था हेतु अपने पुत्र से पालित नगर में वापस भेज दिया। तथा स्वयं सुमन्यु नामक यक्ष की अनुपस्थिति में उसकी एक सुरम्य गुफा में रहने लगा। यक्ष विनती और युद्ध द्वारा किसी प्रकार भी राजा को उस गुफा से बार नहीं निकाल सका। तब यक्ष की सम्मति से यक्षिणी मृगी रूप धारण करके राजा इल को उमावन में ले गई। वहाँ पहुँचकर राजा सहसा अपने को स्त्री रूप में परिणत देखकर अत्यन्त दुःखी हुआ। वहाँ यक्षिणी और राजा का सम्वाद प्राप्त होता है। विवश राजा ने यक्षिणी के निर्देश में ही कार्य किया और उससे समस्त स्त्री-विद्या, विलास-अलंकार-लालित्य नृत्य, गीत और स्त्री के करने योग्य सभी कार्यों की शिक्षा ग्रहण की। यक्षिणी के प्रयत्न से ही इला बुध की पत्नी बनी जिससे पुरुरवा का जन्म हुआ। मनःसन्ताप से निरन्तर क्षीण होती हुई इला को पुरुरवा का भी राज्याभिषेक करने का उल्लेख मिलता है।[250] अतः इस स्थल पर उमावन में जाने के कारण इल को ही इला बताया गया है। यहाँ सुद्युम्न का नाम नहीं आया है और पुत्रेष्टि यज्ञ का भी उल्लेख नहीं मिलता। इस आख्यान में यक्ष और यक्षिणी की सर्वथा नवीन उद्‌भावना की गई है जिसकी ओर अन्य पुराणों में संकेत नहीं मिलता।

पद्मपुराण और *मत्स्यपुराण* में इलोपाख्यान अपने विशिष्ट साहित्यिक वैभव के साथ अंकित है। इन दोनों पुराणों की शब्दावली और कथासूत्र प्रायः समान हैं। वैवस्वत मनु के दस महाबली पुत्र थे। इनमें इल प्रथम था जो पुत्रेष्टि से उत्पन्न हुआ था। इन सब पुत्रों को दिव्यमानुष कहा गया है। धार्मिक मनु अपने ज्येष्ठ पुत्र इल का अभिषेक करके

और अधिक तप करने के लिए महेन्द्र नामक वन में चले गये। *पद्मपुराण* में वन का नाम पुष्कर दिया गया है। वहाँ इतना और अधिक पाठ है कि मनु के तप से प्रसन्न होकर ब्रह्मा ने उनको वर दिया कि उनके सभी पुत्र राजाओं पर शासन करनेवाले, धार्मिक तथा वंश की वृद्धि करनेवाले होंगे। इस वरदान को प्राप्त करके मनु पुनः अयोध्या नगरी में आकर रहने लगे। आगे दोनों पुराणों की कथा समान है। एक बार अर्थसिद्धि के लिए दिग्विजयार्थ भूमण्डल पर भ्रमण करते हुए प्रतापी इल अश्व के द्वारा समाकृष्ट होकर शरवण वन में पहुँच गये। अतः इल और अश्व दोनों स्त्री रूप में परणित हो गये। यहाँ इला के अंग-प्रत्यंग की सुन्दरता का वर्णन अपनी पृथक् विशेषता रखता है। श्याम-गौर-वर्ण इला का मुख पूर्ण चन्द्र के समान था। उसके नीले-नीले कमल-पत्र के समान विशाल नेत्र विलास से उल्लसित हो रहे थे। उनकी भ्रू धनुषाकार, कुंचित केशराशि श्यामल तथा उसके रोम कोमल, दर्शन सुन्दर और नख स्वाभाविक लाली से युक्त थे। उसके पयोधर उन्नत और पुष्ट, उसकी जंघाएँ पृथुल, कटि कृश, उन्नत भुजमूल वाली भुजाएँ मांसल और दीर्घ थीं। गम्भीर एवं स्निग्ध वाणी वाली उस भामिनी की गति हंस और गज को भी पराजित करनेवाली थी। अपने पुरुष रूप के गत जीवन वृत्त को विस्मृत करके वन में भटकती हुई उस रूप-यौवन-सम्पन्ना इला को एक दिन ब्रह्मचारी वेशधारी महर्षि बुध ने देख लिया। कामपीड़ित बुध तपस्या त्यागकर इला की ही प्रतीक्षा करते रहे। एक दिन कुंजों में छिपकर बुध ने इला से उपालम्भ-भरे ये वचन कहे-"अग्निहोत्र की सेवा को छोड़कर मेरे मन्दिर से तुम कहाँ चली गई हो? यह विहार की सन्ध्या वेला बीती जा रही है। हे पृथुल श्रोणि! आओ और मेरे गृह को लीप-पोतकर फूलों से सजा दो।" इला के पूछने पर बुध ने अपना परिचय दिया। तब इला ने उस दिव्य माया-निर्मित, वैभव सम्पन्न गृह में प्रवेश किया और अपने पति के रूप-लावण्य, कुल, वैभव और आचार को देखकर कृत्कृत्य हो गई। बहुत दिन रमण करते हुए इला ने यहाँ गुणान्वित पुरुरवा को जन्म दिया। इसके उपरान्त राजा इल के भाई इक्ष्वाकु आदि मानवों ने उसे खोजते हुए शरवण वन के निकट घोड़ी बने चन्द्रप्रभ नामक अश्व को पहचान लिया। वशिष्ठ से कारण जानकर उन्होंने शंकर की स्तुति और अश्वमेध यज्ञ किया। फलस्वरूप वह इल एक-एक मास के अन्तर से क्रमशः स्त्री और पुरुष रूप में रहने लगा। इल को ही किम्पुरुष रूप में सुद्युम्न कहते हैं। इसी रूप में उसके तीन पुत्र और उत्पन्न हुए। इल के नाम से पूर्वोक्त प्रदेश इलावृत कहलाने लगा और सुद्युम्न प्रतिष्ठान का राज्य पुरुरवा को देकर इलावृत चले गये। इन्हीं इक्वाकु आदि मानवों के सूर्यवंश और ऐल पुरुरवा से चन्द्रवंश के विकास का उल्लेख मिलता है।[251]

इस प्रकार इला का विलक्षण चरित्र पुराणों में प्राप्त होता है। ये पुराण इला का पुरुष रूप ही इल या सुद्युम्न मानते हैं। *गरुड़पुराण* में मनु के नौ पुत्रों की सूची में

सुद्युम्न का नाम नहीं है। परन्तु उससे अगले श्लोक में ही इला को मनु की कन्या और सुद्युम्न को मनु का पुत्र दोनों को पृथक्-पृथक् माना है। लेकिन तीसरे स्थल पर सुद्युम्न का नाम जोड़कर पुत्रों की संख्या दस कर दी गई है।[252] इससे भी सन्देह होता है कि इला और सुद्युम्न की समस्या गरुड़ पुराणकार के समक्ष भी थी।

इन इलोपाख्यानों में सर्वत्र पुरुरवा को इला का पुत्र बताया गया है। अत: यहाँ तो उसे एल नाम से सम्बोधित किया ही है। अन्यत्र भी उसे ऐल विशेषण से सम्बोधित किया गया है।[253]

श्रद्धा

भागवतपुराण के इलोपाख्यान में वर्णित वैवस्वत मनु की पत्नी श्रद्धा के अतिरिक्त श्रद्धा के पारस्परिक सम्बन्धों का और भी विवरण पुराणों में प्राप्त होता है। वहाँ स्वायंभुव मन्वन्तर का वर्णन करते हुए श्रद्धा को प्रजापति कर्दम एवं स्वायम्भुव मनु की पुत्री[254] देवहूति की कन्या और अंगिरस की पत्नी भी कहा गया है।[255] परन्तु अधिकतर उसी मन्वन्तर में वहाँ श्रद्धा को ब्रह्मापुत्र दक्ष की तेरह कन्याओं में सम्मिलित करके धर्म की पत्नियों में गिनाया गया है।[256] इन कन्याओं को *वायुपुराण* में लोक की माताएँ बताया गया है।[257] *हरिवंश पुराण* में भी श्रद्धा को माता के तुल्य सब धर्मों की हितकारिणी और इहलोक एवं परलोक में मानव को सिद्धि प्रदान करनेवाली बताया गया है।[258] ब्रह्मा ने श्रद्धा को सावित्री, गायत्री, सरस्वती और मेधा के साथ अपनी ज्येष्ठा पुत्री कहकर धर्मस्थान का हेतु कहा है।[259] श्रद्धा के साथ लज्जा, सरस्वती, मति आदि देवियों को यज्ञ की रक्षिका और शोभा भी बताया गया है।[260] *मार्कण्डेयपुराण* के अन्तर्गत *दुर्गासप्तशती* में देवी शक्ति को सब प्राणियों में श्रद्धा के रूप में स्थित बताया गया है।[261]

काम

पुराणों में काम को श्रद्धा और धर्म का पुत्र माना गया है।[262] एक स्थल पर इनको संकल्प का पुत्र कहा गया है।[263] लेकिन अधिकतर इनको ब्रह्मदेव के हृदय से उत्पन्न और इनकी पत्नी का नाम रति बताया जाता है। शंकर के तृतीय नेत्र से दग्ध हो जाने पर काम का श्रीकृष्ण के पुत्र प्रद्युम्न के रूप में जन्म लेना पुराणों में वर्णित है।[264] दग्ध होकर अंगहीन हो जाने के कारण इनका नाम अनंग पड़ा।[265] इनकी भक्ति करने के कारण काम की एक और पत्नी बन गई थी जिसका नाम 'प्रीति' बताया जाता है।[266] काम को शोभयन्ती आदि चौदह अप्सराओं के गणों के अधिनायक[267] अन्य स्थल पर सब अप्सराओं का अधिपति कहा गया है।[268] कामदेव को पुराणों में काम पीड़ा देने वाले के रूप में चित्रित किया है। इनके वाणों से पीड़ित होकर ब्रह्मा भी

अपनी पुत्री से प्रेम करने लगे थे। अतः उन्होंने शाप दिया था कि काम शिव द्वारा दग्ध कर दिया जायेगा। काम के प्रार्थना करने पर और यह बतलाने पर कि उसने तो अपने कर्त्तव्य का पालन किया था, ब्रह्मा ने काम को श्रीकृष्ण के पुत्र-रूप में जन्म लेने का वरदान दिया था। इन्होंने नव दुर्गाओं को भी काम-पीड़ित किया था।[269] इन्द्र ने काम को नर की तपस्या भंग करने[270] और उमा से विवाह करने के लिए शिव को सहमत करने भेजा था।[271] सिद्धेश्वर के निकट कुसुमेश्वर में शिव की उपासना करने से काम को पुनः देवत्व प्राप्त हो गया था।[272] कामदेव का देवासुर संग्राम में दुर्मर्ष के साथ युद्ध करने का भी उल्लेख मिलता है।[273] काम एक विश्वदेव का भी नाम है।[274]

पुराणों में मनु को ग्यारह रुद्रों में गिनाया गया है। वहाँ ब्रह्मा द्वारा नील-लोहित कुमार के रोने पर उसके जो स्थान, नाम और उसकी स्त्रियाँ स्थिर की हैं उनमें कुमार मनु का स्थान इन्द्रिय और उनकी स्त्री का नाम वृत्ति दिया गया है। उसी प्रकार कुमार उग्ररेता का स्थान जल और उसकी पत्नी का नाम इला दिया गया है। कुमार को प्रजापति कहकर बहुत-सी प्रजा उत्पन्न करने के लिए कहा गया है।[275] संकल्प को मनु कहा गया है।[276] *भागवतपुराण* में आगे ब्रह्मा के शरीर और मन से सृष्टि का विस्तार का वर्णन करते हुए हृदय से काम और मुख से वाक् का उत्पन्न होना बताया गया है। वहाँ कथा आती है कि अपनी दुहिता वाक् पर प्रजापति ब्रह्मा आसक्त हो गये। तब अपने मानस पुत्र मरीचि के धिक्कारने पर ब्रह्मा लज्जित हुए और अपना शरीर त्याग दिया। वह शरीर ही कुहरा बन गया।[277] इसी कथा की आवृत्ति आगे भी मिलती है। वहाँ प्रजापति द्वारा मृगी बनी हुई अपनी दुहिता के पीछे मृग बनकर दौड़ने का वर्णन और जोड़ दिया गया है।[278]जब मरीचि आदि मानस-पुत्रों से सृष्टि-विस्तार नहीं हुआ तब ब्रह्मा के शरीर के दो भाग हो गये। एक भाग स्वायंभुव मनु और दूसरा शतरूपा। तब से मिथुन-धर्म से प्रजा की वृद्धि होने लगी।[279] *मनुस्मृति* में भी ब्रह्मा के शरीर के दो भागों से स्त्री-पुरुष का होना और उनसे मैथुन धर्म से विराट् नामक पुत्र का उत्पन्न होना बताया गया है।[280] अर्द्ध-नारीश्वर रूप से मैथुनी सृष्टि का आरम्भ *कूर्मपुराण* में भी वर्णित है।[281] *मत्स्यपुराण* के सृष्टि प्रकरण में प्रजापति ब्रह्मा के बारे में भी वही कथा दी गई है। उसने लोक-सृष्टि के लिए अपने हृदय से सावित्री को स्थापित करके तप किया। इससे उसके शरीर के स्त्री और पुरुष में दो भाग हो गये। स्त्री रूप में इसको शतरूपा, सावित्री, सरस्वती, गायत्री अथवा ब्रह्माणी नाम दिया गया है। अपने देह से उत्पन्न इस नारी को प्रजापति ने 'आत्मजा' माना। परन्तु उसके अद्‌भुत सौन्दर्य को देखकर प्रजापति काम-पीड़ित हो गये। प्रजापति के मानस-पुत्र वशिष्ठ आदि ऋषि अपनी भगिनी के प्रति प्रजापति का ऐसा व्यवहार देखकर चिल्लाने लगे। परन्तु प्रजापति ने उस आत्मजा

के मुख से अपनी दृष्टि नहीं हटाई। श्रेष्ठ वर्ण वाली उसने नम्रतापूर्वक पिता की प्रदक्षिणा की। परन्तु उसे देखने के कुतूहल से कामातुर प्रजापति के भी उसके घूमने के साथ-साथ उधर ही नये मुँह होते गये। प्रजापति ने सृष्टि के लिए जो दारुण तप किया था वह अपनी सुता के साथ समागम की इच्छा के कारण नष्ट हो गया। प्रजापति ने मानस-पुत्रों को देवासुर और मानुषी प्रजा सृजन करने का आदेश दिया और स्वयं अनिंद्य शतरूपा के साथ विवाह कर लिया। शतरूपा के साथ प्रजापति अत्यन्त कामातुर हो गये जिससे वह लज्जावनत हो गई। साधारण मनुष्यों के समान दिव्य सौ वर्ष तक प्रजापित ने उसके साथ रमण करके उससे विराट् या स्वायम्भुव अधिपुरुष उत्पन्न किया।[282]

संस्कृत साहित्य में *कामायनी* की कथा-सम्बन्धी उल्लेख

शैवागमों में भी देवों के विलासयम जीवन का वर्णन मिलता है कि दिव्य सुमेरु पर्वत के शिखर मणि एवं रत्नों से देदीप्यमान रहते हैं। उस पर देवों के आवास सभी ॠतुओं के अनुकूल सुख देनेवाले, अत्यन्त दीर्घाकार और पारिजात पुष्पों से गन्धपूर्ण रहते हैं।[283]

महाकवि कालिदास ने *रघुवंश* महाकाव्य में वैवस्वत मनु की लोकविश्रुत कीर्ति और उनके विद्वानों के प्रति अनुराग, आदि शासकत्व तथा वंश की ओर संकेत कर दिया है। जिस प्रकार वेदों के प्रणव अर्थात् ओंकार का प्रादुर्भाव हुआ, उसी प्रकार महीपतियों से पूर्व मनीषियों में माननीय वैवस्वत मनु प्रथम पृथ्वीपति हुए थे।[284]

काम-मोहित प्रजापति का अपनी दुहिता के साथ अनुचित सम्बन्ध और उनके पीछे धनुष-बाण लेकर दोड़ते हुए मृगव्याध (रुद्र) का संकेत *शिवमहिम्नस्तोत्र* में भी किया गया है।[285]

त्रिपुरारहस्य में श्रद्धा को पुत्रों पर सदैव वात्सल्य प्रदर्शित करनेवाली माता कहा गया है जो भयभीत प्राणियों की संशय रहित रक्षा करती है। श्रद्धा को समस्त प्राणियों का जीवन बताते हुए उसे ऐसी धात्री बताया गया है जिसके अभाव में बालक का जीवित रहना असम्भव है। आप्त पुरुष वचनों में श्रद्धा रहित मूर्ख मनुष्य के श्री, सुख, यश आदि सब नष्ट हो जाते हैं। यहाँ तक कि इसके अभाव में जगत् की स्थिति ही नहीं रहती।[286] आगे भी यथार्थ तर्क से उत्पन्न श्रद्धा द्वारा मनुष्य का शीघ्र ही पूर्णकाम होने का उल्लेख मिलता है।[287] शैवागमों में इच्छा, ज्ञान और क्रिया शक्ति से संपन्न त्रिपुर के तीन कोण माने गये हैं।[288] इस त्रिपुर या त्रिकोण को त्रिलोक या जगत् भी कहा जाता है। इसकी अधिष्ठात्री त्रिपुरा देवी है जो ब्रह्मा, विष्णु, महेश का संगठित रूप है। इच्छा, ज्ञान और क्रिया-शक्ति से युक्त यह देवी सृष्टि, स्थिति और संहार किया

करती है।[289] तीनों पुरों को मिलाने से ही अखण्ड आनन्द की प्राप्ति होती है।[290] *त्रिपुरारहस्य* में श्रद्धा को ही त्रिपुरा देवी कहा गया है और उसीकी असीम शक्ति से त्रिपुरों का एक होना बताया गया है।[291]

बौद्ध एवं जैन ग्रन्थों में *कामायनी* के कथांशों का उल्लेख

बौद्ध और जैन धर्मावलम्बी भी देवताओं के बाद मानव-सृष्टि मानते हैं।[292] जैन ग्रन्थों में देवों के निवासस्थान सुमेरु पर्वत को अत्यन्त भव्य एवं आकर्षक बताया गया है। वहाँ देवता कटक, कुण्डलादि अलंकारों से युक्त बताये गये हैं। वहाँ अप्सराएँ नित्यप्रति गीत, नृत्य एवं वाद्यों से देवों का मनोरंजन करती हुई देवों के साथ रमण करती रहती हैं।[293]

जातकों में इन्द्र की आज्ञा से मेघों द्वारा जल वर्षा कर कोसल राष्ट्र को महासमुद्र में डुबाते हुए की तरह करने का वर्णन मिलता है। दूसरे स्थान पर एक नाई का नौका द्वारा अनन्त सागर से रक्षा करने और तीसरे स्थान पर आकाश में झंझावात से गृद्ध के नष्ट होने के उल्लेख मिलते हैं।[294] ये स्पष्टतः प्रलय-वर्णन नहीं हैं। धर्मघोषसूरि ने लिखा है कि प्रथम युग के अन्त में क्रमशः क्षार, अग्नि, विष, अम्ल तथा तड़ित् से युक्त होकर मेघों द्वारा सात दिन तक घोर वर्षा से समस्त पृथ्वी जल-मग्न हो जायेगी। उस समय दूषित वायु एवं भयंकर अग्नि-वर्षा से वनस्पतियाँ भी नष्ट हो जायेंगी। तदनन्तर पृथ्वी, आकाश और नदियाँ सागर में लीन होकर एकाकार हो जायेंगे। यहाँ स्पष्टतः लिखा है कि दूसरे युग (अर) के आरम्भ में विमलवाहन कुलकर जगत् की पूर्ववत् व्यवस्था करेंगे।[295] जैन *महापुराण* में विमलावाहन नामक सातवें कुलकर को प्रत्येक उत्तम वस्तु के क्षीण हो जाने पर उत्पन्न होना बताया भी गया है।[296] इस प्रकार विमलवान सातवें कुलकर से पूर्व प्रलय का घटित होना सिद्ध हो जाता है।

अन्य भारतीय भाषाओं के ग्रन्थों में *कामायनी* के कथांशों का उल्लेख

तमिल ग्रन्थ में जलप्लावन का वर्णन है कि दैवी प्रकोप से एक भीषण जलप्रलय में कुमारिखण्ड नामक भूखण्ड जलमगन हो गया था। इससे अवशिष्ट भूखण्ड को ही लंका कहा जाता है। इस प्रलय में रावण के तुतुकडी से लेकर मन्नार तक बने हुए अनेक दुर्ग, राजमहल और गलियाँ जलमग्न हो गये थे। राजा दिशाराज के समय में भी एक जलप्लावन का उल्लेख मिलता है जिसमें लाखों नगर, सैकड़ों मोती निकालने वालों और मछियारों के गाँव जलमग्न हो गये थे।[297]

तुलसी दास ने स्वायुम्भुव मनु और शतरूपा, उनके तप, सन्तति आदि का वर्णन किया है।[298] परन्तु वैवस्वत मनु का वहाँ उल्लेख नहीं मिलता।

इस प्रकार *कामायनी* के कथांशों के उल्लेख वैदिक साहित्य से आधुनिक साहित्य तक न्यूनाधिक अनुपात में प्राप्त होते हैं।

संदर्भ

1. *कामायनी*, पृ. 15–17
2. वही, पृ. 169
3. वही, पृ. 15–21
4. वही, पृ. 15–21
5. वही, पृ. 21,39, 117
6. वही, पृ. 21–24
7. वही, पृ. 22–25
8. वही, पृ. 22–26, 33
9. वही, आमुख पृ. 3
10. वही, आमुख, पृ. 4
11. वही, पृ. 25–26
12. *कामायनी में काव्य, संस्कृति और दर्शन*, पृ० 58
13. *ऋग्वेद*, 10/72/2, 5/92/4
14. *अथर्ववेद*, 11/8/10
15. *ऋग्वेद*, 8/83/7
16. वही, 1/100/12 पर सायण भाष्य
17. वही, 8/85/9; *अथर्ववेद*, 20/127/10
18. *ऋग्वेद*, 1/11/4, 3/46/1
19. *वैदिक धर्म एवं दर्शन*, पृ० 101
20. *अथर्ववेद*, 11/5/19, 4/11/6; *तैत्तिरीय संहिता*, 7/4/2/1; *ऋग्वेद*, 10/53/10
21. *ऋग्वेद*, 3/28/2, 3/52/4
22. वही, 1/11/4, 2/12/13, 4/17/2
23. वही, 4/26/1–2, 10/85/1–5 तथा 4/42 सूक्त
24. वही, 2/12/7, 2/13/15
25. वही, 8/78/3, 2/33/10, 5/54/11, 1/123/14
26. वही, 4/30/2, 1/166/8, 5/62/6, 7/15/14, 7/56/16
27. वही, 1/115/2, 10/85/9, 2/35/4, 3/55/16, 1/83/5
28. वही, 10/32/4, 2/43/3, 10/135/7, 1/85/2
29. वही, 1/14/10, 3/6/9; *अथर्ववेद*, 6/122/4, 114/4/18; *वाजसनेयी संहिता* 10/7
30. वही, 10/10 सूक्त

31. वही, 7/88/3-5
32. वही, 1/161/11
33. *अथर्ववेद*, 19/39/7-8
34. *ऋग्वेद*, 1/80/16, 2/33/13, 8/63/1, 10/100/5, 10/63/7, 8/52/1, 1/144/2; *अथर्ववेद*, 14/2/41; *तैत्तिरीय संहिता*, 2/1/5/6; *काठक संहिता*, 8/15; *वैदिक कोश*, पृ० 366; *प्राचीन चरित्र कोश*, पृ० 605
35. *वैदिक धर्म एवं दर्शन*, पृ० 283 टिप्पणी 6; *वैदिक युग और आदि-मानव*, पृ० 92
36. *वैदिक देवशास्त्र*, पृ० 359
37. *ऋग्वैदिक आर्य*, पृ० 87
38. 'यया मनुर्विशिशिप्रं जिगाय...'- *ऋग्वेद*, 5/45/6
39. '... मनुं चक्रुरुपरं दासाय'-*ऋग्वेद*, 6/21/11
40. "...प्रावन्मनुँ दस्यवे करभीकम्"- *ऋग्वेद*, 9/92/5
41. *ऋग्वेद*, 5/30/7, 10/73/7
42. "सा अप्रतीनि मनवे पुरूणीन्द्रो दाशछाशुषे हण्ति वृत्रम्"-*ऋग्वेद*, 2/19/4
43. "इन्द्रः समत्सु यजमानमार्य प्रावद्विश्वेषु शतमूतिरानिषु स्वर्मीकहेष्वाजिषु।
मनवे शाष्टासकवृताम्त्वचं कृष्णामरन्वयत् दक्षन्नविश्वं ततृषाणमोषति न्यर्शसानमोषति।।
-*ऋग्वेद*, 1/130/8
44. *ऋग्वेद*, 9/96/12
45. वही, 8/52/1
46. वही, 10/62/9, 11
47. *अथर्ववेद*, 8/10/10
48. वही, 8/10/24
49. "येम्यो होत्रां प्रथमामयेजेमनु समिद्नाग्निर्मनसा सप्त होतृभिः"-*ऋग्वेद*, 10/63/7
50. *ऋग्वेद*, 1/36/19
51. वही, 1/36/10, 1/31/3, 1/128/2, 8/23/17 आदि
52. वही, 7/2/3, 5/21/1
53. वही, 1/68/5
54. वही, 4/37/1
55. वही, 1/76/5, 4/34/3, 1/44/11 आदि
56. वही, 1/31/17, 4/43/13, 1/80/16, 1/139/9 आदि
57. *वैदिक धर्म एवं दर्शन*, पृ० 283
58. *ऋग्वेद*, 4/26/4
59. वही, 4/37/3, 7/2/3
60. वही, 9/96/12, तु० *ऋग्वेद* 8/48/8; *यजुर्वेद*, 5/35
61. वही, 5/29/7
62. *ऋग्वेद*, 8/27-31 सूक्त
63. *तैत्तिरीय संहिता*, 1/5/1/3; *प्राचीन चरित्र कोश*, पृ० 606
64. *ऋग्वेद*, 8/52/1

65. *वैदिक देवशास्त्र*, पृ० 95; *वैदिक धर्म एवं दर्शन*, पृ० 138
66. *ऋग्वेद*, 10/62/9
67. *ऋग्वेद*, 8/51/1
68. *वैदिक धर्म एवं दर्शन*, पृ० 284
69. त्वष्टा दुहित्रे बहुतं कृणोतीतितीदं विश्वं भुवनं समेति।
    यमस्य माता पर्युह्यमाना महो जाया विविस्वतो ननाश।।
    उपागूहन्नमृतां मर्त्येभ्यः कृत्वो सवर्णामदुर्विवस्वते।
    उताश्विनावभरद्यत्तदासीदजहादु द्वा मिथुना सरण्यूः।। *ऋग्वेद*, 10/17/1-2
70. *बृहद्देवता*, 6/162-63, 7/1-7
71. अविज्ञानाद्विवस्र्वास्तु तस्यामजनयन्मनुम्।
    राजर्षिभवत्सोऽपि विवस्वानिव तेजसा ।।-*बृहद्देवता*, 7/2
72. "त्वाष्ट्री सरण्यू...सवर्णायां मनुः।"-*निरुक्त*, 12/10
73. *निरुक्त*, 12/34
74. *ऋग्वेद*, 10/62/9, 11
75. *अथर्ववेद*, 8/10/24, 3/31/5, 18/1/53
76. *तैत्तिरीय संहिता*, 3/1/9/4-6; *मैत्रायणी संहिता*, 1/5/8
77. *तैत्तिरीय संहिता*, 2/6/7/3
78. *वैदिक धर्म एवं दर्शन*, पृ० 260, 311-12
79. *ऋग्वेद*, 10/151/1-5
80. वही, 10/151 (अनुक्रमणिका)
81. वही, 9/1/6
82. *यजुर्वेद*, 19/4
83. *बृहद्देवता*, 2/74, 2/84
84. *ऋग्वेद*, 10/129/4
85. *यथर्ववेद*, 9/2/19, 3/25/1, 9/2/1-25, 19/52/1-5
86. *ऋग्वेद*, 10/57 की अनुक्रमणिका, 10/57/1, 10/60/1, पर सायण भाष्य
87. *बृहद्देवता*, 7/83-90, 7/98-102
88. *मैत्रायणी संहिता*, 4/1/6, 4/8/1; *काठक संहिता* 2/30
89. *ऋग्वेद*, 7/65/4, 7/64/2
90. वही, 7/16/8
91. वही, 10/70/8
92. वही, 5/41/19-20
93. *वैदिक देवशास्त्र*, पृ० 324
94. *वैदिक कोश*, पृ० 46; *ऋग्वेद*, 7/64/2, 5/53/2, 4/50/8; *अथर्ववेद*, 6/62/3
95. "नित्वा दधेवर आ पृथिव्या इडायास्पदे सुदिनत्त्वे अह्‌ नाम् ।
    दृषद्वत्यां मानुषं आपयायां सरस्वतां रेवदग्ने दिक्षिहि।। -*ऋग्वेद*, 3/23/4

96. "इड़ा सरस्वती मही त्रिसो देवीर्मयोभुवः"-*ऋग्वेद* 5/5/8 तथा 1/13/9, 2/1/11
आ भारती भारतीभिः सजोषा इड़ा देवैर्मनुष्येभिरग्निः।
सरस्वती सारस्वतेभिरर्वाक् तिस्रो देवीर्बर्हिरेदं सदन्तु।। -*ऋग्वेद*, 7/2/8
97. "सरस्वती साधयन्ती धियं न इड़ा देवी भारती विश्वतूर्तिः।
तिस्रो देवीः स्वधया बर्हिरेदमच्छिद्रं पान्तु शरणं निषद्य। -*ऋग्वेद*, 2/3/8
98. "इड़ा मनुष्वदिह चेतयन्ती" -*ऋग्वेद*, 10/110/8
99. "इड़ामकृण्वन्मनुषस्य शासनीम्" -*ऋग्वेद*, 1/31/11
100. "तस्मा इलां सुवीरामा यजामहे सुप्रतूर्तिमनेहसम्" -*ऋग्वेद*, 1/40/4
101. *यजुर्वेद*, 27/19
102. वही, 28/8
103. वही, 29/8
104. *अथर्ववेद*, 7/28/1
105. वही, 18/4/30
106. *तैत्तिरीय संहिता*, 2/6/7/1-4
107. *ऋग्वेद*, 1/71/5, 10/61/5-7, 10/61/7; *अथर्ववेद*, 8/6/7
108. "प्रजापतिवै स्वां दुहितरमभ्यकामयतोषसं सा रोहिदभवत्तामृश्यो भूत्वाऽधयैत्तस्मा..."
-*मैत्रायणी संहिता*, 4/2/12
109. *शतपथ ब्राह्मण*, 6/8/1/4, 2/3/4/4
110. वही, 7/4/2/40, 2/2/2/2
111. वही, 7/3/1/10, 11/1/2/12
112. *ऐतरेय ब्राह्मण*, 8/14/4; *शतपथ ब्राह्मण*, 10/4/3/3
113. *शतपथ ब्राह्मण*, 9/4/1/7-12
114. वही, 5/3/5/19
115. *जैमिनीय ब्राह्मण*, 1/42-44
116. वही, 3/99
117. *शतपथ ब्राह्मण*, 1/8/1/1-6
118. *तैत्तिरीय ब्राह्मण*, 2/3/8/3; *शतपथ ब्राह्मण*, 1/1/4/4; जैमिनीय उपनिषद् ब्राह्मण, 3/15/2
119. "मनुवैवस्वतो राजेत्याह। तस्य मनुष्याविशः।" -*शतपथ ब्राह्मण*, 13/4/3/3
120. "अथेमामभिमृश्य जपति। मनोरशवाऽसि इति। अश्वा ह वा इयं भूत्वा मनुमुवाह। सोऽस्याः पतिः प्रजापतिः। तेनैवैनमेतन्मिथुनेन प्रियेण धाम्ना समर्द्धयति। कृत्स्नं करोति।"
-*शतपथ ब्राह्मण*, 14/1/3/25
121. *ऋग्वेद*, 1/13/4, 1/26/4 पर सायण भाष्य
122. "प्रजापतये मनवे स्वाहा" इति। प्रजापति वै मनुः । स हीदं सर्वममनुत। प्रजापतिवांऽएतग्रे कर्मा
करोत्। तमेवैतदेतस्मै। कर्मणे प्रयुक्ते। -*शतपथ ब्राह्मण*, 6/6/1/19
123. "मनुर्हवा अग्रे यज्ञेनेजे तदनु कृत्येमाः प्रजायजन्ते तस्मादाह मनुष्वदिति मनोर्यज्ञऽइत्यु वाऽआहुस्त-स्माद्वेवाह मनुष्वदिति।"-*शतपथ ब्राह्मण*, 1/5/1/17 तथा 6/6/1/19

124. *ताण्ड्य ब्राह्मण,* 23/16/7
125. *तैत्तिरीय ब्राह्मण,* 3/12/4/3, 3/11/2/3
126. *ऐतरेय ब्राह्मण,* 5/5/32; *तैत्तिरीय ब्राह्मण,* 2/2/3/1
127. *शतपथ ब्राह्मण,* 1/8/1/7-11
128. "इड़ा वै मानवी यज्ञानुकाशिन्यासीत्...साऽब्रवीत इड़ा मनुम्। तथा वा अहं तवाग्निमाधा-स्यामि। यथा प्र प्रजया पशुभिर्मिथुनैर्जनिष्यते। प्रत्यस्मिंलोके स्थास्यसि। अभिसुवर्ग लोकं जेष्यसीति।" *तैत्तिरीय ब्राह्मण,* 1/1/4/4-7
129. *कौषीतकि ब्राह्मण,* 9/2
130. *ऐतरेय ब्राह्मण,* 2/25, 8/26
131. *शतपथ ब्राह्मण,* 11/2/7/20
132. *वैदिक कोश,* पृ. 47
133. *शतपथ ब्राह्मण,* 1/8/1/12
134. वही, 1/8/1/6-44
135. *तैत्तिरीय ब्राह्मण,* 1/2/1/21
136. वही, 2/4/6/4
137. वही, 2/6/13/4
138. "इड़ा...अन्नं यजमाने दधाति"-*ऐतरेय ब्राह्मण,* 2/1/4
139. "पशु... यजमाने दधाति",-*ऐतरेय ब्राह्मण,* 2/1/10, 2/9
140. *शतपथ ब्राह्मण,* 11/1/5/1
141. "नाभानेदिष्ठं वैमानवम्"-*ऐतरेय ब्राह्मण,* 22/9
142. *ऐतरेय ब्राह्मण,* 5/14/1-2
143. *जैमिनीय ब्राह्मण,* 3/120-22; *शतपथ ब्राह्मण,* 4/1/5/1-2; *ऐतरेय ब्राह्मण,* 20/4
144. *ऐतरेय ब्राह्मण,* 4/32/7
145. *तैत्तिरीय ब्राह्मण,* 1/1/4/4; *शतपथ ब्राह्मण,* 1/8/1/7-11, 11/5/3/5, 1/8/1/26
146. "श्रद्धा देवानामधिवस्ते श्रद्धा विश्वमिदं जगत्।
श्रद्धा कामस्य मातर। हविषा वर्धयामसि।-*तैत्तिरीय ब्राह्मण,* 2/8/8/8
147. "कामस्य काम्यमान फलस्य मातरं उत्पादिकां देवीम् श्रद्धाम्"
-*तैत्तिरीय ब्राह्मण,* 2/8/8/8 पर सायण भाष्य
148. "श्रद्धया देवो देवत्वमश्नुते श्रद्धा प्रतिष्ठा लोकस्य देवी।
सानो जुषाणोप यज्ञमागात्। कामवत्सा अमृतं दुहाना। श्रद्धा देवी प्रथमजा ऋतस्य। विश्वस्य भर्ती जगतः प्रतिष्ठा तां श्रद्धां हविषा यजामहे। सा नो लोकं अमृतं दधातु। ईशाना देवी भुव-नस्याधिपत्नी।" -*तैत्तिरीय ब्राह्मण,* 3/12/3/1-2
149. *तैत्तिरीय ब्राह्मण,* 2/6/2/3
150. अपत्नीकोऽग्निहोत्रं कथमग्निहोत्रं जुहोति? श्रद्धा पत्नी सत्यं यजमानः श्रद्धासत्यं तदित्युत्तमं मिथुनं; श्रद्धया सत्येन मिथुनेन स्वर्गा लोकां जयन्ति। -*ऐतरेय ब्राह्मण,* 7/9/10
151. "मनोः श्रद्धादेवस्य यजमानस्यासुरघ्नी वाक्"-*तैत्तिरीय ब्राह्मण,* 3/2/5/9
152. *शतपथ ब्राह्मण,* 1/1/4/15-16

153. वही, 11/2/7/20
154. वही, 11/3/1/1
155. *तैत्तिरीय ब्राह्मण*, 3/2/4/1
156. वही, 3/12/3/2
157. *शतपथ ब्राह्मण*, 12/7/3/11
158. *तैत्तिरीय ब्राह्मण*, 2/3/10/1, 2/6/2/3
159. *पंचविंश ब्राह्मण*, 13/10/4; *जैमिनीय ब्राह्मण*, 3/167; *शतपथ ब्राह्मण*, 2/1/4/14
160. *पंचविंश ब्राह्मण*, 13/12/5
161. *ताण्ड्य ब्राह्मण*, 13/7/12
162. *शतपथ ब्राह्मण*, 1/1/4/14-17
163. वही, 3/7/3/1-8, 3/8/1/1-16
164. वही, 2/5/3/18 पर जूलियस ऐगलिंग का अंग्रेजी अनुवाद और टिप्पणी
165. *ऐतरेय ब्राह्मण*, 3/33
166. *शतपथ ब्राह्मण*, 1/7/4/1-3
167. *जैमिनीय ब्राह्मण*, 3/221-233
168. *ताण्ड्य ब्राह्मण*, 20/14/2
169. वही, 8/2/10
170. *शतपथ ब्राह्मण*, 14/3/4/3
171. *ऐतरेय आरण्यक* 2/1/3
172. *तैत्तिरीय उपनिषद्* 2/6; *बृहदारण्यकोपनिषद्*, 1/2/4
173. "स· वै नैव रेमे तस्मादेकाकी न रमते स द्वितीयमैच्छत...मनुष्या अजायन्त"।
–*बृहदारण्यक उपनिषद्*, 1/4/3 तथा इस पर शांकर भाष्य।
174. "आत्मै वैदमग्र आसीदेक एवं सोऽकामयत जाया मे स्यादथ प्रजाययाथ वित्तं मे स्यादथ कर्म कुर्मकुर्वीथ।...मन एवास्यात्मा वाग्जाया प्राणः प्रजा...। –*बृहदारण्यकोपनिषद्*, 1/4/7
175. *आपस्तंबश्रोत सूत्र*, 10/7; *निरुक्त*, 12/10
176. *मुण्डक उपनिषद्*, 2/1/7
177. *कल्याण, उपनिषद् अंक*, पृ० 652
178. वही, अंक पृ० 649
179. *कात्यायन श्रौतसूत्र*, 3/76
180. *आपस्तम्ब श्रौतसूत्र*, 1/7/7
181. *वाल्मीकि रामायण*, 1/48/20, 25
182. वही, 1/45/45
183. वही, 3/5/5-14, 1/48/17-28
184. वही, युद्धकाण्ड, 21/1-35, 22/6-15
185. "विवस्वान् कश्यपां जज्ञे मनुर्वैवस्वतः स्मृतः।
मनुः प्रजापतिः पूर्वमिक्ष्वाकुस्तु मनोसुतः।।–*वाल्मीकि रामायण*, 1/70/20-22
186. *वाल्मीकि रामायण*, 4/18/6

187. "अयोध्यां मनुना राज्ञां निर्मितां संदर्श ह"-*वाल्मीकि रामायण*, 2/71/17
188. *वाल्मीकि रामायण*, 2/49/12-13
189. *वाल्मीकि रामायण*, 7/79/5-11
190. वही, 4/18/31-32
191. वही, 7/87-90 सर्ग
192. *महाभारत*, 9/33/21, 9/44/9
193. वही, 1/18/25, 1/88/6, 3/83/106
194. वही, 2/3/13/, 3/90/15, 3/201/18
195. वही, 3/6/11, 2/42/11
196. वही, सभा पर्व, 7/5/, 8/37
197. वही, सभापर्व, 7/24, 8/37-38, 9/6, 10/5-6
198. वही, 6/9/5
199. *महाभारत*, वनपर्व, 187/2-55
200. वही, वनपर्व, 188/1-70
201. वही नामानुक्रमणिका, पृ० 244-45
202. वही, द्रोणपर्व, 68/21
203. वही, शान्तिपर्व, 67/20-32
204. *प्राचीन चरित्रकोश*, पृ० 611
205. *महाभारत*, वनपर्व, 187/52-58
206. "धर्मात्मा स मनुर्धीमान्। यत्र वंशः प्रतिष्ठितः।
    मनोर्वंशी मानवानां ततोऽयं प्रथितोऽभवत्।
    ब्रह्मक्षत्रादयस्तस्मान्मनोर्जातास्तु मानवाः ।-*महाभारत*, आदिपर्व, 75/12-18
207. *महाभारत*, शान्तिपर्व, 201-206 अध्याय तथा शान्तिपर्व, 335/44/5 तथा 232/36
208. वही शान्तिपर्व, 348/51, भीष्मपर्व, 122/38-42, 28/1
209. वही अनुशासन पर्व, 160-161 अध्याय, अुशासनपर्व 17/177-78
210. वही, आदिपर्व, 75/16 तथा 95/7
211. वही अनुशासनपर्व, 147/26-27
212. वही, आदिपर्व, 75/18-19
213. वही, सभापर्व, 8/16
214. वही, आदिपर्व, 66/13-15
215. वही शान्तिपर्व, 264/8
216. वही, आदिपर्व, 66/32-33
217. *विष्णुपुराण*, 1/5/22-23, 1/5/12-15
218. *पद्मपुराण*, सृष्टि खण्ड, 3/82/86; *ब्रह्मपुराण*, 3/2-3
219. वही, 15/10, 15/7; *वायुपुराण*, 34/67
220. *मत्स्यपुराण*, 113, 120 अध्याय; *वायुपुराण*, 4, 34, अध्याय
221. सर्गश्च प्रतिसर्गश्च वंश मन्वन्तराणि च। सर्वेष्वेतेषु कथ्यन्ते वंशानुचरितं च यत्।।
    -*विष्णुपुराण*, 3/6/25; तु0 *गरुड़पुराण*, 1/4/1; *मत्स्यपुराण*; 53/65; *वायुपुराण*, 4/10 आदि।

222. *विष्णुपुराण*, 3/1/6-7, 3/1/30; *मत्स्युपराण*, 7/26; *वायुपुराण*, 84/22; *मार्कण्डेयपुराण* 51/7; *ब्रह्मपुराण*, 5/37; *ब्रह्माण्डपुराण*, 2/36/4; *ब्रह्म वैवर्तपुराण*, प्रकृति खण्ड, 54/61-63; *कूर्मपुराण* पूर्वार्द्ध, 51/4-4; *भागवतपुराण*, 8/24/58
223. *मनुस्मृति*, 1/62-66
224. *विष्णुपुराण* 3/2/2-8; *भागवतपुराण*, 8/13/8-10; *मत्स्यपुराण*, 11/1-39
225. 'मनुर्वैवस्वतो श्रेष्ठः श्राद्धदेवः प्रजापतिः'-*मार्कण्डेयपुराण*, 103/4, तक; *वायुपुराण*, 22/38; *हरिवंशपुराण*, 9/8; *ब्रह्मपुराण*, 7/3,7; *मत्स्यपुराण*, 1/34; *ब्रह्माडपुराण*, 3/60/8 आदि
226. *मत्स्यपुराण*, 1/35; *भागवतपुराण*, 8/24/11
227. *ब्रह्मपुराण*, 7/9; *भागवतपुराण*, 9//2/2
228. वही 7/9; *ब्रह्माण्डपुराण*, 3/60/7
229. *मत्स्यपुराण*, प्रथम तथा दूसरा अध्याय; *भागवतपुराण*, 8/24, अध्याय; *अग्निपुराण*, 2/1-17; *मत्स्युपुराण*, 9/1, 16/1, 52/3
230. *भागवतपुराण*, 9/1/13-16, 9/2/1-2; *मत्स्यपुराण*, 11/40; *पद्मपुराण*, सृष्टि खण्ड, 8/75-77; *ब्रह्मपुराण*, 7/3-4; *विष्णुपुराण*, 4/1/8-10; *कार्मण्डेयपुराण*, 108/7; *हरिवंशपुराण*, 10/3; *ब्रह्माण्डपुराण*, 3/60/3; *शिवमहापुराण*, उमा संहिता, 36/3; *लिंगपुराण*, 65/17-19
231. *वायुपुराण*, 70/18, 60/8
232. *पौराणिक कोश*, पृ० 398; *वायुपुराण*, 65/79
233. *विष्णुपुराण*, 6/5/64
234. *मत्स्यपुराण*, 11/42; *पद्मपुराण*, सृष्टि खण्ड, 8/77-78; *भागवतपुराण*, 8/24, अध्याय; *मत्स्यपुराण*, प्रथम एवं द्वितीय अध्याय; *अग्निपुराण*, 2/1-17
235. *ब्रह्मवैवर्तपुराण*, प्रकृति खण्ड, 54/61
236. *मत्स्यपुराण*, 1/13, 2/16-18
237. *स्कन्दपुराण*, अध्याय 34
238. *विष्णुपुराण*, 3/1/33-34; *ब्रह्मपुराण*, 7/1-2; *मार्कण्डेयपुराण*, 76/11-12; *गरुड़पुराण*, 1/138/2; *लिंगपुराण*, 65/17-19
239. *भागवतपुराण*, 9/1/12; *विष्णुपुराण*, 4/1/5-7; *मत्स्यपुराण*, 9/30; *गरुड़पुराण*, 1/87/25-26; *अग्निपुराण*, 273/5-6; *ब्रह्माण्डपुराण*, 3/60/2; *हरिवंशपुराण* अध्याय 10; *ब्रह्मपुराण*, 5/37 आदि
240. *मत्स्यपुराण*, 11/40-42; *पद्मपुराण*, 1/8/75-78
241. *शिवमहापुराण*, उमा संहिता, 36/1-22; *ब्रह्माण्डपुराण*, 3/60/3-28; *हरिवंशपुराण*, 10/3-17; *शिवपुराण*, धर्म संहिता, 60/3-13
242. कन्याभावात्तु सद्युम्नो नैतद्राज्यमवाप्तवान्।
वसिष्ठ वचनात्वासीत् प्रतिष्ठाने महात्मनः।।
प्रतिष्ठा धर्मराजस्य सद्युम्नस्यद्विजोत्तमाः।
तत्पुरुरवसे प्रादाद्राज्यं प्राप्य महायशाः।।
मानवेयो मुनिश्रेष्ठाः स्त्रीपुंसोर्लक्षणैर्युतः।
धृतवांस्तामिलेत्येवं सुद्युम्नेति च विश्रुतः।।-*ब्रह्मपुराण*, 7/20-33
तुलना कीजिए-*ब्रह्माण्ड पुराण*, 3/60/18-22; *शिवमहापुराण*, उमा संहिता, 3/20-22

तथा

लिंगपुराण, 65/28-31

243. तस्मात्सराजा सद्युम्नः स्त्रीभावं लब्धवान्पुनः।
महादेवसप्रादाच्च मानवत्वमवाप्तवान्।।-*ब्रह्माण्डपुराण*, 3/60/22-28

244. *लिंगपुराण*, 65/17-31

245. 'इष्टिं च मित्रावरुणयोर्मनुः पुत्र कामश्चकार।
तत्र तावदपह्नुते होरतुपचारादिला नाम कन्या वभूव ।9।
सैव च मित्रावरुणयोः प्रसादात्सुद्युम्नो नाम मनोः पुत्रौ मैत्रेय लासीत् ।10।
x x x
सुद्युम्नस्तु स्त्रीपूर्वकत्वाद्राज्यभागं न लेभे ।15।
तत्पिता तु वसिष्ठवचनाच्प्रतिष्ठान नाम नगरं।
सुद्युम्नाय दत्तं तच्चासौ पुरुरवसे प्रादात् ।16।-*विष्णपुराण*, 4/1/8-17 तथा 4/9/34;
अक्षरशः तुलना कीजिए-*मार्कण्डेयपुराण*, 108/7-18

246. विवस्वतः सुतो विप्रः श्राद्धदेवो महाद्युतिः।
मनुस्संवर्तते धीमान् साम्प्रतं सप्तमेऽन्तरे। -*विष्णुपुराण*, 3/1/30; तथा *अग्निपुराण*, 150/8; *ब्रह्मपुराण*, 8/95, ब्रह्मवैवर्त*पुराण*, प्रकृति खण्ड, 54/61-63; मार्कण्डेय*पुराण*, 103/4; *वायुपुराण*, 23/38, 26/214; *कूर्मपुराण*, 51/23; देवी *भागवत*, 10/10/1; *हरिवंशपुराण*, 9/8

247. 'ततोमनुः श्रद्धादेवः संज्ञायामास भारत।
श्रद्धायां जनयामास दश पुत्रान् स आत्मवान् ।।11।।
x x x
अप्रजस्य मनोपूर्व वसिष्ठो भगवान् किल।
मित्रावरुणायोरिष्टिं प्रजार्थमकरोत् प्रभुः ।।13।।
तत्र श्रद्धा मनोःपत्नी होतारं समयाचयत।
दुहित्रार्थमुपागम्य प्रणिपत्य पयोव्रता ।।14।।
x x x
स एकदा महाराज विचरन् मृगयां वने।
वृतः कतिपयामात्यैरश्वमारुह्य सैन्धवम् ।।23।।
x x x
मासं पुमान स भविता मासं स्त्री तब गोत्रजः।
इत्थं व्यवस्थया कामं सुद्युम्नोऽवतु मेदिनीम् ।।39।।
x x x
पालयामास जगतीं नाभ्यनन्दन् स्म तं प्रजा ।।40।।-*भागवतपुराण*, 9/1/11-42

248. 'एवं गतेऽथ सुद्युम्ने मनु वैवस्वतः सुते।
पुत्र कामस्तपस्तेपे यमुनायां शतं। समाः।।
ततोऽजन्मनुर्देवमपत्यार्थ हरिं प्रभुम्।
इक्ष्वाकु पूर्वजान् पुत्राल्लेभे एवं सदृशान्दश ।।-*भागवतपुराण*, 9/2/1-2 और देखिए-*भागवतपुराण*, 1/3/15, 8/24/50, 9/1/3-12, 9/2/1, 9/6/4

249. *ब्रह्मपुराण* के सातवें अध्याय के आधार पर मित्रावरुण यज्ञ से उत्पन्न इला को ही उनके वरदान से सुद्युम्न होने का उल्लेख किया जा चुका हैं। लेकिन यहाँ पुनः इस आख्यान को भिन्न रूप से प्रस्तुत किया गया है।
250. *ब्रह्मपुराण*, 108/2-121
251. मनोवैवस्वतस्यासन् दशपुत्रा महाबलाः।
इलस्तु प्रथमस्तेषां पुत्रेष्ट्यां समजायत।। –*मत्स्यपुराण*, 11/40; *पद्मपुराण*, 1/8/75-76
x x x
अभिषिंच्य मनुः पुत्रमिलं ज्येष्ठं सधार्मिकः।–*मत्स्यपुराण*, 11/42; *पद्मपुराण*, 1/8/78
x x x
अथदिग्जय सिध्यर्थमिलः प्रायान महीमिमाम्।–*मत्स्यपुराण*, 11/43; *पद्मपुराण*, 1/8/79
x x x
अयोध्यांसमागत्यसमतिष्ठद्यथा पुरा।–*पद्मपुराण*, 1/8/82
x x x
इलेति साभवन्नारी पीनोन्नतघनस्तनी । उन्नत श्रोणि जघना पद्मपत्रायतेक्षणा ।।
पूर्णन्दुवदनातन्वी विलासोल्लासितेक्षणा । मूलोन्नतायतभुजा नील कुंचित मूर्धजा ।।
तनु लोमा सुदशना मृदु गम्भीर भाषिणी । श्याम गौरेण वर्णेन हंसवारणगामिनी ।।
कार्मुक भ्रू यूगोपेता तनुताम्रनरवांकुरा ।।–*मत्स्यपुराण*, 11/48-51; *पद्मपुराण*, 1/8/88-91
x x x
इल किम्पुरुषत्वे च सुद्युम्न इति चोच्यते। –*मत्स्यपुराण*, 12/16; *पद्मपुराण*, 1/8/122
पूर्ण संकेत के लिए देखिए-*पद्मपुराण*, 1/8/75-125; *मत्स्यपुराण*, 11/40-66, 12/1-19
252. *गरुड़पुराण*, 1/138/2, 1/138/3, 1/87/25-26
253. *वायुपुराण*, 28/45, 1/106, 85/17, 90/45, 91/10; *ब्रह्मपुराण*, 10/10-11, 9/3; *ब्रह्माण्डपुराण*, 2/28/1-2, 3/74//245; *विष्णुपुराण*, 3/14/11; *भागवतपुराण*, 2/7/44
254. *भागवतपुराण*, 3/21/3
255. वही, 3/21/3, 3/24/22, 4/1/34
256. *मार्कण्डेयपुराण*, 50/20-21; *विष्णुपुराण*, 1/7 अध्याय; *वायुपुराण*, 10/24-26; *भागवतपुराण*, 4/1/47-49 आदि
257. *वायुपुराण*, 10/25
258. श्रद्धैव सर्व धर्माणां मातेव हितकारिणी।
x x x
श्रद्धैव च नृणां सिद्धिर्जायते लोकयार्द्वयोः ।–*हरिवंशपुराण*, 3/15-16
259. *पद्मपुराण*, 102/2-3
260. वही, 109/15-16
261. "या देवीसर्वभूतेषु श्रद्धारूपेण, संस्थिता"–*मार्कण्डेयपुराण*, 85/24; *दुर्गासप्तशती*, 5/50
262. *ब्रह्माण्डपुराण*, 2/9/58-62; *वायुपुराण*, 10/33; *कूर्मपुराण*, 8/20; *विष्णुपुराण*, 1/7/28; *मार्कण्डेयपुराण*, 50/28
263. *भागवतपुराण*, 6/6/10
264. वही, 3/12/26, 8/7/32, 10/55/1-2; *विष्णुपुराण*, 5/27/28; *ब्रह्मपुराण*, अध्याय 38 तथा 71

265. *मत्स्यपुराण*, 7/23, 23/60, 154/272, 291/32; *वायुपुराण*, 104/48
266. वही, 7/13, 100/329
267. *ब्रह्माण्डपुराण*, 3/7/24; *वायुपुराण*, 69/58
268. वही, 3/8/15; *मत्स्यपुराण*, 278/6; *वायुपुराण*, 70/14
269. *मत्स्यपुराण*, 23/23, 6/33, 4/12-21
270. *भागवतपुराण*, 11/4/7
271. *मत्स्यपुराण*, 154/209-239
272. वही, 191/110
273. *भागवतपुराण*, 8/10/33
274. *वायुपुराण*, 66/31; *ब्रह्मपुराण*, 3/3/30
275. गृहाणैतानि नामानि स्थानानि च सयोषणः।
एभिः सृज प्रजा बह्वीः प्रजानामसि यत्पति ॥-*भागवतपुराण*, 3/12/11-14
276. प्राणो दक्षस्तु विज्ञये: संकल्पो मनुरुच्यते।-*वायुपुराण*, 10/18
277. वाचं दुहितरं तन्वीं स्वयम्भूर्हरतीं मनः।
आकामां चकमे क्षत:सकाम इति नः श्रुतम् ॥28॥
तमधर्मे कृतमतिं विलोक्य पितरं सुताः।
मरीचिमुख्या मुनयो विश्रम्भात्प्रत्यबोधयन् ॥29॥-*भागवतपुराण*, 3/12/26-33
278. *भागवतपुराण*, 3/31/36
279. वही, 3/12/49-54
280. *मनुस्मृति*, 1/32
281. *पुराण, परिशीलन*, पृ० 396
282. *मत्स्यपुराण*, 3/30-45
283. *मृगेन्द्रतन्त्र*, 1/13/41-56
284. वैवस्वतो मनुर्नाम माननीयां मनीषिणाम्।
आसीन्महीक्षितामद्यः प्रणवश्छन्दसामिव ॥-*रघुवंश*, 1/11
285. *शिवमहिम्न स्तोत्र*, 22; *पुराण परिशीलन*, पृ० 203 और 378 पर उद्धृत
286. "श्रद्धा माता प्रपन्नं.........स्थितिः।" -*त्रिपुरारहस्य*, ज्ञान खण्ड, 6/23-28
287. *त्रिपुरारहस्य*, ज्ञानखण्ड, 7/6-7
288. *तन्त्रालोक*, भाग 2, पृ० 104
289. वही, पृ० 78-79
290. वही, पृ० 114-15
291. *त्रिपुरारहस्य* ज्ञान खण्ड, षष्ठ अध्याय
292. *विश्वकोश*, पृ० 614
293. *महापुराण*, 5/164-269, *कल्पसूत्र* (हिन्दी), पृ० 17
294. *जातक खण्ड* 1, पृ० 472-73, खण्ड 2, पृ० 293, खण्ड 3, पृ० 411
295. *कालसप्ततिका*, पृ० 56-62
296. *महापुराण*, 1/158 तथा 13/116-117

297. *तमिल तमिलरम्* पृ० 10 तथा 18–19
298. *रामचरितमानस*, बालकाण्ड, 141–152 दोहा

अध्याय-4

कामायनी की कथा का क्रमिक विकास

(क) वैदिक काल से लेकर पौराणिक काल तक *कामायनी* की कथा का विकास

1. देवसृष्टि : वैदिक वाङ्मय का सम्यक् अनुसन्धान करने पर प्रतीत होता है कि मानव-जाति से पूर्व यहाँ एक देव नामक जाति निवास करती थी।[1] वैदिक साहित्य में इस बात के अनेक प्रमाण मिलते हैं कि यह देवजाति पहले अमर नहीं थी। इन्होंने यज्ञ[2], तप[3], ब्रह्मचर्य [4], नवरात्रि[5], अग्नि[6], सविता[7], सोमपान[8] आदि से व्यक्तिगत अथवा सामूहिक रूप से अमृतत्व प्राप्त किया था। एक स्थान पर सम्पूर्ण आयु को भोगने के कारण देवों को अमर[9] तथा दीर्घायु[10] कहा गया है। इन्द्र इस जाति में ज्येष्ठ, बलिष्ठ और श्रेष्ठ था।[11] इसने समस्त शत्रुओं को जीतकर विश्वजित् की उपाधि धारण की थी। समस्त त्रिलोकी और चराचर जगत् पर इसका एकाधिकार था।[12] इन देवों के पास भव्य प्रासाद और दुर्ग, अतुल सम्पत्ति, अनेक प्रकार के आभूषण और विलास के विविध साधन विद्यमान थे। अतः यह देवजाति निरन्तर भोग-विलास में ही मग्न रहती थी।[13]

2. प्रलय : *ऋग्वेद* के नासदीय सूक्त में सृष्टि से पूर्व की जिस अवस्था का वर्णन किया गया है वह प्राकृत प्रलय की अवस्था है, जिसमें केवल ब्रह्म ही अवशिष्ट रहता है।[14] अतः यह खण्ड प्रलय के अन्तर्गत नहीं आता। *ऋग्वेद* में अन्यत्र यम-यमी के क्षुब्ध सागर में मिलने, वरुण का सहस्त्रद्वार वाली नौका में बैठकर उद्वेलित सागर-लहरों पर संतरण करने और इन्द्र द्वारा तुर्वीति की बाढ़ से सहायता करने के उल्लेख मिलते हैं।[15] लेकिन पूर्व सृष्टि के विनाश और मनु से इन संकेतों का कोई सम्बन्ध प्रकट नहीं होता। *अथर्ववेद* में वर्णित हिरण्यमयी-हिरण्यबन्धन युक्त नौका का द्युलोक में विचरना भी रूपक प्रतीत होता है।[16] *अथर्ववेद* में ही आगे मनु के जलप्लावन सम्बन्धी आख्यान का क्षीण संकेत प्राप्त होता है। वहाँ कुष्ठ नामक औषधि का वर्णन करते हुए उसे हिमवान् के उस शिखर पर उत्पन्न होते हुए बताया गया है, जहाँ शून्य में भटकती हुई एक स्वर्णिम नौका सर्वप्रथम उतरी थी।[17]

यहाँ मनु का नाम नहीं मिलता। परन्तु हिमालय के शिखर पर नौका के उतरने के संकेत से इस बात की पुष्टि हो जाती है कि यह मनु के आख्यान की ओर ही संकेत है। प्रो० ए०ए० मेक्डानल, प्रो० ए० बी० कीथ और डॉ० द्वारिकाप्रसाद सक्सेना भी उपर्युक्त मत की पृष्टि करते हैं।[18] वेदों में इस प्रकार का कोई उल्लेख नहीं मिलता कि उपर्युक्त देवसृष्टि प्रलय से नष्ट हो गई थी।

ब्राह्मण ग्रन्थों में मनु से सम्बन्धित जलप्लावन के स्पष्ट संकेत मिलने लगते हैं। *जैमिनीय ब्राह्मण* में प्राप्त उल्लेख के अनुसार *सामवेद* की ऋचाएँ स्वर्णिम नौका के रूप में उपस्थित होकर मनु को इस जलप्लावन से पार उतारती हैं।[19] लेकिन वैदिक साहित्य में *यजुर्वेद* का *शतपथब्राह्मण* ही एकमात्र ऐसा सन्दर्भग्रन्थ है, जिसमें पूर्व विद्यमान सृष्टि को नष्ट करनेवाला वैवस्वत मनु से सम्बद्ध जलप्लावन का आख्यान स्पष्ट रूप से तारताम्य के साथ उपनिबद्ध है। प्रभात-वेला में हाथ धोने के लिए किसी जलाशय से जल ग्रहण करते समय मनु की अंजलि में एक मत्स्य आ गया था। उस मत्स्य ने मनु को प्रलय की सूचना दी एवं नौका निर्माण के लिए आग्रह किया। उसकी प्रार्थना पर मनु ने उसका पालन-पोषण करके उसे समुद्र में छोड़ दिया। नियत समय पर जलप्लावन हुआ, परन्तु इस मत्स्य ने शीघ्र ही मनु की नौका को 'उत्तर गिरि' के शिखर पर पहुँचा दिया। मनु ने उस नौका को वृक्ष से बाँध दिया। मनु जिस स्थान पर उतरे थे वह स्थान 'मनोरवसर्पण' कहलाता है। इस जलप्लावन में मनु के अतिरिक्त सम्पूर्ण प्रजा नष्ट हो गई थी।[20] इसके उपरान्त वैदिक साहित्य में जलप्लावन का आख्यान प्राप्त नहीं होता।

3. मानवता का विकास : मनु- सम्पूर्ण वैदिक साहित्य में मनु को विद्यमान मानव-जाति का आदिपुरुष माना गया है। इसलिए उनको बार-बार पिता कहकर सम्बोधित किया गया है। मनु से ही प्रजा की सृष्टि होती है। अत: मानव-जाति को मनु की प्रजा कहा गया है।[21] इसीलिए मनु को 'प्रजापति' शब्द से भी अभिहित किया गया है।[22] अनेक विदेशी विद्वानों ने मनुष्यों के पूर्व पितामह 'मनु' का सम्बन्ध जर्मन, ट्यूटन, केल्टिक, ग्रीस और अंग्रेजी के क्रमश: *मनेश, मनुस, मन्नु, मिनोस* और *मैन* से भी स्थापित किया है।[23]

मनु के जन्म सम्बन्धी आख्यान का मूल *ऋग्वेद* के दो मन्त्र हैं जिनमें विवस्वान की पहली पत्नी सरण्यू से यम का जन्म हुआ, तत्पश्चात् वह छिप गई और देवताओं ने उसके समान ही एक सवर्णा नाम की स्त्री विवस्वान को दे दी थी। बाद में विवस्वन्त ने अश्व का रूप धारण करके सरण्यू से आश्विन उत्पन्न किये। यहाँ मनु का स्पष्ट उल्लेख नहीं किया गया। परन्तु यास्क उक्त मन्त्रों के आधार पर वैवस्वत

मनु को विवस्वान द्वारा सवर्णा से उत्पन्न पुत्र मानते हैं। *बृहद्देवता* में मनु के जन्म की कथा विस्तारपूर्वक मिलती है। वहाँ उल्लेख आता है कि विवस्वान की पत्नी सरण्यू अपने पति की अनुपस्थिति में अपने समान ही एक स्त्री को छोड़कर अन्यत्र चली गई। इसी सवर्णा से मनु का जन्म हुआ।[24] मनु के वंशज नाभानेदिष्ट मानव ने भी अपने सूक्तों में मनु को सावर्णि कहकर सम्बोधित किया है।[25] लेकिन वैदिक साहित्य में सवर्ण नाम के किसी व्यक्ति का उल्लेख नहीं मिलता।[26] अतः प्रतीत होता है कि पिता विवस्वान के कारण मनु को वैवस्वत और माता सवर्णा के कारण उन्हें सावर्णि कहा गया है। अन्यत्र वैदिक साहित्य में सर्वत्र मनु का पैतृक नाम वैवस्वत ही प्रचलित है।[27] मनु के जन्म सम्बन्धी वैदिक आख्यानों के अनुसार वैवस्वत यम और आश्विन मनु के भाई हैं। ये देवता माने जाते हैं। अतः मनु का जन्म देव परिवार में हुआ है। आचार्य यास्क स्पष्टतः इन सबको दिव्यजन मानते हैं।[28]

ऋग्वेद के कुछ मन्त्रों में इन्द्र और मनु के सम्बन्ध की ओर संकेत प्रतीत होता है। ऋग्वेद में मनु के लिए पक्षी द्वारा सोम लाने[29] और धन-धारक, शत्रु नाशक तथा आयुधधारक सोम का मनु के लिए बहने का वर्णन मिलता है।[30] वहाँ इन्द्र द्वारा वैवस्वत मनु के साथ सोमपान करने का भी उल्लेख मिलता है।[31] वृत्र के साथ भिड़ने से पूर्व इन्द्र ने मनु का तीन सरोवरों का सोम पी डाला था।[32] इन्द्र ने भक्त मनु के लिए वृत्र और नमुचि तथा काली चमड़ी वाले व्रतहीन, हिंसक और निष्ठुरों को नष्ट करके अमित सुख और धन प्रदान किया था।[33] एक अन्य स्थल पर मनु द्वारा विशिशिप्र को जीतने का भी उल्लेख मिलता है।[34] दूसरे स्थल पर अग्नि और पवमान देवता की सहायता से मनु द्वारा दासों को जीतने का वर्णन मिलता है।[35] अतः प्रतीत होता है कि इन्द्र आदि देवताओं की सहायता से मनु ने दासों एवं असुरों पर विजय प्राप्त करके समृद्धि प्राप्त की थी। इसी कारण वहाँ 'सहस्र के दाता ग्रामणी' मनु से निरन्तर अन्न पाते रहने की कामना की गई है।[36]

अथर्ववेद में मनु को मानवों का रक्षक और पृथ्वी का विस्तार करनेवाला कहा गया है।[37] आगे इसी सूक्त में रूपक शैली में निबद्ध पृथ्वी-दोहन का आख्यान भी मनु द्वारा सभ्यता के विकास की पुष्टि करता है। वहाँ वैवस्वत मनु को मनुष्यों के लिए पृथ्वी-पात्र में कृषि और शस्य दुहने के लिए विराज गाय का वत्स और पृथु को दोहक बताया गया है।[38] बिना वत्स वाली बाँझ गाय कभी दूध नहीं दे सकती। जिस प्रकार बछड़ा गाय को पसाकर दुग्धवती बना देता है, तब दूध निकालने वाले दूध निकालकर अपना भरण-पोषण करते हैं, उसी प्रकार वैवस्वत मनु ने पृथ्वी को

उर्वरा बनाया और कृषि का विस्तार करके शस्य द्वारा मानवों को अन्न उपलब्ध कराया।

शतपथ ब्राह्मण में पृथ्वी को मनु की घोड़ी बताकर प्रजापति मनु को उसका पति बताया गया है जिसके द्वारा मनु ने समृद्धि प्राप्त की थी।[39] इससे भी मनु द्वारा पृथ्वी की व्यवस्था करने एवं प्रजा को समृद्ध बनाने की पुष्टि होती है। वहाँ वैवस्वत मनु को राजा और उसकी प्रजा को मनुष्य कहा गया है।[40]

मनु, श्रद्धा और काम- वैदिक साहित्य में श्रद्धा के जन्म के सम्बन्ध में कोई निश्चित मत नहीं मिलता। श्रद्धा को कामगोत्र में उत्पन्न *कामायनी*[41], और सूर्य[42] प्रजापति[43], ब्रह्म[44] और ऋतु[45], की पुत्री बताया गया है। अन्य स्थलों पर श्रद्धा को ही शक्ति[46] और इड़ा[47] भी बताया गया है। *तैत्तिरीय ब्राह्मण* में श्रद्धा को कामवत्सा और काम की माता भी कहा गया है।[48]

तैत्तिरीय ब्राह्मण में उल्लिखित एक आख्यायिका के अनुसार श्रद्धा ने स्वर्गान्वेषण करते हुए प्रजापति के समक्ष उपस्थित होकर कहा कि "मैं श्रद्धा हूँ। मेरे लिए तुम श्रम कर रहे हो। अतः मेरा यजन करो जिससे तुम्हारे हृदय में सच्ची श्रद्धा जाग उठेगी। तब सत्य श्रद्धा से स्वर्ग का ज्ञान प्राप्त कर सकोगे।"[49] आचार्य यास्क ने सत्य को धारण करनेवाली वस्तु को श्रद्धा बताया है।[50] *यजुर्वेद* में श्रद्धा से सत्य की प्राप्ति होने का उल्लेख मिलता है। दूसरे स्थल पर सत्य के अन्तर्गत श्रद्धा का निवास बताया गया है।[51] *तैत्तिरीय ब्राह्मण* में भी वर्णन मिलता है कि प्रजापति ने सत्य और श्रद्धा का निर्माण करके सत्य में श्रद्धा को स्थापित किया था।[52] पत्नी के अभाव में यज्ञ केसे हो सकता है? इस प्रश्न के उत्तर में *ऐतरेय ब्राह्मण* में सत्य को यजमान और श्रद्धा को उसकी पत्नी बताया गया है। वहाँ पर सत्य और श्रद्धा को उत्तम दम्पत्ति बताते हुए इनके मिथुन से इहलोक एवं परलोक को जीतने का वर्णन मिलता है।[53] उपर्युक्त संदर्भों से स्पष्ट है कि श्रद्धा सत्य में प्रतिष्ठित है और सत्य की पत्नी है। सत्य स्वयं यजमान है। अतः श्रद्धा यजमान की पत्नी मान ली गई। वैदिक साहित्य में मनु का प्रथम यजमान रूप भी प्रसिद्ध है। *तैत्तिरीय ब्राह्मण* में ही यजमान मनु को श्रद्धादेव और उनकी स्तुति या वाक् को असुर संहारिणी बताया गया है।[54] वहाँ पर मनु यजमान है। अतः वह श्रद्धादेव अर्थात् श्रद्धा का पति है। *शतपथ ब्राह्मण* में भी आकुलि-किलात द्वारा मनु के बैल की बलि के प्रसंग में मनु को दो बार श्रद्धादेव कहकर सम्बोधित किया गया है और उनकी जाया के लिए 'मनावी' शब्द प्रयुक्त हुआ है।[55] यहाँ इड़ा के नाम का निर्देश नहीं है। यदि वाक् को ही इड़ा मानें तो भी मनावी से वाक् पृथक् है क्योंकि यहाँ असुरघ्नी वाक् मनावी में प्रवेश करती

है। अतः यहाँ 'मनो जाया मनावी' वाक्यांश श्रद्धा के लिए ही प्रयुक्त हुआ प्रतीत होता है और दोनों शब्द मनु-पत्नी के अर्थ में आये हैं। इसका प्रमाण यह है कि यजमान की पत्नी श्रद्धा ही होती है। यह *ऐतरेय ब्राह्मण* में ऊपर बताया जा चुका है। अतः वैदिक ग्रन्थों के आधार पर भी श्रद्धा मनु की पत्नी ठहरती है।

मनु और आकुलि-किलात—वेदों में आकुलि-किलात नामक दो मायावी असुर पुरोहितों की विस्तृत कथा प्राप्त होती है। इन्होंने अपनी माया और योगबल से सुबन्धु नामक गोपायन पुरोहित का वध करके असमाति राजा का पौरोहित्य हथिया लिया था। *ऋग्वेद* के इस सूक्त में इन असुर पुरोहितों को धान्य की हवि के स्थान पर मांस की हवि देते हुए बताया गया है और इस सूक्त के देवता मनु हैं।[56] अतः यहाँ पशु-बलि और आकुलि-किलात से मनु के सम्बन्ध का क्षीण संकेत मिल जाता है। *पंचविंश ब्राह्मण* में इनको बिना अग्नि के ही मांस पकानेवाला तथा बीज बोते ही फसल तैयार करनेवाला तो बताया गया है,[57] परन्तु इनका मनु से कोई सम्बन्ध है, इसका कोई संकेत नहीं मिलता। *ताण्ड्य ब्राह्मण* में ये असुर पुरोहित मनु का यज्ञ करानेवाले बताये गये हैं।[58] लेकिन आकुलि-किलात द्वारा श्रद्धादेव मनु के बैल की बलि से पशु यज्ञ कराने वाले असुर पुराहितों के रूप में इनका विस्तृत विवरण *शतपथ ब्राह्मण* में ही प्राप्त होता है। ऊपर *तैत्तिरीय ब्राह्मण* में श्रद्धादेव मनु की वाक् को ही असुरघ्नी बताया जा चुका है। परन्तु *शतपथ ब्राह्मण* में इस असुर एवं शत्रुसंहारक वाक् का निवास मनु के वृषभ में बताया गया है। अतः उसके रंभाने से असुर और राक्षसों का संहार होता है। असुर उस संहारक बैल को मारने की युक्ति सोचने लगते हैं। ये दोनों इस कार्य के सम्पादन का भार अपने ऊपर लेकर श्रद्धादेव मनु के पास जाते हैं। ये मनु की स्वीकृति से उस वृषभ की बलि दे देते हैं, परन्तु वह असुर-संहारक वाक् उस वृभष से निकलकर मनु की पत्नी मनावी में प्रवेश कर जाती है। इससे असुरों पर और आपत्ति आ जाती है, क्योंकि मानव-वाणी अधिक मुखर होती है। उसके बोलने से वे अधिक संख्या में मारे जाने लगते हैं। ये पुरोहित मनु की स्वीकृति से मनावी की भी बलि दे देते हैं। तब वह वाक् उससे निकलकर यज्ञ और यज्ञ के पात्रों में प्रवेश कर जाती है। वहाँ से वे असुर उस असुर संहारक वाक् को नहीं निकाल पाते।[59] इस प्रकार इन मायावी असुर पुराहितों द्वारा यज्ञ में मनु के वृषभ और उनकी जाया मनावी की बलि का उल्लेख मिलता है। यहाँ मनु को दो बार श्रद्धादेव कहा गया है। 'मनावी' शब्द द्वारा भी श्रद्धा की ओर ही संकेत प्रतीत होता है। मनावी की बलि का अर्थ यही है कि इन असुरों ने मनु की सच्ची श्रद्धा को विचलित करके पशु-यज्ञ कराया होगा। मनु के इस वृषभ की तुलना डॉ० कुह्न आदि विद्वानों ने यूनान के *'मिनोटूर'* से की है।[60] वैदिक साहित्य में वृषभ कभी-कभी इन्द्र, रुद्र, द्यौस आदि देवताओं का

प्रतिनिधित्व करता है।[61] यहाँ यज्ञायुधध्वनि से यज्ञविघातक असुरों का निवारण होता है- इस बात को समझाने के लिए मनु के इतिहास का उदाहरण दिया गया है। आकुलि-किलात मनु से मित्रावरुण यज्ञ (पुत्रेष्टि यज्ञ) नहीं पशु-यज्ञ कराते हैं। प्रसाद ने दोनों को मिला दिया है। इसलिए एक शोधकर्त्ता ने इस पशु-यज्ञ का नाम भ्रम से मैत्रावरुण यज्ञ लिखा है।[62]

मनु और इड़ा- वैदिक साहित्य में इड़ा शब्द का अत्यधिक प्रयोग हुआ है। परन्तु मनु और इड़ा के पारस्परिक सम्बन्ध को प्रकट करनेवाला प्रथम उल्लेख *तैत्तिरीय संहिता* में मिलता है। यहाँ उल्लिखित एक रोचक आख्यायिका से पता चलता है कि मनु ने श्रमपूर्वक अन्वेषण करके यज्ञ में हविष के लिए घृत द्रव्य का आविष्कार किया था। मनु की प्रार्थना पर मित्रावरुण ने घृत के कारणभूत इड़ा रूपी घृतपदी गौ की पृथ्वी पर अवतारणा करके उसे ही यज्ञ का अंग बना दिया। इस प्रकार यज्ञभूमि पर इड़ा का जन्म सम्पन्न हुआ। मनु ने ही इड़ा को पृथ्वी पर सर्वप्रथम देखा था। अतः इसे 'मानवी' नाम से भी अभिहित किया गया है। इड़ा को 'मैत्रावरुणी' इसलिए कहा गया है कि ये ही इसे यज्ञभूमि पर लाये थे।[63] इस कर्मकाण्डीय आख्यान के आधार पर कहा जा सकता है कि मनु की घृताहुतियों से इड़ा का जन्म हुआ था। अतः इसे मानवी अर्थात् मनु की सन्तान कहा गया है।

तैत्तिरीय ब्राह्मण में इस कथा का दूसरा चरण प्राप्त होता है। यहाँ इड़ा को मानवी और यज्ञ-तत्व-प्रदर्शिनी कहकर सम्बोधित किया गया है। इड़ा ने मनु को असुरों द्वारा पूर्व, पश्चिम और दक्षिण दिशा में अग्नि-आधान करने की सूचना देते हुए बताया था कि असुरों को पहले श्री प्राप्त होगी, परन्तु वे पश्चिमाभिमुख होकर यज्ञ करने के कारण विनष्ट हो जायेंगे। इड़ा ने मनु से कहा था कि वह उसकी अग्नि का उचित रीति से आधान करेगी जिससे वह प्रजा और पशुओं की वृद्धि कर सकेगा। इसी से वह इस लोक में स्थित रह सकेगा और स्वर्गलोक को जीत सकेगा।[64] यहाँ स्पष्ट रूप से मनु द्वारा मित्रावरुण यज्ञ में इड़ा के जन्म की बात नहीं बताई गई है। इसीलिए घृतपदी गौ से उसका सम्बन्ध विलीन हो गया है। परन्तु 'मानवी' शब्द से अनुमान लगाया जा सकता है कि *तैत्तिरीय संहिता* के आधार पर ही *तैत्तिरीय ब्राह्मण* में उसे मनु के यज्ञ से उत्पन्न मानकर मानवी कहा गया है। दूसरी महत्वपूर्ण बात यह है कि मनु को तीन दिशाओं से पश्चिमाभिमुख होकर अग्नि का आधान करनेवाले असुरों से घिरा हुआ बताया गया है। तीसरे इड़ा को यज्ञ-तत्व प्रदर्शिनी कहकर उसकी सहायता से यज्ञ द्वारा मनु की प्रजा और पशुओं की वृद्धि के साथ-साथ इहलोक और परलोक जीतने की सम्भावना व्यक्त की गई है। इससे यह स्पष्ट नहीं होता कि मनु ने इड़ा की सहायता से यज्ञ किया था और प्रजा आदि की वृद्धि करके स्वर्ग प्राप्त किया था। यहाँ केवल इड़ा का मनु के प्रति प्रेरणात्मक

कथन ही दिया गया है। मनु का कोई उत्तर या कथन प्रतिक्रिया रूप में नहीं दिया गया। इस प्रकार यहाँ इड़ा को मानव के रूप में पूर्ण प्रतिष्ठा मिल जाती है।

शतपथ ब्राह्मण में मनु और इड़ा का आख्यान अपने चरमोत्कर्ष पर पहुँच गया है। यहाँ विभिन्न संकेतों को एक सूत्र में पिरोकर कथा में अन्विति स्थापित की गई है। यहाँ प्रलय के उपाख्यान के पश्चात् ही मनु-इड़ा की यह कथा अंकित है। इस प्रकार इस कथा को प्रलय के उपरान्त मानवता के विकास से सम्बद्ध किया गया है। जिस प्रकार वैदिक साहित्य में एकाकी प्रजापति द्वारा सिसृक्षा से पहले तप करने और तदुपरान्त सृष्टि का विकास करने का उल्लेख मिलता है[65] उसी प्रकार यहाँ भी प्रलयोपरान्त एकाकी मनु द्वारा प्रजा की कामना से पहले पूजा और धार्मिक कृत्य करने का वर्णन किया गया है। इसी बीच में मनु मित्रावरुण के लिए पाक-यज्ञ करते हैं। मनु की घृत, दधि, रायता, फटा हुआ दूध आदि की आहुतियों से एक वर्ष में एक घृतपदी योषित उत्पन्न होती है। मित्रावरुण ने उसे पूछा 'तुम कौन हो?' उस बाला ने उत्तर दिया कि 'मैं मनु की दुहिता हूँ।' मित्रावरुण ने कहा कहो हमारी (दुहिता)। लेकिन वह इस बात को अस्वीकार करके मनु के पास जाकर बोली कि – 'मैं तुम्हारी घृतादि की आहुतियों से उत्पन्न दुहिता हूँ और यज्ञ का आशीर्वाद या फल हूँ। यज्ञ में मेरा अवकल्पन करने से तुम प्रजा और पशुओं से समृद्ध हो जाओगे।' तत्पश्चात् प्रजाकामी मनु ने यज्ञ में इड़ा के उपयोग से इस जाति को उत्पन्न किया। अतः यह जाति मनु की जाति है। और भी जो आशिष मनु ने माँगा वह उसे मिला।[66] इस प्रकार इड़ा प्रलयोपरान्त मित्रावरुण यज्ञ के आशीर्वाद से उत्पन्न मनु-दुहिता है, जिसकी सहायता से मनु को समृद्धि मिली और उसके वंश का विकास हुआ। अन्यत्र भी इड़ा को पशु और अन्न की वृद्धि करनेवाली बताया गया है।[67] इड़ा के पुत्र को मनुष्यों की रक्षा करनेवाला और कर्त्तव्य में समर्थ बताया गया है।[68] एक स्थान पर पुरुरवा को 'ऐड' बताया गया है जो इड़ा की सन्तान प्रतीत होता है।[69] *शतपथ ब्राह्मण* में भी ऐड को इड़ा का पुत्र माना गया है।[70]

इड़ा के साथ प्रजापति के अनाचार का संकेत वेदों के उन मन्त्रों से मिलता है, जहाँ प्रजापति अथवा पिता अपनी दुहिता पर आसक्त होते हुए दिखाये गये हैं। इनमें एक शर-संधायक की ओर भी संकेत किया गया है।[71] *मैत्रायणी संहिता* में कामुक प्रजापति द्वारा मृगी बनी अपनी पुत्री उषा का मृग बनकर पीछा करने का उल्लेख मिलता है। यहाँ रुद्र के क्रुद्ध होकर वाण-संधान करने का तो संकेत मिलता है, परन्तु प्रजापति द्वारा उन्हें पशुपति बना देने की प्रतिज्ञा सुनकर उन्होंने प्रजापति पर वाण नहीं छोड़ा था।[72] *ऐतरेय ब्राह्मण* में इसके विपरीत क्रुद्ध देवों द्वारा अपने घोरतम शरीरों से रचित 'भूतवन' नामक रौद्र रूप को प्रसन्न करने के लिए उसे पशुपति

बनाने का उल्लेख मिलता है। तब उस पशुमान रौद्रमूर्ति ने मृग-रूप धारण किये हुए कामुक प्रजापति का अपने वाण द्वारा भेदन किया था।[73] *शतपथ ब्राह्मण* में प्रजापति और उसकी दुहिता का मृग और मृगी बनने का उल्लेख नहीं मिलता। वहाँ वर्णन आता है कि प्रजापति द्वारा अपनी ही दुहिता के साथ अभिधान करने से देवता रुष्ट हो गये थे। देवों ने अपनी बहिन के साथ अनैतिक आचरण और प्रजापति के पशुयज्ञ तथा अनाचार की शिकायत रुद्र से की। रुद्र ने प्रजापित को अपने वाण से बेध दिया।[74] प्रजापति द्वारा सृष्टि-विकास सम्बन्धी आख्यानों में प्रजापति के अनाचार का दूसरा रूप मिलता है। वहाँ प्रजापति के शरीर के दो भागों से स्त्री-पुरुष का उत्पन्न होना वर्णित है। तदुपरान्त प्रजापति द्वारा उसी अंगजा को पत्नी कल्पित करके सृष्टि का विकास करते हुए दिखाया गया है।[75]

मनु का वंशज– कोशकार मानव का सामान्य अर्थ मनु का वंशज और मानवी का अर्थ मनु की वंशजा करते हैं।[76] *अष्टाध्यायी* व्याकरण के अनुसार भी 'मानवी' शब्द मनु की वंशजा या मुन से सम्बन्धित वस्तु के लिए प्रयोग में आता है। अतः इस शब्द का प्रयोग मनु की पत्नी के लिए कदापि नहीं हो सकता। पत्नी अर्थ में तो 'मनावी' या 'मनायी' शब्दों का ही प्रयोग हो सकता है।[77] वेदों में मनु के वंशजों को मानव कहा गया है।[78] वैवस्वत मनु के कनिष्ठ पुत्र नाभानेदिष्ठ मानव की उत्तराधिकार सम्बन्धी एक कथा मिलती है।[79] शर्यात का पैतृक नाम भी मानव है और इसके वंशज शार्यात को भी मानव कहा गया है।[80] इड़ा को तो बार-बार मानवी और मनोदुहिता कहा गया है।[81]

(ख) पौराणिक काल से लेकर 'कामायनी' तक कथा का विकास

1. देव-सृष्टि- वैदिक युग के पश्चात् पौराणिक युग में भी देव-सृष्टि को मानव-जाति से पूर्व माना गया है। पुराणों में सृष्टि प्रक्रिया का वर्णन करते हुए ऊर्ध्व स्रोत देवताओं को अर्वाक् स्रोत मानवों से पूर्व उत्पन्न बताया गया है।[82] ब्रह्मा के शरीर के अंगों से पौराणिक उत्पत्ति के विवरणों में भी पहले असुर, देव तत्पश्चात् मानवों को उत्पन्न बताया गया है।[83] *महाभारत* में अमर शब्द देवतावाचक हो गया है।[84] इन्द्र को अमर एवं देवों का राजा बताया गया है।[85] पुराणेतिहास में यह भावना दृढ़मूल हो गई है कि सशरीर अमृतत्व प्राप्त करना दुर्लभ है।[86] अतः वहाँ अमरत्व-प्राप्ति का वर्णन न करके देवत्व और इन्द्रत्व प्राप्ति का वर्णन किया गया है। इन्द्र ने सहस्र यज्ञ और तप करके शतक्रतु उपाधि धारण की थी।[87] अश्वमेध यज्ञ से इन्द्रत्व-प्राप्ति और राजसूय यज्ञ से इन्द्र के साथ आनन्द भोगने का वर्णन मिलता है।[88] इन्द्रत्व और देवत्व की प्राप्ति कर्म द्वारा बताई गई है।[89] अतः इन्द्र को उच्चतर

तप और याज्ञिक कर्मों में विघ्न डालने वाला बताया गया है।[90] इस प्रकार पौराणिक ग्रन्थों से प्रतीत होता है कि देव जाति का राजा इन्द्र कहलाता था और इन्द्र बनने का अधिकार यज्ञ, तप आदि कर्म से प्राप्त होता था। इसी आधार पर ययाति, नहुष, तारक, रजि आदि इन्द्र रह चुके हैं।[91] हिरण्यकशिपु, प्रह्लाद और बलि नामक असुरों ने देव-जाति को पराजित करके उनका राज्य ले लिया था और इन्द्रत्व ग्रहण कर लिया था।[92] इन्द्र ने दैत्यों का वध करके त्रिलोकी का राज्य प्राप्त किया था।[93] *ऋग्वेद* में वर्णित इन्द्र की गर्वोक्ति के समान ही *महाभारत* में उसको समस्त चराचर जगत् और त्रिलोकी का कर्त्ताधर्ता बताया गया है।[94] फिर भी पौराणिक देव वैदिक देवताओं के समान शक्तिशाली दिखाई नहीं पड़ते।

पुराणों में देवों के रत्न-जड़ित स्तम्भ, तोरण, वेदिका, अट्टालिका, सोपान आदि से युक्त भव्य प्रासादों का अत्यन्त विस्तार से वर्णन मिलता है।[95] इन भवनों को वृक्ष एवं लता के रमणीय कुंजों से आवृत्त बताया गया है।[96] गन्धर्व और अप्सराओं को इन्द्र का ऐश्वर्य बताया गया है।[97] देवों द्वारा अनेक प्रकार के आभूषणों से अलंकृत होकर गन्धर्व अप्सराओं के नृत्य, गीत और संगीत से मनोरंजन करना वर्णित है।[98] सुमेरु पर्वत पर देवों के विलासमय जीवन का अत्यन्त आकर्षक एवं रोचक वर्णन मिलता है। वहाँ इनके नन्दनवन में सुर बालाओं के साथ विहार और जलक्रीड़ा, पानगोष्ठी आदि का वर्णन भी प्राप्त होता है।[99] देवों का विलास अनाचार तक भी पहुँच गया था, क्योंकि उनके अधिपति इन्द्र को अहिल्यागमन के कारण दुर्वृति और दुर्मति तक कहा गया है।[100] इस प्रकार देव जाति को याज्ञिक, शक्तिशाली, वैभवपूर्ण और विलासी बताया गया है। *विष्णुपुराण* में देवों को विषय-सुख के प्रेमी और पुरुषार्थ के असाधक कहकर उनको भोगयोनि ही सिद्ध किया गया है।[101]

2. प्रलय- पुराणेतिहास काल से लेकर *कामायनी* तक पूर्व सृष्टि का विनाश करनेवाले प्रलय की एक अविच्छिन्न परम्परा मिलती है। पुराण के पंचलक्षणों में प्रलय की गणना की गई है। अतः इस विषय को वहाँ घुमा-फिराकर कई प्रकार से समझाया गया है। मनु से सम्बन्धित जलप्लावन के पौराणिक आख्यानों में सर्वत्र प्रलय द्वारा पूर्व सृष्टि का विनष्ट होना बतलाया गया है। *महाभारत, अग्निपुराण* और *मत्स्यपुराण* में मनु को सूर्य (विवस्वान्) का पुत्र बताया गया है। *भागवतपुराण* में द्रविड़ देश के राजा सत्यव्रत को ही ज्ञान-विज्ञान से संयुक्त होकर श्राद्धदेव वैवस्वत मनु कहा गया है। *कालिकापुराण* और *भविष्यपुराण* में प्रलय-नायक का नाम क्रमशः स्वायंभुव मनु और न्यूह दिया गया है। ये दोनों नाम मनु के ही नामान्तर हैं। मनु को सर्वत्र कठोर तपस्वी एवं धार्मिक राजा के रूप में चित्रित किया गया है। इनकी तपस्या का स्थान *महाभारत* में चीरणी नदी के तट पर बदरिकाश्रम, *भागवतपुराण* में

कृतमाला नदी का तट, *मत्स्यपुराण* में मलय का एक देश, *कालिकापुराण* में गंगा नदी के उद्‌गम बद्री स्थान पर बताया गया है। मनु की मत्स्य से भेंट हाथ धोने के लिए जल लेते समय बताई गई है। वहाँ मनु द्वारा अनेक जलाशयों में रखकर मत्स्य की संवर्द्धना करने एवं उसकी आश्चर्यजनक वृद्धि का उल्लेख मिलता है। केवल *भविष्यपुराण* में मत्स्य और उससे संबद्ध बातों का उल्लेख नहीं मिलता। *महाभारत कालिकापुराण* और *भविष्यपुराण* में मनु ने नौका स्वयं बनाई है। अन्य पुराणों में देव निर्मित नौका के उपस्थित होने का उल्लेख मिलता है। *महाभारत* और *कालिकापुराण* में एकशृंगधारी मत्स्य के सींग से नौका को रस्सी से बाँधने का वर्णन मिलता है। शेष पुराणों में रस्सी के स्थान पर शेषनाग रस्सी का कार्य करता है। सर्वत्र मनु के साथ नौका में सप्तर्षि एवं सत्व बीजों (सूक्ष्म भूत) के शेष रहने का भी उल्लेख मिलता है। *भविष्यपुराण* में तो न्यूह के साथ उसके परिवार की रक्षा होने का भी वर्णन मिलता है। मनु की नौका हिमालय के जिस शिखर पर आकर रुकी थी, उसका नाम *महाभारत* में 'नौबन्धन' और *भविष्य पुराण* में 'शिखिणा' दिया गया है। *भविष्यपुराण* में इस प्रलय की अवधि एक वर्ष बतायी गई है। *महाभारत* में मनु से सम्बन्धित जलप्रलय 'लोकों के सम्प्रक्षालन काल' पर और *मत्स्यपुराण* में 'चराचर जगत के विनाश काल' अर्थात् एक निश्चित काल उपस्थित होने पर आरम्भ हुई थी। *अग्नि पुराण* और *भागवतपुराण* के अनुसार इसे स्पष्टत: ब्राह्म नामक नैमित्तिक प्रलय कहा गया है। अर्थात् एक सहस्र युग के पश्चात् यह आरम्भ हुई थी और 'ब्राह्मी निशा' अर्थात् एक सहस्र युग तक यह विद्यमान रही थी।[102]

यद्यपि सभी पुराणों में घोर वर्षा और समुद्र की मर्यादाहीनता से मनु से पूर्व सृष्टि का विनाश दिखाया गया है, तथापि *मत्स्यपुराण* के अतिरिक्त अन्य स्थलों पर नैमित्तिक प्रलय की भीषणता के क्रमिक वर्णन से मनु का सम्बन्ध स्थापित नहीं किया गया।[103] इस पुराण में यह भी संकेत है कि मनु के साथ इस नैमित्तिक प्रलय में ब्रह्मा, नर्मदा और महान् मार्कण्डेय ऋषि भी जीवित रहे थे।[104] *महाभारत* और *कालिका पुराण* में वर्णित मनु की प्रलय-कथा के स्रोत मार्कण्डेय ही हैं। तप के कारण चिरंजीवी मार्कण्डेय ऋषि ज्ञान एवं अनन्त जीवन के प्रतीक बन गये हैं।[105] अत: उन्होंने मनु से सम्बन्धित प्रलय ही नहीं अनेक कल्पान्त प्रलयों का अनुभव किया है। मनु से असम्बद्ध मार्कण्डेय ऋषि द्वारा अनुभूत प्रलय-कथाओं में पहले क्रम से चतुर्युगावस्था का वर्णन किया गया है। तत्पश्चात् कल्पान्त प्रलय के दृश्यों और प्रलय-सागर में तैरते हुए निराश मार्कण्डेय ऋषि की असहाय अवस्था का वर्णन करके वट-पत्रशायी नारायण के उदर में उनके द्वारा ब्राह्मण्ड-दर्शन का उल्लेख मिलता है।[106] *स्कन्दपुराण* में संहार-शक्ति का रौद्रा देवी के रूप में मानवीकरण करके प्रलय का अति भयंकर और वीभत्स

वर्णन किया गया है। यहाँ गौरूपिणी नर्मदा प्रलय-सागर में डूबते-उतराते ऋषि मार्कण्डेय को अपने स्तनों से पय पिलाकर एक सहस्र युग तक उनकी रक्षा करती है।[107] इन प्रलय कथाओं में सिद्धान्त पक्ष की प्रबलता है।

मनु और मार्कण्डेय से सम्बन्धित प्रलय-कथाओं को कल्प के अन्त में होनेवाली बताया गया है। इससे सिद्ध होता है कि प्रलय का कारण काल है। पुराणों में अनादि और अनन्त काल के कारण ही सृष्टि, स्थिति और प्रलय का अनवरत रूप से होना बताया गया है।[108] वहाँ निमेष से लेकर युग, ब्राह्म दिन (कल्प) और ब्रह्मा की आयु द्विपरार्द्ध तक काल का वैज्ञानिक विभाजन किया है, जो विभिन्न प्रलय-भेदों का आधार है-

15 निमेष = 1 काष्ठा
30 काष्ठा = 1 कला
30 कला = 1 मुहूर्त
30 मुहूर्त = 1 मानव अहोरात्र
30 अहोरात्र = 1 मास
12 मास = 1 वर्ष

1728000 + 1296000 + 864000 + 432000] = 4320000 वर्ष
सत्य त्रेता द्वापर कलि = एक चतुर्युगी[109]
एक चतुर्युगी 4320000 × 71चतुर्युगी = 306720000 वर्ष
= एक मन्वन्तर[110]
14 मन्वन्तर × 71 चतुर्युगी = 994 चतुर्युगी = 4294080000 वर्ष
मन्वन्तर संध्यांश-काल 1728000 × 15 संध्यांश + 6 चतुर्युगी = 25920000 वर्ष
इस प्रकार (994+6)1000 चतुर्युगी = 4320000000 वर्ष = एक कल्प[111]
ब्राह्म अहोरात्र = कल्प × 2 = 8640000000 वर्ष
ब्राह्म अहोरात्र का मानवमान × 30 × 12 × 100 = 311040000000000 वर्ष
= द्विपरार्द्ध[112]

द्विपरार्द्ध (पर)=विश्वात्मा का एक निमेष या दिन[113]

पुराणों में प्रलय के *नित्य, नैमित्तिक, प्राकृत* और *आत्यन्तिक* चार भेद माने गये हैं।[114] वहाँ चतुर्युग और मन्वन्तर के अन्त में प्रलय के वर्णन तो मिलते हैं, परन्तु उन्हें ब्रह्मा के दिन के अन्तर्गत होने के कारण नैमित्तिक प्रलय के अवान्तर भेद समझकर उनका पृथक् नामकरण नहीं किया गया है।

नित्य-प्रलय

अनादि काल की शक्ति के कारण सृष्टि के सभी पदार्थों में मानव-वृद्धि से अग्राह्य होनेवाले परिवर्तन या क्षय को नित्य प्रलय कहते हैं।[115] अधर्म के वंशज हिंसा, माया, व्याधि, क्रोध, जरा आदि को इस प्रलय के प्रत्यक्ष कारणों में गिनाया गया है।[116]

चतुर्युगान्त-प्रलय

काल की गति से सिद्धियों के विघातक अधर्म और पाप के बीज की वृद्धि होती है।[117] सत्ययुग में धर्म अपने चारों चरणों से रहता है, फिर अन्य युगों में क्रमशः अधर्म की वृद्धि होने से उसका एक-एक चरण क्षीण होता जाता है।[118] इसके विपरीत कलियुग में अधर्म चार चरणों से तथा धर्म एक चरण से स्थित रहता है।[119] इसीलिए पुराणों में चारों युगों के अन्तिम कलियुग की मर्यादाहीनता और अधर्म के पश्चात् सप्तर्षियों एवं योगियों द्वारा सत्ययुग के आरम्भ में पुनः धर्म की स्थापना करने का उल्लेख मिलता है।[120] इस प्रकार कालक्रम से पाप और अधर्म अपनी चरम सीमा पर पहुँचते हैं। अतः समस्त सिद्धियों के क्षीण हो जाने पर प्रजा का नष्ट होना न्यायसंगत है। पुराणों में कलियुग के सध्यांश काल दिव्य शतवर्ष तथा मानव मान से छत्तीस हजार वर्ष में अनावृष्टि, दुर्भिक्ष आदि सब कष्टों द्वारा प्रजा के अत्यल्प रह जाने का वर्णन मिलता है। वहाँ मर्यादाहीन एवं भूख से व्याकुल प्रजा द्वारा सभी पशु-पक्षी एवं कन्द-मूल खा डालने का उल्लेख मिलता है। इस अत्यल्प अवशिष्ट प्रजा से ही सतयुग की सन्तति का प्रारम्भ होना लिखा है।[121]

मन्वन्तरान्त-प्रलय

पुराणों में इकहत्तर चतुर्युगी से कुछ अधिक का एक मन्वन्तर माना जाता है।[122] परन्तु कितना अधिक, यह किसी पुराण में स्पष्ट नहीं किया गया है। *वायुपुराण* में इतना संकेत अवश्य मिलता है कि यह इकहत्तर चतुर्युगियों से अधिक काल मन्वन्तर की सन्धि का काल है।[123] वहाँ भी सन्धि-काल का निश्चित परिमाण नहीं दिया गया है। परन्तु *सूर्य-सिद्धान्त* में मन्वन्तर के अन्त में सन्धि-काल को कृतयुग के मान अर्थात् सत्तरह लाख अट्ठारह हजार मानव वर्ष के बराबर बताकर उसमें जलप्लावन होने का स्पष्ट उल्लेख किया गया है।[124] आचार्य वैद्यनाथ और पं० बलदेव प्रसाद उपाध्याय भी सूर्य-सिद्धान्त और ज्योतिष शास्त्रों के प्रमाण पर प्रत्येक मन्वन्तर के सन्धि-काल में जलप्रलय का होना मानते हैं।[125]

नैमित्तिक-प्रलय

ब्राह्म दिन (कल्प) के अन्त में ब्राह्म रात्रि में ब्राह्म नामक नैमित्तिक प्रलय होती है।[126] इसे कल्पान्त प्रलय भी कहते हैं। सम्पूर्ण जगत् को लीन कर एकार्णवीकृत जगत् में नारायणात्मक ब्रह्मा का अनन्त की शय्यापर शयन करना ही निमित्त है। इसलिए यह नैमित्तिक प्रलय कहलाती है।[127] इसमें कृतक त्रैलोक्य के देवता भी नष्ट हो जाते हैं क्योंकि उनको स्पष्टतः कल्पायुष कहा गया है।[128] इस प्रलय में भूः,

भुवः और स्वः की भौतिक त्रिलोकी ही नष्ट होती है।[129] ऊर्ध्व लोक अर्थात् मह, जन, तप और सत्य लोक एवं उसके निवासी योगी, मनीषी, मुनिजन तथा सिद्धजन इस प्रलय में नष्ट नहीं होते।[130] ये योगी स्थूल शरीर को छोड़कर सूक्ष्मशरीर से ही ब्रह्मलोक में पहुँचते हैं,[131] अन्यथा इस प्रलय के कारण त्रिलोकी में प्राकृत सृष्टि के अतिरिक्त कोई भौतिक पिण्ड शेष नहीं रहता।[132] इस प्रकार इस प्रलय में ब्रह्मा और प्रकृति का लय परब्रह्म में नहीं होता।[133]

नैमित्तिक-प्रलय का भयंकर दृश्य- ब्राह्म दिन या कल्पान्त में होने वाली इस प्रलय की भीषणता का *महाभारत* से लेकर अनेक पुराणों में वर्णन मिलता है।[134] परन्तु *विष्णुपुराण, वायुपुराण* और *ब्रह्मपुराण* में नैमित्तिक प्रलय का अत्यन्त व्यवस्थित एवं वैज्ञानिक वर्णन मिलता है जिससे निम्नलिखित तथ्यों का पता चलता है-

1. अनावृष्टि से जलशोषण- एक सहस्र चतुर्युग अर्थात् कल्प के अन्त में पृथ्वी क्षीणप्राय हो जाती है, क्योंकि दिव्य शत वर्ष तक घोर अनावृष्टि रहती है। किसी को अन्न नहीं मिलता। अतः प्रजा भूख-प्यास से व्याकुल होकर एक-दूसरे को खाने लगती है। इस प्रकार अल्प शक्ति वाले प्राणी नष्ट हो जाते हैं। तब भगवान् विष्णु रुद्र रूप में समस्त प्रजा का क्षय करने लगते हैं तथा सूर्य की सातों किरणों से स्थित होकर अशेष जल का शोषण कर लेते हैं। इस प्रकार सरोवर, सरिता, समुद्र, पृथ्वीतल, पाताल आदि का समस्त जल सूख जाता है। तदुपरान्त सूर्य की सातों रश्मियाँ जलपान से पुष्ट होकर सात प्रचण्ड भास्कर बन जाती हैं।

2. सूर्याग्नि और संकर्षण अग्नि से त्रिलोकी का दग्ध होना- उक्त सातों प्रचण्ड भास्कर जलांश के नष्ट होने से ऊपर-नीचे सब ओर पाताल सहित त्रिलोकी को भस्म कर डालते हैं। उस समय प्रदीप्त भास्करों से वृक्ष और पर्वतादि के दग्ध हो जाने पर यह भूण्डल कछुए की पीठ के सदृश लगने लगता है। उस दारुण ज्वाला-समूह का महान् आवर्त्त वहीं चक्कर लगाने लगाता है जिससे सम्पूर्ण चराचर जगत् नष्ट हो जाता है।

3. अतिवृष्टि द्वारा त्रिलोकी का जलमग्न होना- सम्पूर्ण जगत् को दग्ध करके रुद्र भगवान् अपने मुख-निश्वास और अग्नि के प्रस्वेद से मेघों को उत्पन्न करते हैं। तब विद्युत से युक्त, गज-समूह के समान बृहदाकार, भयंकर गर्जन करनेवाले संवर्त्तक नामक घोर मेघ आकाश में उठते हैं। विभिन्न रंग (सत्तरह वर्ण) और विभिन्न आकार वाले भीमकाय मेघ आकाश को आपूरित करके संसार को अन्धकार में लिप्त कर देते हैं। शतवर्ष अहर्निश मूसलाधार वृष्टि से भयंकर अग्नि को शान्त करके ये महामेघ एवं विक्षुब्ध सागर मर्यादाहीन होकर सप्तर्षियों के स्थान को भी पार करने वाले जल से सम्पूर्ण त्रिलोकी को एक महासागर के समान कर देते हैं।

4. वायु द्वारा मेघों का छिन्न-भिन्न होना- तदनन्तर भगवान् के मुख निश्वास से प्रकट होकर प्रचण्ड वायु उन महामेघों को छिन्न-भिन्न करके शतवर्ष तक चलता रहता है।

5. विष्णु भगवान् का महासमुद्र में शयन- अन्त में भगवान् विष्णु विश्व की संपूर्ण वायु को पीकर अपनी दिव्य मायारूपिणी योगनिद्रा का आश्रय लेकर उस महासमुद्र में शेष शय्या पर एक ब्राह्म रात्रि तक शयन करते हैं।

प्राकृत-प्रलय

ब्रह्मा की आयु अर्थात् द्विपरार्द्ध के अन्त में प्राकृत प्रलय होती हैं।[135] इस प्रलय में पंचभूतमय यह चराचर जगत् अपना स्थूल रूप छोड़कर अपने कारण रूप में स्थित हो जाता है। तत्पश्चात् महतत्व, अहंकार और पंच तन्मात्राएं-सातों प्रकृतियाँ भी अपने कारण मूल प्रकृति (अव्यक्त)में लीन हो जाती हैं। इसीलिए इसको प्राकृत प्रलय कहते हैं।[136] प्राकृत प्रलय के समय ब्रह्मा, विष्णु और रुद्र शक्तियाँ और प्रकृति परब्रह्म में लीन हो जाती हैं।[137] ऊर्ध्वलोकवासी योगी भी आनन्दस्वरूप शान्त परमात्मा में लय हो जाते हैं।[138] इस प्रकार ब्रह्मा, प्रकृति और योगियों सहित सम्पूर्ण ब्रह्माण्ड उत्पत्ति और लय से रहित, आदि-रहित एवं काल के नियामक विश्वात्मा ब्रह्म में लीन हो जाते हैं।[139]

प्राकृत-प्रलय का भयंकर दृश्य- सातों प्रकृतियाँ और पंचभतों के मूल प्रकृति में प्रलय का अति विस्तृत एवं क्रमिक वर्णन *विष्णुपुराण* में प्राप्त होता है।[140] प्राकृत प्रलय में पहले नैमित्तिक प्रलय में वर्णित अनावृष्टि, सूर्याग्नि और अतिवृष्टि से तीनों लोक एकार्णव में परिवर्तित हो जाते हैं। तदुपरान्त महत् तत्त्व से लेकर पंचभूत पर्यन्त विकार क्षीण हो जाते हैं। विशेष ध्यान देने की बात यह है कि पृथ्वी, जल, अग्नि, वायु और आकाश के गुण (तन्मात्रा) जब अपने कारण में लीन होते हैं तब प्रथम पृथ्वी और अन्तिम आकाश स्वयं में कोई उपद्रव नहीं करते। परन्तु मध्य के जल, अग्नि और वायु के तीन तत्त्व सारे ब्रह्माण्ड में खलबली मचा देते हैं।

जल- पृथ्वी के गुण गन्ध तन्मात्रा के जल में लीन हो जाने पर पृथ्वी जलमय हो जाती है। उस समय बड़े वेग से घोर शब्द करता हुआ तरंग मालाओं से युक्त जल अत्यन्त बढ़कर सम्पूर्ण जगत् को चारों ओर से आवृत्त कर लेता है। यह जल कभी स्थिर होता है तो कभी बहने लगता है।

अग्नि- जल के गुण रस तन्मात्रा का तेज में लय हो जाने पर जल अग्नि-रूप हो जाता हैं। सब ओर व्याप्त अग्नि बढ़कर सम्पूर्ण जल को सोख लेती है और सम्पूर्ण जगत् ज्वाला से पूर्ण हो जाता है। इस समय अग्नि ऊपर नीचे सम्पूर्ण ब्रह्माण्ड में अपनी शिखाओं को फैला देती है।

वायु- अग्नि के गुण रूप तन्मात्रा के वायु में लीन हो जाने पर अग्नि शान्त हो जाती है। इस प्रकाशहीन संसार में अति प्रचण्ड वायु चलने लगती है। अपने उद्‌गम-स्थान आकाश का आश्रय पाकर ऊपर नीचे तथा सब ओर दशों दिशाओं में वह प्रचण्ड वायु बड़े वेग से चलने लगती है।

आत्यन्तिक प्रलय

विवेक द्वारा मायामय अहंकार को नष्ट करके माया-मुक्त आत्मा के ब्रह्म में लय होने को आत्यन्तिक प्रलय कहते हैं।[141] इस प्रकार यह मोक्ष की ही अपर संज्ञा है। यह प्रलय कालातीत, व्यक्तिगत और साधन सापेक्ष्य होती है।

भारतीय सृष्टि-विद्या अथवा दर्शन पर आधारित उपर्युक्त प्रलय-भेदों में नित्य प्रलय तो प्रत्येक क्षण होती रहती है और आत्यंतिक प्रलय कालातीत है। शेष प्रलयों की तालिका इस प्रकार है-

नाम				*प्राकृत प्रलय* (प्रकृति एवं पुरुष का भी ब्रह्म में लय)
नाम			*नैमित्तिक प्रलय* (तत्वों के विप्लव के बाद एकार्णव में नारायण का शयन)	→
नाम		*मन्वन्तरान्त* (अति वृष्टि एवं समुद्र की मर्यादा हीनता)	→	→
नाम	*चतुर्युगान्त* (अधर्म एवं विप्लव)	→	→	→
अवधि	3600 वर्ष	1728000 वर्ष	4320000000 वर्ष	311040000000000 वर्ष

पुराणों के अनुशीलन से ज्ञात होता है कि वहाँ नैमित्तिक प्रलय का ही वर्णन अधिक किया गया है। वैवस्वत मनु से सम्बद्ध जलप्लावन को भी नैमित्तिक प्रलय बताया गया है।[142] लेकिन नैमित्तिक प्रलय में सम्पूर्ण त्रिलोकी नष्ट हो जाती है। अतः मनु, सप्तर्षि, बीज, नौका, स्थान आदि के शेष रहने का प्रश्न ही नहीं उठता। दूसरे नैमत्तिक प्रलय कल्पान्त में होती है। कल्प में चौदह मनु होते हैं। वैवस्वत मनु सातवें मनु हैं। अतः यह नैमित्तिक प्रलय नहीं हो सकती। इन्हीं असंगतियों के आधार पर *भागवतपुराण* के टीकाकार श्रीधर ने भी वैवस्वत मनु की प्रलय को नैमित्तिक मानने में आपत्ति उठाई है।[143]

प्रलय-कथाओं का इतना व्यापक प्रभाव था कि कुछ अवतारों के समय उनके कार्यों से किसी न किसी रूप में प्रलयकालीन स्थिति का सुन्दर चित्रण किया गया है। वाराह का जल से पृथ्वी का उद्धार,[144] और इनके समय में ही हिरण्याक्ष और हिरण्यकशिपु के जन्म के समय तो प्रलय की पूर्व अवस्था का अत्यन्त स्वाभाविक वर्णन मिलता है।[145] रामावतार में राम के वाण से प्रलयकालीन दृश्य उपस्थित हो गया था।[146] इसके अतिरिक्त जैन ग्रन्थों में पूर्व युग का अग्नि-वर्षा और जल-वर्षा से नष्ट होना लिखा है।[147] तमिल ग्रन्थ में भी भीषण प्रलय से विस्तृत भूभाग के जलमग्न होने का उल्लेख मिलता है।[148] *इस प्रकार अधिकांश प्रलय-कथाओं में घोर वर्षा और समुद्र की मर्यादाहीनता के कारण पूर्व सृष्टि के विनाश का वर्णन किया गया है।*

मानवता का विकास

मन्वन्तर और मनु- ऐतिहासिक भित्ति पर आधारित मन्वन्तर-कल्पना काल की शब्दावली में सृष्टि-रचना की कहानी है जिसमें चतुर्युग धर्म और अवधि में क्रमशः क्षीण होते हुए चक्रवत् घूमते रहते हैं।[149] सूर्य चक्रात्मक काल का प्रतीक है, क्योंकि इसके दर्शन और अदर्शन पर अहोरात्र की व्यवस्था होती है।[150] चौदह मुहूर्त का दिन और चौदह मुहूर्त की रात तथा दो मुहूर्त की सन्ध्याएँ मिलकर अहोरात्र में तीस मुहूर्त होते हैं।[151] पुराणों में कल्प (दिन) को काल का परिमाण माना गया है।[152] ब्रह्मा के एक दिन को कल्प[153] कहते हैं। इसमें चौदह मुहूर्तों के आधार पर चौदह मनु होते हैं।[154] इस प्रकार मनु के काल अथवा मनुओं के परिवर्तन को 'मन्वन्तर' संज्ञा दी गई है। पुराणों में मनु, मनुपुत्र, इन्द्र, देवता, सप्तर्षि और भगवान् के अंशावतार इन छः अधिकारियों से युक्त काल को मन्वन्तर कहा गया है।[155] इस प्रकार ब्रह्मा के कल्प में चौदह मनु और उनके अधिकारियों के नाम पृथक्-पृथक् गिनाये गये हैं। *भागवतपुराण* के अनुसार मनुओं के नाम पर चौदह मन्वन्तर[156] इस प्रकार हैं-

1. स्वायंभुव, 2. स्वरोचिष, 3. उत्तम, 4. तामस, 5. रैवत, 6. चाक्षुष, 7. वैवस्वत, 8. सावर्णि, 9. दक्षसावर्णि, 10. ब्रह्मसावर्णि, 11. धर्मसावर्णि, 12. रुद्रसावर्णि, 13. देवसावर्णि, तथा 14. इन्द्रसावर्णि। इन मनुओं में से स्वायंभुव से लेकर सावर्णि तक के पहले आठ नामों के बारे में पुराणों में प्रायः एकरूपता है, किन्तु नौ से लेकर चौदह तक मनु नामों के बारे में अत्यधिक पाठ-भेद मिलते हैं।[157] *इन मनुओं के दो सप्तक प्रतीत होते हैं। प्रथम सप्तक में स्वायंभुव मनु और उनके वंशज तथा वैवस्वत मनु के नाम गिनाये गये हैं। द्वितीय सप्तक के मनु को सावर्णि विशेषण दिया गया है।*

वैदिक साहित्य में वैवस्वत मनु और मनुसावर्णि एक ही व्यक्ति प्रतीत होते हैं, क्योंकि वहाँ मनु को विवस्वान् द्वारा उनकी दूसरी पत्नी सवर्णा से उत्पन्न बताया गया है।[158] अन्य मनुओं का वहाँ विवरण नहीं मिलता। परन्तु पुराणों में मनु के जन्म सम्बन्धी आख्यान में परिवर्तन हो गया है। वहाँ वैवस्वत मनु विवस्वान् की पहली पत्नी संज्ञा से और सावर्णि मनु उनकी दूसरी पत्नी छाया से उत्पन्न बताये गये हैं। इस प्रकार पुराणों में एक पिता सूर्य और दो माताओं से उत्पन्न ये दो मनु हैं।[159] यह सूर्य अमृत और मृत्यु दोनों बताया गया है।[160] डॉ० वासुदेवशरण अग्रवाल सूर्य की पत्नी सरण्यू (संज्ञा) और सवर्णा (छाया) को क्रमशः प्रकाश और छाया के प्राचीन सिद्धान्त का प्रतीक मानते हैं। अतः वे प्रथम सप्तक को प्रकाश और दूसरे सप्तक को छाया के सिद्धान्त का द्योतक मानते हैं। इसी सिद्धान्त को संज्ञा और छाया के आख्यान के रूप में प्रस्तुत किया गया है तथा उनकी सन्तति मनुओं के उदीयमान सूर्य और अस्तंगत सूर्य के आधार पर दो सप्तक कर दिये गये हैं। इस काल के उतार-चढ़ाव की पुष्टि ज्योतिष ग्रन्थ भी करते हैं।[161] इस प्रकार *डॉ० अग्रवाल प्रातःकालीन सात मनुओं को सृष्टि और अपराह्ण के सात मनुओं को क्षय से सम्बन्धित मानते हैं।*[162] प्रकाश और छाया पुराणों में धर्म और अधर्म तथा देवत्व और असुरत्व के रूप में विद्यमान हैं।[163] इसकी पुष्टि पौराणिक मनुओं के विवरण से भी हो जाती है। प्रथम सप्तक के अन्तिम वैवस्वत मन्वन्तर में इन्द्र का अधःपतन हो जाता है और द्वितीय सप्तक के प्रथम मनु सावर्णि के मन्वन्तर में पतित इन्द्र का प्रतिद्वन्द्वी बलि ही इन्द्र बनता है। प्रथम सप्तक में धर्म और मनु का प्राबल्य है तो अपराह्ण के द्वितीय सप्तक में अधर्म की प्रधानता है, क्योंकि वहाँ रुद्र सावर्णि स्वयं मनु है और असुरराज अष्टम मन्वन्तर का इन्द्र है।[164] *भागवत-पुराण* में अधर्म, रुद्र और असुर को कल्प का अन्त करने वाली विभूतियों में गिनाया गया है।[165] जैन साहित्य में भी उत्सर्पिणी और अवसर्पिणी काल के दो विभाग हैं। पहले में मनुष्य दुःख से सुख की ओर और दूसरे में सुख से दुःख की ओर अग्रसर होता है।[166] वहाँ पर भी प्रथम

सात कुलकरों (मनु) को उत्सर्पिणी और दूसरे सात को अवसर्पिणी के अन्तर्गत रखा गया है।[167]

> इस विवेचन के आधार पर कहा जा सकता है कि प्रकाश और छाया का जनक (कारण) सूर्य एक है। उसके दिखाई देने के समय को दिन कहते हैं और चढ़ते सूर्य और ढलते सूर्य के कारण दिन के पूर्वाह्न और अपराह्न दो भाग हो जाते हैं। पुनः मुहूर्तों के आधार पर दिन के दोनों भागों के सात-सात विभाग हो जाते हैं। उसी प्रकार ब्रह्मा के कल्प में सूर्य-पुत्र मनु के उन्नति और अवनति के आधार पर दो कुल हो जाते हैं। प्रत्येक मनु का काल निश्चित होता है। अतः कल्प में काल-विभाजन के आधार पर उनकी संख्या चौदह हो जाती है। इस प्रकार सृष्टि-विद्या पर आधारित वैवस्वत् मनु के जन्म से सम्बन्धित सरण्यू और सवर्णा का *वैदिक आख्यान पुराणों में काल-गणना की ऐतिहासिक पद्धति से मिलकर चौदह मनुओं का जनक बन गया है।*

कल्प (ब्राह्म दिन)

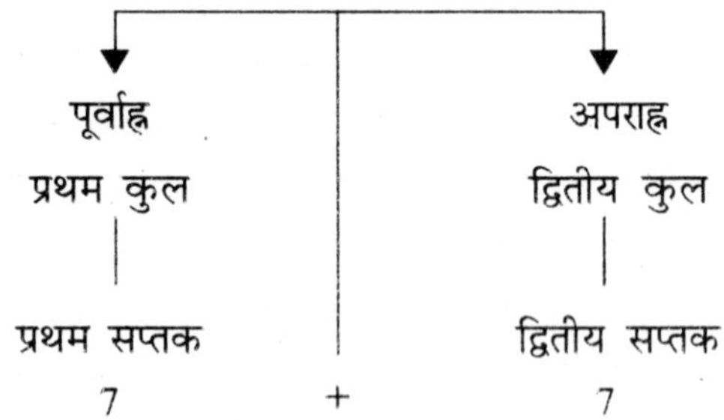

मुहूर्तों के अनुसार 14 मनु एवं मन्वन्तर

मनु के सहायक- मन्वन्तर की व्यवस्था के लिए मनु के सहायक अधिकारियों का कार्य-विभाग इस प्रकार बताया गया है। मनुपुत्र काल और देश का विभाग करके धर्मानुकूल प्रजापालन करते हैं। देवों का अधिपति इन्द्र त्रिलोकी की अतुल सम्पत्ति का उपभोग करता है और वर्षा करता है तथा तीनों लोकों की रक्षा करता है। अन्य देवगण यज्ञ का भाग स्वीकार करते हैं।[168] चतुर्युग के अन्त में वेदों के लोप हो जाने पर सप्तर्षि अपनी तपस्या से पुनः उनका साक्षात्कार करते हैं और स्वर्गलोक से पृथ्वी पर श्रुतियों का प्रचार करके सनातन धर्म की रक्षा करते हैं। ये ऋषि ही प्रजा की उत्पत्ति और उसका विस्तार किया करते हैं।[169] भगवान् समय पड़ने पर अवतार लेकर अधर्मी दुष्टों को दबाकर धर्म के अनुष्ठान और विश्व-व्यवस्था के संचालन में मनु की सहायता करते हैं।[170]

मनु के कार्य- पुराणों में मनु के कार्यों का विस्तार से वर्णन किया गया है। उनका विभाग इस प्रकार किया जा सकता है-

(क) मनु प्रजापति के रूप में जगत्-यात्रा का संचालन[171]और सृष्टि का नित्य स्थिति-कर्त्ता है।[172] वह विश्व की पालिनी शक्ति[173] और त्राण तथा रक्षा करने के कारण क्षात्र-शक्ति भी कहलाता है।[174] इस प्रकार मनु जगत् रूपी नाटक का सूत्रधार है तथा विश्व की पालिनी शक्ति का संगठित केन्द्र-बिन्दु है।

(ख) पुराणों में सृष्टि की स्थिति धर्म पर आधारित बताई गई है। अतः मनु का दूसरा रूप ऋषि एवं धर्मशास्त्रकर के रूप में उभरता है। वह पृथ्वी पर चारों चरण से युक्त धर्म का अनुष्ठान करनेवाला है।[175] वह वेदों का प्रसारक एवं वर्णाश्रम धर्म की मर्यादा स्थिर रखनेवाला बताया गया है।[176] वह प्रत्येक सतयुग के आरम्भ में स्मृति-शास्त्र का रचयिता[177] और सदाचार का वक्ता है।[178]

भागवतपुराण में 'मन्वन्तराणि सद्धर्म'[179] कहकर मन्वतर की व्याख्या की गई है जिसमें उपर्युक्त दोनों संकेतों का समाहार हो जाता है। अर्थात् मनु द्वारा अपने सहयोगी अधिकारियों सहित प्रजा की स्थिति, रक्षा, व्यवस्था, पालन-पोषण और अधर्म का उन्मूलन करके धर्म की स्थापना करना ही उसका सद्धर्म अर्थात् परम पवित्र कर्त्तव्य है।

> *इस प्रकार मन्वन्तर वह सार्वभौम संस्था है जिसका सृष्टि के नियन्त्रण तथा मानव-समाज के धर्मानुकूल एवं सुचारु रूप से पालन-पोषण तथा उसकी सर्वांगीण उन्नति अर्थात् लोकमंगल के लिए भारतीय मनीषियों ने प्रवर्त्तन किया था।*

वैवस्वत मनु- वैवस्वत मनु से सम्बन्धित प्रलय-कथाओं में सर्वत्र राजा मनु को प्रलय के उपरान्त चराचर सृष्टि का विस्तार करनेवाला माना गया है और उसको उस मन्वन्तर का मन्वन्तराधिप बताया गया है।[180] जैन ग्रन्थों में भी प्रकारान्तर से पूर्व युग के प्रलय से नष्ट हो जाने पर दूसरे युग में विमलवाहन कुलकर (मनु) द्वारा जगत् की पूर्ववत् व्यवस्था करने की भविष्यवाणी करने का उल्लेख मिलता है।[181] *कुमारपाल चरित्र* और *अभिधान राजेन्द्र* नामक जैन ग्रन्थों में मनु को प्रजापति माना गया है।[182]

> इस प्रकार पुराणेतिहास काल से लेकर *कामायनी* तक मनु ही प्रलयोपरान्त मानवता का विकास करनेवाले माने गये हैं। इसी मान्यता का संकेत कालिदास ने *रघुवंशमहाकाव्य* में वैवस्वत् मनु को आदि पृथ्वीपति कहकर किया है।[183]

महाभारत में मनु के आदि राजा होने के सम्बन्ध में एक आख्यान मिलता है। वहाँ समाज की विशृंखल अवस्था से तंग आकर प्रजा द्वारा ब्रह्मा से समाज में शान्ति और उसका नियमन करने के लिए एक राजा मनोनीत करने की प्रार्थना की गई है। ब्रह्मा की आज्ञा पर भी पाप से भयभीत मनु ने मिथ्याचारी प्रजा पर शासन को कठिन बताकर इस प्रस्ताव को पहले तो अस्वीकृत कर दिया; लेकिन जब प्रजा ने राज्य-कार्य को सुचारु रूप से चलाने के लिए अन्न, धन आदि नियमित अंश देने का वचन दिया तब मनु ने राजा बनकर वर्णाश्रम धर्म का विभाग किया।[184]

> इस प्रकार वैवस्वत मनु राज्य-शासन के विविध नियम और राज्यकोष के लिए देय कृषि-उत्पादन का भाग आदि विधानों के प्रारम्भ कर्ता ठहरते हैं।[185]

बाल्मीकि रामायण में पूर्व काल के प्रजापति वैवस्वत मनु द्वारा अयोध्या में राजधानी की स्थापना करके उसे अपने पुत्र इक्ष्वाकु को दिये जाने का उल्लेख मिलता है। मनु ने इक्ष्वाकु को दण्ड-विधान की शिक्षा देकर उसे राज्यसिंहासन पर बैठाया था और उसे भावी राजवंशों की वृद्धि करने का आदेश दिया था। तदुपरान्त निश्चिन्त होकर वैवस्वत मनु का त्रिदिव एवं सनातन ब्रह्मलोक जाने का उल्लेख भी मिलता है। आगे ये इक्ष्वाकु वंशी ही पृथ्वी के अधिपति हुए थे।[186] *महाभारत* में मनु के दस पुत्रों से मानव-वंश विकसित होने के कारण मानवों से सम्बन्ध रखनेवाले ब्राह्मण, क्षत्रियादि सब को मनु के वंश से प्रख्यात होना बताया गया है।[187] पुराणों के लक्षणों में 'वंशानुचरित' एक मुख्य विषय है। अतः वहाँ अत्यन्त विस्तार से वैवस्वत मनु के पुत्रों से विशाल सूर्यवंश का विकास दिखाया गया है। वहाँ सूर्यवंश के यज्ञकर्त्ता, शूरवीर और धैर्यवान् प्रधान राजाओं के चरित्रों का ही विवरण विशेष रूप से दिया गया है। इस प्रकार महाभारत काल तक उनके वंशक्रम का विवरण पुराणों में उपलब्ध होता है।[188]

यद्यपि महाभारत और पुराणों में मनु के दस या नौ पुत्र ही गिनाये गये हैं, तथापि सभी पुराणों से मनुपुत्रों के नामों का संकलन करने पर उनकी संख्या लगभग तीस हो जाती है, जैसे इक्ष्वाकु, करुष, कुशनाभ, नृग, पृषध्र, वृषघ्न, प्रांशु, वसुमत, शर्याति, नरिष्यन्त, इल, सुद्युम्न, धृष्ट, धृष्णु, नभ, नभग, नाभ, नाभाग, अरिष्ट रिष्ट, दिष्ट, उद्विष्ट, नेदिष्ट, नाभानेदिष्ट, नाभागनेदिष्ट। इसी से इन नामों के पाठों की अयथार्थता सिद्ध हो जाती है। कभी-कभी एक ही पुराण में यह नामावली दो स्थलों पर आई है। परन्तु वहाँ पर भी संख्या और नामों में एकरूपता नहीं है। *गरुड़पुराण* में एक स्थल पर नौ नाम गिनाये गये हैं। परन्तु दूसरे स्थल पर सुद्युम्न का नाम और जोड़कर संख्या दस कर दी गई है। इतना ही नहीं, दूसरे स्थल के नाम भी भिन्न हैं।[189]

इसी प्रकार *विष्णुपुराण* में पहले नौ पुत्रों का उल्लेख किया गया है, जिनमें एक नाम अरिष्ट भी है। परन्तु दूसरे स्थल पर अरिष्ट के स्थान पर प्रांशु और दिष्ट दो नाम बढ़ाकर संख्या दस कर दी गई है।[190] *ब्रह्मपुराण* में भी पहले नौ और बाद में दस पुत्र गिनाये गये हैं।[191] *मत्स्यपुराण* में एक स्थल पर इक्ष्वाकु को दस पुत्रों में प्रमुख माना गया है, परन्तु दूसरे स्थल पर पुत्रेष्टि से उत्पन्न इल को ज्येष्ठ मानकर भी संख्या दस ही रखी गयी है।[192]

पुराणों के प्रसिद्ध विद्वान् एच० एच० विलसन का ध्यान भी इन पाठों की भिन्नता की ओर गया है। वे उदाहरण देकर स्पष्ट करते हैं कि नाभागदिष्ट में भिन्नता मिलती है। जैसे नाभागरिष्ट, नाभाग, नभग, नभाग, नेदिष्ट, दिष्ट और अरिष्ट। विलसन महोदय *हरिवंशपुराण* के टीकाकार श्रुति के आधारपर नाभागदिष्ट नाम की पुष्टि करते हैं। इन्होंने *ऐतरेय ब्राह्मण* में प्राप्त नाभानेष्टि पाठ का भी संकेत किया है जिसके साथ पैतृक सम्पत्ति के उत्तराधिकार की कथा संलग्न है। 'नाभाग' शब्द का अर्थ 'हिस्सा-नहीं' भी इस कथा से इस नाम का सम्बन्ध प्रकट करता है।[193] परन्तु कोशकार 'नाभ नेदिष्ट' पाठ मानकर इसका अर्थ 'वंश में निकटतम' करते हैं।[194] *भागवतपुराण* में वास्तव में यह उत्तराधिकार की कथा मनु के पुत्र के स्थान पर वंश में निकटतम उनके पौत्र से सम्बद्ध हो गई है। वहाँ मनुपुत्र दिष्ट के पुत्र का नाम भी नाभाग लिखा है[195] और मनु के दूसरे पुत्र नभग के पुत्र का नाम भी नाभाग दिया गया है। मनु का पौत्र यह दूसरा नाभाग दीर्घकाल तक ब्रह्मचर्य व्रत का पालन करके लौटा। पैतृक सम्पत्ति आपस में पहले ही बाँट लेने के कारण बड़े भाइयों ने विद्वान् अनुज भ्राता के हिस्से में केवल पिता को दिया। पिता की सम्पत्ति से नाभाग ने आङ्गिरस ब्राह्मणों का यज्ञ उचित रीति से कराकर ब्रह्मज्ञान और यज्ञ से अवशिष्ट धन प्राप्त किया।[196] इस विवेचन से स्पष्ट है कि वैदिक नाभानेष्टि नाम में भी अनिश्चितता है? क्योंकि उसके बहुत से पाठ-भेद मिलते हैं और उस कथा का मनु के तथाकथित पुत्र से मनु के पौत्र पर संक्रमण हो गया है। इसी प्रकार पुराणों में प्राप्त अन्य नामों को एक स्थान पर संकलित करके ऊपर स्पष्ट कर दिया गया है कि इन नामों में अत्यधिक पाठभेद मिलता है। डॉ० रामशंकर भट्टाचार्य भी इस मत की पुष्टि करते हैं। वे पौराणिक नामों के आदिम भाग में परिवर्तन की समस्या पर विचार करते हुए लिखते हैं कि वस्तुतः मनु के पुत्रों के यथार्थ नाम क्या हैं, यह निश्चित रूप से जानना कठिन है, क्योंकि पुराणों का पाठ बहुत भ्रष्ट हो गया है।[197]

श्रद्धा और काम- *महाभारत* में श्रद्धा को सूर्य की पुत्री कहकर उसको वैवस्वती और प्रस्रवित्री नामों से पुकारा गया है।[198] परन्तु पुराणों में स्वायम्भुव मनु की कन्या

देवहुति और प्रजापति कर्दम की पुत्री का नाम श्रद्धा बताया गया है जो अंगिरस की पत्नी थी।[199] परन्तु स्वायम्भुव मन्वन्तर में ही ब्रह्मा के पुत्र दक्ष की कन्याओं में दूसरी श्रद्धा, लज्जा आदि का उल्लेख मिलता है, जो अपनी सभी बहिनों सहित धर्म की पत्नी थीं। इन पुत्रियों को *महाभारत* में धर्म का द्वार और *वायुपुराण* में लोक की माताएँ भी कहा गया है।[200] इन्हीं स्थलों पर आगे श्रद्धा और धर्म के पुत्र को काम और उसकी पत्नी का नाम रति बताया गया है।[201] लेकिन पौराणिक गाथाओं में काम को ब्रह्मा के हृदय से उत्पन्न[202] और शंकर के तृतीय नेत्र से दग्ध किये जाने के कारण भगवान् की स्तुति करने पर पुनः श्रीकृष्ण के पुत्र प्रद्युम्न के रूप में उत्पन्न होने का उल्लेख मिलता है।[203] पुराणों में कामदेव को अधिकतर काम-पीड़ा देकर तपस्या भंग करने वाला चित्रित किया गया है।[204] दग्ध होकर अंगहीन हो जाने के कारण इसका नाम अनंग पड़ा था।[205] तपस्या द्वारा काम को पुनः देवत्व-प्राप्ति का भी उल्लेख मिलता है।[206] कामदेव का देवासुर संग्राम में भाग लेकर युद्ध करने का भी वर्णन प्राप्त होता है।[207]

मनु-श्रद्धा और इड़ा- स्वायम्भुव मन्वन्तर में वर्णित उपर्युक्त श्रद्धा से वैवस्वतः मनु का कोई सम्बन्ध नहीं दिखलाई पड़ता। ब्राह्मण ग्रन्थों के समान पुराणों में भी सातवें मन्वन्तराधिप वैवस्वत मनु को अनेक स्थलों पर श्राद्धदेव कहकर पुकारा गया है।[208] लेकिन वहाँ मनु-पुत्रों के नामोल्लेख के साथ मनु-पत्नी और उन पुत्रों की माता का नाम नहीं दिया गया है। तीसरे वहाँ इड़ा और श्रद्धा का सम्बन्ध भी नहीं दिखाया गया है। लेकिन *भागवत पुराण* में इन बातों का समाधान मिल जाता है। वहाँ इक्ष्वाकु आदि दस पुत्रों की माता और मनु-पत्नी का नाम स्पष्ट रूप से श्रद्धा बताया गया है। आगे यह भी वर्णन मिलता है कि मनु पहले सन्तानहीन थे। उन्होंने वशिष्ठ जी से मित्रावरुण के लिए पुत्रेष्टि यज्ञ कराया। मनु-पत्नी श्रद्धा ने होता से कन्या के लिए नम्रतापूर्वक याचना की। फलस्वरूप होता के विपरीत संकल्प से पुत्र के स्थान पर इला नाम की कन्या उत्पन्न हुई।[209] इस प्रकार इला मनु और श्रद्धा दम्पत्ति की दुहिता कही जाती है। पुराणों में इड़ा के स्थान पर 'इला' शब्द का प्रयोग किया गया है।

पुराणों में इला के सम्बन्ध में विचित्र आख्यान मिलते हैं। *शिव महापुराण* आदि ग्रन्थों में वर्णित कथा के पूर्वार्द्ध पर ब्राह्मण ग्रन्थों का प्रभाव है, परन्तु उत्तरार्द्ध में पुराणों ने इस कथा को एक नवीन और विलक्षण मोड़ दे दिया है। वहाँ इक्ष्वाकु आदि बहुत से पुत्र उत्पन्न होने से पूर्व पुत्र की कामना से मनु द्वारा किय गये मित्रावरुण यज्ञ से दिव्य इला की उत्पत्ति का उल्लेख मिलता है। ब्राह्मण ग्रन्थों की कथा के विपरीत यहाँ इला को मनु पहले अपना अनुगमन करने के लिए कहते हैं। परन्तु वह

मित्रावरुण की अंशभूता होने के कारण मनु का अनुगमन न करके मित्रावरुण के पास जाती है। वे इला की धर्मपरायणता से प्रसन्न होकर उसे मनु का वंशवर्द्धक, जगत्प्रिय और धार्मिक पुत्र होने का वरदान दे देते हैं। पिता मनु के पास लौटती हुई इला का परिचय बुध से होता है और उससे पुरुरवा की उत्पत्ति के बाद वरदानस्वरूप वह सुद्युम्न रूप में परिणत हो जाती है। वह मानवेय स्त्री और पुरुष दोनों लक्षणों से युक्त था। स्त्री लक्षणों से उसका नाम इला और पुरुष रूप में उसका नाम ही सुद्युम्न पड़ा। इक्ष्वाकु और सुद्युम्न से उत्पन्न तीनों पुत्रों को राज्य मिल गया था। परन्तु कन्याभाव के कारण सुद्युम्न को राज्य नहीं मिला था। बाद में वशिष्ठ के कहने से उसको राज्य दे दिया गया, जो उसने बुध से उत्पन्न अपने पुत्र पुरुरवा को दे दिया था।[210]

इन पुराणों में से *ब्रह्माण्ड पुराण* में आगे इस बात का भी संकेत मिलता है कि सुद्युम्न का स्त्री भाव इसलिए कहा गया है कि वह उमावन में जाने से स्त्री हो गया था और महादेव के प्रसाद से उसने पुनः पुरुषत्व प्राप्त किया था।[211] अन्य पुराणों में शरवण वन की कथा का सहारा लिया गया है। *विष्णुपुराण, मार्कण्डेयपुराण, भागवतपुराण* और *लिंगपुराण* में कथा परस्पर समान है। वहाँ मित्रावरुण के यज्ञ में होता के विपरीत संकल्प से पुत्र के स्थान पर इला नामक पुत्री का उत्पन्न होना बताया गया है। *भागवतपुराण* में मनु-पत्नी श्रद्धा की याचना को होता के विपरीत संकल्प का कारण बताया गया है। परन्तु यजमान की प्रार्थना पर होता मित्रावरुण की कृपा से ही उस लड़की को सुद्युम्न रूप में परिवर्तित करा लेते हैं। यह सुद्युम्न महादेव जी के शाप से पुनः स्त्री हो जाता है और उसी वन के पास बुध से पुरुरवा की उत्पत्ति का कारण बनता है। *भागवतपुराण* की कथा में इतनी वृद्धि और कर दी गई है कि उस वन में मृगयार्थ गया हुआ राजा सुद्युम्न अपने सभी अनुचरों एवं अश्वों के साथ स्त्री रूप हो गया था। तत्पश्चात् यज्ञ से पुनः उसे सुद्युम्न रूप प्राप्त हो जाता है। *लिंग-पुराण* और *भागवतपुराण* में उसका एक मास स्त्री और एक मास पुरुष रूप में रहकर शासन करना लिखा है। *भागवतपुराण* में यहाँ एक और संकेत है कि प्रजा उस किम्पुरुष का अभिनन्दन नहीं करती थी। इसका यही अभिप्राय हो सकता है कि कन्याभाव के कारण प्रजा उसको राजा नहीं मानती थी। अन्य सभी पुराणों में कन्याभाव के सुद्युम्न को राज्य न मिलने और वशिष्ठ के कहने से राज्य दिये जाने तथा उस प्रतिष्ठान नगर के राज्य को पुरुरवा को दिये जाने का उल्लेख मिलता है। आगे *भागवतपुराण* में सुद्युम्न के वृद्धावस्था में तप करने के लिए जाने पर मनु द्वारा तपस्या करके इक्ष्वाकु आदि पुत्रों की प्राप्ति करने का भी उल्लेख मिलता है। परन्तु अन्य किसी पुराण में इक्ष्वाकु आदि पुत्रों को इनके बाद उत्पन्न होने का उल्लेख नहीं मिलता।[212]

दूसरे श्रेणी के पुराणों में इल को मनु का ज्येष्ठ पुत्र माना गया है। *ब्रह्मपुराण* में दूसरे स्थल पर इसी इल का मृगयार्थ वन में जाने का उल्लेख मिलता है। परन्तु वहाँ की रमणीयता से आकर्षित होकर वह वहीं एक यक्ष की गुफा पर अधिकार करके रहने लगता है और अमात्यों सहित सेना को वापिस भेज देता है। तब यक्षिणी अपनी युक्ति से उसे शरवण वन में ले जाकर स्त्री रूप में परिणत करा देती है और उस स्त्री (इला) को स्त्री के योग्य सभी कलाओं का ज्ञान करा देती है। आगे कथा समान है।[213] *बाल्मीकि रामायण* में इल को कर्दम प्रजापति का पुत्र बताया गया है। आगे कथा पुराणों के ही समान है।[214] इन दोनों स्थलों पर इल को मनु के पुत्रेष्टि यज्ञ से उत्पन्न नहीं बताया गया है, परन्तु *पद्मपुराण* और *मत्स्यपुराण* में इल को मनु के पुत्रेष्टि यज्ञ से उत्पन्न पुत्र माना गया है। यहाँ इलोपाख्यान अत्यन्त विस्तृत रूप में प्राप्त होता है। यहाँ राजा इल मृगयार्थ वन में जाने के स्थान पर अर्थसिद्धि के लिए भूमण्डल पर दिग्विजयार्थ घूमते हुए उमावन में जाकर स्त्री-रूप होता है। यहाँ इक्ष्वाकु के अश्वमेष से इल को एक मास के अन्तर से होनेवाला किम्पुरुषत्व प्राप्त होने का उल्लेख मिलता है। इल का किम्पुरुष ही सुद्युम्न कहलाने लगा था। जहाँ पर इल स्त्री रूप इला में परिवर्तित हुआ था, वह प्रदेश 'इलावृत' कहा गया है। सुद्युम्न का प्रतिष्ठानपुर का राज्य पुरुरवा को देकर इलावृत में ही जाने का उल्लेख मिलता है। इन्हीं इक्ष्वाकु आदि प्रमुख पुत्रों से सूर्यवंश और ऐल पुरुरवा से चन्द्रवंश का विकस हुआ।[215]

इलोपाख्यान के अनुशीलन से ज्ञात होता है कि अधिकांश पुराणों में इक्ष्वाकु आदि पुत्रों की उत्पत्ति से पूर्व पुत्रेच्छुक मनु के मित्रावरुण-यज्ञ से इड़ा की उत्पत्ति मानी गई है और इसी पुत्रेष्टि यज्ञ से पुनः मित्रावरुण आदि के प्रसाद से इड़ा को ही पुत्र रूप में परिणत बताया गया है। दूसरे वर्ग के पुराणों में इसी पुत्र से सीधे कथा आरम्भ हो जाती है और वहाँ पुत्रेष्टि यज्ञ से प्राप्त इस पुत्र का नाम इल दिया गया है। जबकि पहले वर्ग के पुराणों में इसका नाम सुद्युम्न मिलता है। ये ही इल अथवा सुद्युम्न राजा बताये गये हैं। परन्तु दोनों वर्गों के पुराणों में शरवण वन में स्त्रीत्व प्राप्ति के बाद पुनः किम्पुरुष रूप को एक स्वर से सुद्युम्न ही कहा गया है।

मनु ने इक्ष्वाकु आदि पुत्रों और सुद्युम्न के पुरुषत्व-काल में उत्पन्न तीनों पुत्रों में तो राज्य बाँट दिया था, परन्तु कन्याभाव के कारण सुद्युम्न को राज्य नहीं मिला था। इसका यही अभिप्राय ज्ञात होता है कि कन्या से उत्पन्न पुरुरवा को पहले राज्य नहीं दिया गया था, क्योंकि इड़ा और बुध के सम्पर्क से उत्पन्न होने के कारण वह तो बुध का उत्तराधिकारी ठहरता है मनु का नहीं। परन्तु वशिष्ठ जी के कहने से सुद्युम्न को भी राज्य दे दिया गया जो उसने पुरुरवा को दे दिया था। इसी इलापुत्र पुरुरवा से आगे विशाल चन्द्रवंश का विकास दिखाया गया है।[216]

अपनी दुहिता के साथ प्रजापति के अनैतिक आचरण के संकेत पुराणों में भी प्राप्त होते हैं। पुराणों में ब्रह्मा ही प्रजापति माने गये हैं जिनसे सम्बन्धित कथा के तीन रूप प्राप्त होते हैं। पहले प्रजापति ब्रह्मा अपनी दुहिता वाक् पर आसक्त होते हुए दिखाये गये हैं।[217] दूसरे रूप में प्रजापति द्वारा मृगी बनी हुई अपनी दुहिता के पीछे दौड़ने का उल्लेख किया गया है। *शिवमहिम्न स्तोत्र* में तो धनुष-बाण लेकर पीछे दौड़ते हुए मृगव्याध (रुद्र) का भी संकेत विद्यमान है।[218] इस कथा का तीसरा रूप उन पौराणिक गाथाओं में उपलब्ध होता है, जहाँ प्रजापति ब्रह्मा अपने शरीर के दो भाग करके उत्पन्न की हुई आत्मजा के साथ आसक्त होकर रमण करते हैं और उसी से आगे सृष्टि-रचना करते हैं।[219]

> वैदिक काल से लेकर *कामायनी* तक कथा के क्रमिक विकास के पर्यालोचन से ज्ञात होता है कि वेदों में *कामायनी* की कथा के बारे में विकीर्ण संकेत ही प्राप्त होते हैं जिनसे *कामायनी* के पात्रों का परस्पर सम्बन्ध स्पष्ट नहीं हो पाता। *तैत्तिरीय संहिता* में केवल मनु और इड़ा के सम्बन्ध का संकेत मिलता है। ब्राह्मण ग्रन्थों में आकर इस कथा का स्वरूप निर्माण होने लगता है। वहाँ मनु से आकुलि-किलात, श्रद्धा और इड़ा का सम्बन्ध प्रकट हो जाता है। वहाँ मनु को जलप्लावन के उपरान्त मानवता का विकास करनेवाला मान लिया गया है। पुराण-इतिहास-काल में स्पष्ट रूप से मनु को जलप्लावन के उपरान्त मानव-प्रजा का आदिपुरुष घोषित करते हुए सूर्यवंश और चन्द्रवंश का प्रवर्त्तक माना गया है। श्रद्धा और इड़ा यहाँ मानवीय रूप में क्रमशः मनु की पत्नी और दुहिता हैं। इन्हीं से क्रमशः दोनों मानव वंशों का विकास बताया गया है। लेकिन आकुलि-किलात की कथा इस काल में लुप्त हो गई है। इसके उपरान्त पुराणोत्तर काल में इस कथा के अंशों का क्षीण संकेत ही प्राप्त होता है। वास्तव में पुराणकाल में ही *कामायनी* की कथा अपने विकास के चरम बिन्दु पर पहुँचती है।

(ग) प्राचीन आख्यान से *कामायनी* के कथानक में रूपान्तर

1. देव-सृष्टि- भारतीय साहित्य में प्राप्त संकेतों के आधार पर ज्ञात होता है कि मानव-जाति से पूर्व भारतवर्ष में इन्द्र के नेतृत्व में एक अत्यन्त शक्तिशाली, वैभवपूर्ण और विलासी देव नामक जाति निवास करती थी। ये देव पहले मर्त्य थे, परन्तु इन्होंने तप और यज्ञ से अमरत्व प्राप्त कर लिया था। पौराणिक युग में आकर यह विलासी देव-जाति इतनी शक्तिशाली न रहकर भीरु और अनैतिक हो गई थी। वहाँ यह भावना

दृढ़मूल हो गई थी कि अमरता सशरीर प्राप्त नहीं की जा सकती। अतः पुराणों में यज्ञ और तप से देवत्व और इन्द्रत्व प्राप्ति के ही उल्लेख मिलते हैं। ब्राह्मण ग्रन्थों में अमरत्व का अर्थ दीर्घ और पूर्ण आयु का भोगना बताया गया है। वहाँ देवों को दीर्घायु और मनुष्यों को छोटी आयु वाला बताया गया है। पुराणों में तो देवों को स्पष्टतः कल्पायुष कहा गया है, जो कल्पान्त में होनेवाली नैमित्तिक प्रलय में नष्ट हो जाते हैं।

कामायनी में भी सर्ग के आदि में विद्यमान[220] अपने को अमर[221] तथा सर्वशक्तिमान[222] समझनेवाली, ऐश्वर्यपूर्ण[223], विलासी[224] और दम्भी देव-जाति[225] का काव्यात्मक वर्णन किया गया है। यहाँ यह भी बार-बार संकेत किया गया है कि वास्तव में यह देवजाति अमर नहीं थी।[226] प्रसाद ने इस देव-सृष्टि-वर्णन में कुछ परिवर्तन किये हैं। भारतीय ग्रन्थों में देव-सृष्टि का वर्णन अधिकतर इन्द्र को प्रतिनिधि मानकर किया गया है। परन्तु प्रसाद ने किसी देव विशेष का नाम न लेकर सम्पूर्ण देव-जाति का सामूहिक रूप से वर्णन किया है। ऐसा करके प्रसाद ने उनके चरित्र-चित्रण और इतिहास-सम्बन्धी समस्याओं से अपने को बचा लिया है। इससे उनका कोई कार्य भी सिद्ध नहीं होता था और अनावश्यक विस्तार का भय था। उन्हें तो इतना ही अभीष्ट था कि यह देव-जाति प्रलय में नष्ट हो गई और मनु उस प्रलय में नष्ट होने से बच गये, जिनसे विद्यमान मानव-जाति का विकास हुआ।[227] मनु के वैदिक और पौराणिक जन्म-सम्बन्धी आख्यानों में उन्हें समान रूप से देव विवस्वान् का पुत्र और यम, अश्विनीकुमार तथा शनिश्चर आदि देवताओं का भाई बताया गया है। निरुक्तकार निश्चित रूप से इनकी गणना दिव्य जनों में करते हैं। ऋग्वेद में वैवस्वत मनु का सोमपान और युद्ध में इन्द्र देवता के साथ भी सम्बन्ध प्रकट किया गया है। लेकिन जलप्लावन के आख्यानों में यह उल्लेख कहीं नहीं मिलता कि इस प्रलय में देव-जाति नष्ट हो गई थी। *शतपथ-ब्राह्मण* में प्रलय से पूर्व प्रजा और पौराणिक आख्यानों में पूर्व सृष्टि का विनाश दिखाकर उससे अवशिष्ट मनु द्वारा मानवता का विकास प्रदर्शित किया गया है। अतः अनुमान लगाया जा सकता है कि जब मनु देव-जाति के प्राणी हैं, तब उस प्रलय में देवजाति ही नष्ट हुई होगी। इससे केवल मनु ही शेष रहे थे और उन्हीं से देवों से भिन्न एक नवीन मानव-सभ्यता का विकास हुआ। सम्भवतः इसी आधार पर प्रसाद ने उस प्रलय से देव-सृष्टि के विनाश का वर्णन किया है।

2. प्रलय- वेदों में प्रलय के क्षीण संकेत ही मिलते हैं। वेदोत्तर वैदिक साहित्य विशेष रूप से *शतपथब्राह्मण* में प्राप्त मनु की कथा के आधार पर वैवस्वत मनु का आख्यान *महाभारत* और पुराणों में अति विस्तार को प्राप्त हो गया है। पुराणों में तो

प्रलय-वर्णन एक स्वतन्त्र विषय है। वहाँ प्रलय-कथाओं के अतिरिक्त प्रलय सिद्धान्त के रूप में भी प्रलय-भेदों में प्रलय का वैज्ञानिक वर्णन मिलता है। प्रलय-कथाओं में प्रलय का आरम्भ एक विशेष काल के पश्चात् बताया गया है और उसकी निश्चित अवधि भी दी गई है। पुराणों में काल ही प्रलय का कारण है और उसकी गति से ही युग-क्रम से अधर्म और पाप की चरम सीमा होने पर निश्चित काल के अन्तर से भिन्न-भिन्न प्रलयों का होना बताया गया है। लेकिन *कामायनी* में प्रलय-वर्णन के शुष्क सिद्धान्त के पचड़े में न पड़कर प्रलय के आरम्भ, अवधि और अन्त के काल का परिमाण नहीं दिया गया है, क्योंकि चक्रात्मक काल के उपकरण सूर्यादि भी प्रलय में विलीन हो गये थे।[228] दूसरे प्रलय-सागर में अपने जीवन से खेलते हुए मनु का समय को याद रखना अस्वाभाविक लगता। प्रसाद परिवर्तन को सृष्टि का शाश्वत नियम मानते हैं। पुराणों की मान्यता के अनुसार ही इन्होंने युगक्रम से सृष्टि, स्थिति और प्रलय का होना माना है। इसकी गति से देव, गन्धर्व, असुर, रवि, शशि और तारे भी नहीं बच सकते।[229]

कवि प्रसाद के मस्तिष्क में यह बात स्पष्ट दिखाई देती है कि प्रलय का मूलभूत कारण काल है, क्योंकि *कामायनी* में प्रलय के लिए 'काला शासन-चक्र' और 'काल-रात्रि' शब्दों का प्रयोग किया गया है।[230] पुराणों में भी चक्रात्मक काल के कारण दिन और रात का होना बताया गया है तथा ब्रह्मा के दिन को सृष्टि और उसकी रात को प्रलय कहा जाता है।[231] दूसरे स्थल पर *कामायनी* में प्रलय देव-जाति के अनाचार की प्रतिक्रिया में अन्तरिक्ष में बैठी हुई किसी असीम शक्ति के रोने के कारण बताई गई है।[232] पुराणों में नील-लोहित कुमार के जन्म के समय उसके रोने के कारण ही उसका नाम रुद्र रखना बताया गया है।[233] अतः यह शक्ति पौराणिक रुद्र ही प्रतीत होती है, जो काल स्वरूप है और प्रलय का कारण है।[234] वहाँ प्रलय के समय अधर्म एवं रुद्र के क्रोध द्वारा ही विश्व का विनाश करना बताया गया है।[235] *कामायनी* में प्रलय को एक स्थल पर 'पंचभूत का ताण्डवमय नृत्य'[236] तथा दूसरे स्थान पर 'अनस्तित्व का ताण्डव नृत्य'[237] बताया गया है जो रुद्र के प्रलयकालीन विनाशकारी नृत्य की ओर स्पष्ट संकेत है। अतः *कामायनी* में वर्णित रुदन को करुणाजनक न मानकर क्रोध मिश्रित मानना ही उचित है। आगे प्रसाद ने इसी असीम शक्ति के 'भ्रूभंग' अर्थात् क्रोध को स्पष्टतः प्रलय कहा है।[238]

इस प्रकार प्रसाद ने असीम शक्ति काल और उसके द्वारा ही अधर्म और अनाचार की वृद्धि होने पर प्रलय होने की पौराणिक कल्पना को अपने ढंग से *कामायनी* में प्रस्तुत किया है। यद्यपि *कामायनी* में प्रलय के प्रथम कारण काल-शक्ति के संकेत

हैं, तथापि काव्य-ग्रंथ होने के नाते वहाँ प्रलय के दूसरे कारण देवों के अधर्म, अनाचार और दम्भ आदि का स्वर ही अधिक स्पष्ट और प्रखर है। कवि प्रसाद ने देव-सृष्टि को स्वयं उसके विनाश का प्रमुख कारण बताया है।[239] उनके देवत्व के अहंकार और शक्ति के मद के कारण ही आपदाओं की वृष्टि हुई। उनके जयनाद ही मानो प्रलयकाल में दीन विषाद के रूप में प्रतिध्वनित हुए।[240] देवों का वैभव भी पारावार बन गया और उनके सुखों पर दुःखःजलधि का अपार नाद उमड़ पड़ा।[241] देवों की उद्दाम वासना की तीव्रता, अधीरता तथा उनके उष्ण निःश्वास ही मानो झंझावात और तड़ित् में परिवर्तित हो गये।[242] तड़ित् भी ऐसी प्रतीत होती थी जैसे अमर शक्तियाँ उल्का रूपी मशाल लेकर अन्धकार में विलीन अपने गत वैभव को खोज रही हों।[243] देवों के विलास के वेग के समान ही प्रलयकालीन जलराशि बढ़ने लगी थी। इस प्रकार मर्यादाहीन वासना में मग्न उन्मत्त देवों का प्रलय-सागर में नष्ट होते देख मनु का हृदय कराह उठा था।[244] देवों द्वारा अत्यधिक पशु-यज्ञों में पूर्णाहुति की ज्वाला ही मानो प्रलय-सागर की लहरों में बड़वाग्नि बन गई थी।[245] भारतीय प्रलय-कथाओं में प्रलय के कारणों में अधर्म का क्षीण संकेत मिलता है, परन्तु प्रलय-सिद्धान्त में अधर्म को प्रलय का कारण बताया गया है।

> अभारतीय प्रलय-कथाओं में स्पष्ट रूप से पापाचार को प्रलय का कारण बताया गया है। परन्तु देवजाति की मर्यादाहीनता के कारण पूर्व सृष्टि के विनाश का ऐसा हृदयविदारक चित्र कहीं देखने को नहीं मिलता। यहाँ देव-सृष्टि के दम्भ, शक्ति, वैभव, विलास और पशु-बलि के अतिचार की प्रतिक्रिया को प्रलय के व्यापारों में स्पष्ट रूप से अंकित किया गया है। *कामायनी* के प्रलय-वर्णन में प्रसाद की यह नवीन उद्‌भावना है, जो उनकी काव्यात्मक नवनवोन्मेषशालिनी प्रतिभा का चमत्कार है।

कामायनी में दुर्भिक्ष और अनावृष्टि से देवजाति का नष्ट होना नहीं बताया गया है। अतः यह चतुर्युगान्त अवस्था का वर्णन नहीं हो सकता। *महाभारत* और पुराणों में वैवस्वत मनु के जलप्लावन के आख्यान को ब्राह्म नामक नैमित्तिक प्रलय का नाम दिया गया है[246] और *मत्स्यपुराण* में निबद्ध मनु के आख्यान में तो नैमित्तिक प्रलय का क्रमिक वर्णन किया गया है।[247] नैमित्तिक प्रलय में अनावृष्टि से समस्त पृथ्वी का जल-शोषण करके सूर्याग्नि और पातालस्थ अग्नि द्वारा त्रिलोकी का दग्ध होना बताया गया है। *कामायनी* में इसका विस्तृत वर्णन प्राप्त नहीं होता। परन्तु वहाँ देवों का वासना और दम्भाग्नि में जलना, दिग्दाहों से धूम का उठना, धधकती ज्वाला और ज्वालामुखियों के निश्वास का उल्लेख मिलता है। वहाँ देवों के क्रमशः मुरझाने, जलने और तत्पश्चात् जल में गलने का वर्णन भी मिलता है।[248] इससे ऐसा प्रतीत होता है

कि *कामायनी* में वर्णित जलप्लावन से पूर्व अग्नितत्व ने भी जगत् के विनाश में योग दिया होगा। इसके पश्चात् पुराणों के समान ही *कामायनी* में मेघों से वर्षा और समुद्र की मर्यादाहीनता, प्राणियों के चीत्कार, मेघ एवं समुद्र का गर्जन, बिजली की कडक एवं सूचीभेद्य अन्धकर आदि का अत्यन्त मार्मिक वर्णन किया गया है। मेघों के साथ झंझा के झटके और प्रतिघातों के अतिरिक्त समुद्र को मर्यादाहीनता के बाद भी पुराणों की भाँति पवन के घनीभूत हो उठने का वर्णन मिलता है, जिसने मेघों को छितरा दिया होगा।[249] इस प्रकार नैमित्तिक प्रलय के समय होनेवाले अग्नि, जल और वायु के विप्लव का संकेत *कामायनी* में मिल जाता है। इस विप्लव से समस्त देवसृष्टि नष्ट होकर प्रलय-सागर के अतल गर्भ में चिरनिद्रा में सो गई थी। इतना ही नहीं चराचर जगत्, गृह, नक्षत्र, सविता, पूषा, सोम, मरुत, पवमान, वरुण आदि प्रकृति के शक्ति-चिह्न सभी पंचभूत के भैरव मिश्रण के कारण विकल होकर प्रलय-सागर में विलीन हो गये थे।[250] *कामायनी* में इस प्रलय को 'पंचभूत का भैरवमिश्रण' और 'पंचभूत का ताण्डवमय नृत्य' भी कहा है।[251] परन्तु यह प्राकृत प्रलय की ओर संकेत नहीं है, क्योंकि प्राकृत प्रलय में पंचभूत जल, अग्नि और वायु के क्रम से अपने कारणों में लीन होते हुए परब्रह्म में लय हो जाते हैं। नैमित्तिक प्रलय में अग्नि, जल और वायु के विप्लव का क्रम रहता है और ये परब्रह्म में लय न होकर अपने कारण प्रकृति में ही लीन होते हैं। उपर्युक्त विवेचन के आधार पर कहा जा सकता है कि *कामायनी* में वर्णित जलप्लावन में अग्नि, जल और वायु के विप्लव का उल्लेख मिलता है और चराचर जगत् के साथ नक्षत्रादि के भी प्रलय में विलीन होने का संकेत मिलता है।

इस आधार पर यह जलप्लावन प्रलय-कथाओं में वर्णित नैमित्तिक प्रलय के समकक्ष ठहरता है। परन्तु प्रलय-सिद्धान्तों में वर्णित अग्नि, जल, वायु प्रत्येक के विप्लव की दिव्य शतवर्ष अवधि यहाँ नहीं दी गई है और न इनके क्रमिक वर्णन की ओर ही कवि का झुकाव रहा है। नैमित्तिक प्रलय मानने पर पुराणों में वर्णित वैवस्वत मनु के आख्यानों के समान ही यहाँ दो समस्याएँ उत्पन्न हो जाती हैं। नैमित्तिक प्रलय कल्पान्त में होती है और कल्प में चौदह मनु होते हैं। अतः सातवें मनु के बाद नैमित्तिक प्रलय नहीं हो सकती। दूसरे *कामायनी* में वर्णित जलप्लावन के मनु, मत्स्य, नौका और हिमालय के शिखर[252] के अतिरिक्त आगे श्रद्धा[253], इड़ा[254], आकुलि-किलात[255], पूर्व संचित अग्नि[256] केसे शेष रह गये? नैमित्तिक प्रलय में तो सभी नष्ट हो जाते हैं। इसे यदि मन्वन्तर के अन्त में होनेवाली प्रलय मानते हैं, तो प्रलय-कथाओं में इसे नैमित्तिक कहा गया है और दूसरे मन्वन्तर के अन्त में चराचर जगत् नष्ट नहीं होता। सम्भवतः प्रसाद ने इसीलिए प्रलय के काल का परिमाण नहीं दिया। अतः ऐसा ज्ञात होता है कि प्रसाद का झुकाव नैमित्तिक प्रलय की ओर तो

अवश्य है, परन्तु उन्होंने किसी सिद्धान्त के पचड़े में न पड़कर प्रलय का स्वाभाविक, रोचक और काव्यात्मक वर्णन ही किया है। प्रसाद के प्रलय-वर्णन में एक असंगति यह है कि पहले तो उन्होंने प्रलय-वर्णन की धुन में पंचभूत के भैरवमिश्रण द्वारा भूत, चेतन और नक्षत्र आदि प्रकृति के शक्ति-चिह्नों को भी परिवर्तन के पुतले कहकर प्रलय में विलीन दिखा दिया है। परन्तु बाद में हिमालय के शिखर पर श्रद्धा, पूर्वसंचित अग्नि और किसी अज्ञात साधन से इड़ा और आकुलि-किलात को भी सुरक्षित दिखलाया है। सम्भवतः प्रलय के पश्चात् मानवता के विकास को स्वाभाविक एवं मानवीय धरातल पर प्रस्तुत करने के लिए प्रसाद ने मनु के अतिरिक्त अग्नि, श्रद्धा, आकुलि-किलात और इड़ा आदि के शेष रहने का भी उल्लेख किया है। लेकिन भारतीय तथा भारतेतर प्रलय-कथाओं में भी प्रलय से भिन्न-भिन्न साधनों से अवशिष्ट प्राणियों द्वारा मानव-सृष्टि का विकास कहीं नहीं दिखाया गया है। यह रूपान्तर प्रसाद की अपनी उद्भावना है।

भारतीय प्रलय-कथाओं के पूर्वार्द्ध में वर्णित तपस्वी राजर्षि मनु की अंजलि में मत्स्य का आना, उसकी प्रार्थना पर मनु द्वारा विभिन्न जलाश्रयों में उसका पालन-पोषण, उसकी आश्चर्यजनक वृद्धि, मनु से उसका संवाद, उसी के द्वारा मनु को प्रलय की पूर्व-सूचना का प्राप्त होना, उसके निर्देशन में नौका आदि का निर्माण तथा उसके एक सींग में रस्सी से बाँधकर नौका को प्रलय-सागर में खींचने, मत्स्य के द्वारा ही हिमालय तक नौका का पहुँचाने आदि का वर्णन *कामायनी* में नहीं मिलता। मत्स्यावतार द्वारा प्रजापति मनु को भावी सृष्टि-विकास करने की आज्ञा का भी यहाँ संकेत नहीं है। इसके दो कारण प्रतीत होते हैं-एक तो *कामायनी* में प्रलय के दार्शनिक पक्ष पर अधिक ध्यान नहीं दिया गया है, क्योंकि वहाँ प्रलय के विकास की ओर कवि का अधिक ध्यान रहा है। इसीलिए प्रसाद ने सत्व बीज, मत्स्य, रज्जु, नौका आदि पौराणिक सृष्टि-विद्या के प्रतीकों की ओर ध्यान नहीं दिया है। दूसरे, यह उल्लेख पौराणिक युग के ही अनुकूल थे। आज का प्रबुद्ध एवं तर्कशील मानव प्राचीन भारतीय साहित्य के ज्ञान के अभाव में इन प्रतीकों से परिचित न होने के कारण इनको हेय दृष्टि से देखता। अतः युगीन दृष्टि को ध्यान में रखकर प्रसाद ने इन विवरणों को *कामायनी* में स्थान नहीं दिया है। मनु ने नौका स्वयं बनाई या दैव शक्ति से उपस्थित हुई इसके बारे में भी प्रसाद यहाँ मौन हैं। लेकिन मत्स्य यहाँ अवश्य सुरक्षित है और इसके चपेटे से ही बिना पतवार वाली डगमगाती नौका नियति के निर्देशन में 'उत्तर गिरि' की चोटी पर पहुँचकर मनु की रक्षा करती है। मनु हिमालय के किस स्थान पर सर्वप्रथम उतरे थे और उस स्थान का क्या नाम है इसका ठीक-ठीक पता लगाना आज कठिन है। अतः प्रसाद ने उस स्थान का विशेष नाम न देकर केवल 'उत्तर गिरि' कह दिया है।

अन्त में एक महत्वपूर्ण रूपान्तर की ओर और संकेत किया जा सकता है। भारतीय ग्रन्थों में वैवस्वत मनु की प्रलय-कथा के स्रोत मत्स्यावतार, मार्कण्डेय ऋषि, सूतज या अन्य कोई ऋषि बताये गये हैं। परन्तु स्वयं मनु द्वारा अपनी कथा किसी को नहीं सुनाई गई है। मार्कण्डेय ऋषि स्वानुभूत प्रलय का वर्णन ऋषियों को अवश्य सुनाते हैं। भारतेतर प्रलय-कथाओं में उत्लपिश्चम द्वारा स्वानुभूत प्रलय का वर्णन गिलगमेश को बताने का उल्लेख मिलता है। लेकिन *कामायनी* में न कोई प्रलय-कथा सुननेवाला है और न अन्य कोई सुनानेवाला, स्वयं मनु स्वानुभूत प्रलय के कारणों और उसके वर्णनातीत भयंकर दृश्यों का चिन्तन करके दुःखी हो रहे हैं।[257] इसे स्वगत कथन ही कहा जा सकता है। स्वयं नायक के द्वारा वर्णित होने के कारण पाठक के हृदय पर इस भीषण स्थिति की अमिट छाप अंकित हो जाती है।

3. मानवता का विकास : मनु- मनन या चिन्तनशील प्राणी को मनुष्य कहते हैं।[258] अतः मनुष्य वह कहलाता है जो मनस्वी हो या मनु की सन्तान हो। प्रजापित परमेश्वर और मानव-सृष्टि के आदिपुरुष दोनों की संज्ञा मनु है। आदि सृष्टि अमैथुनी होती है, क्योंकि वह मनु प्रजापति के मनन से उत्पन्न होती है।[259] अतः मनुष्य मनु प्रजापति की सन्तान है। पुनः मानव की वंश-परम्परा आदि-मनु से प्रारम्भ होती है। अतः मानव मनु की सन्तान है। दोनों अवस्थाओं में मनु का अर्थ अर्थीभूत है।[260] सम्पूर्ण भारतीय साहित्य में मनु को विद्यमान मानव-जाति का जनक माना गया है। *शतपथ ब्राह्मण* में प्रलयोपरान्त मनु को ही सृष्टि का विकास करनेवाला बताया गया है। पुराण-युग में आकर मन्वन्तर-कल्पना का विकास हो गया है। वहाँ प्रत्येक मनु अपने मन्वन्तर का प्रजापति माना गया है। प्रत्येक मन्वन्तराधिप को अपने मन्वन्तर में मानव-सृष्टि का विकास करके उसकी व्यवस्था, पालन और रक्षा करनेवाला बताया गया है। वैदिक साहित्य में वैवस्वत मनु के जन्म की कथा मिलती है। पुराण-युग में आकर इसी जन्म की कथा में कुछ परिवर्तन करके वैवस्वत मनु और सावर्णि मनु दो मनुओं को विवस्वान् की दो पत्नियों से उत्पन्न बताया गया है जो क्रमशः विद्यमान सातवें और भावी आठवें मन्वन्तर के अधिपति बताये गये हैं। *महाभारत* और पुराणों में भी वैवस्वत मनु को जलप्लावन के पश्चात् सृष्टि का विकास करनेवाला बताया गया है।

प्रसाद ने *कामायनी* में इसी सुदृढ़ आधार पर वैवस्वत मनु को प्रलय के उपरान्त मानवता का विकास दिखाने के लिए नायक चुना है। *कामायनी* में मनु के जन्म की कथा नहीं मिलती। प्रसाद ने केवल मनु को अमर एवं देव कहलानेवाली जाति का

अवशिष्ट प्राणी कहकर अपनी कथा आरम्भ कर दी है। हिमायल की चोटी पर नौका से उतरकर मनु ने मानव-सृष्टि का विकास किया था।[261] मनु के जन्म सम्बन्धी वैदिक और पौराणिक प्रतीकात्मक विलक्षण कथा से *कामायनी* की कथा में अवरोध ही उत्पन्न होता। अतः प्रसाद ने प्रलय के बाद एकमात्र बचे हुए मनु से कथा का आरम्भ किया है। प्रलय सम्बन्धी किसी कथा में मनु द्वारा विकसित भावी सृष्टि का क्रमिक इतिहास नहीं दिया गया। वहाँ केवल इतना संकेत कर दिया गया है कि प्रलय के बाद प्रजापति मनु ने इस चराचर सृष्टि का विकास किया। परन्तु *कामायनी* में प्रलय के उपरान्त भयभीत, निराश और एकाकी मनु की दयनीय स्थिति का चित्रण किया गया है। अतीत की सुखद स्मृतियाँ उनको और अधिक व्याकुल कर देती हैं। प्रलयोपरान्त प्रकृति की अनन्त रमणीयता द्वारा निराश मनु के हृदय में धीरे-धीरे आशा का संचार दिखाया गया है। तत्पश्चात् वे पूर्वसंचित अग्नि से अग्निहोत्र करने लगते हैं, जिससे वे जीवन-रक्षा के उपायों में संलग्न हो जाते हैं। उनके हृदय में दूसरों के प्रति सहानुभूति उत्पन्न होती है। अतः किसी अज्ञात प्राणी के लिए यज्ञावशिष्ट अन्न रखने लगते हैं। इस प्रकार अपने जीवन के प्रति मोह और प्रकृति के उद्दीपक वातावरण द्वारा उनके हृदय में अनादि वासना का जाग्रत होना बताया गया है। इस अवस्था में अपनी बालसहचरी से मिलने की आकांक्षा उनके हृदय में बलवती हो जाती है।[262] इस उद्‌भावना के कारण कथा में स्वाभाविकता आने के साथ-साथ उसमें पूर्वापर क्रम स्थापित हो गया है।

मनु और श्रद्धा- वैदिक ग्रन्थों में धर्म के तीनों रूपों अर्थात् याज्ञिक क्रियाओं, स्तुति-उपासना-वृतादि भक्तिपरक क्रियाओं एवं यौगिक क्रियाओं में श्रद्धा को प्रधान अंग माना गया है। परम तत्वान्वेषण में श्रद्धा परम साधन है। लेकिन उस तत्व की प्राप्ति सत्य श्रद्धा से ही बताई गई है। अतः ब्राह्मण ग्रन्थों में सत्य को यजमान और श्रद्धा को उसकी पत्नी बताकर इस उत्तम दम्पत्ति के मिथुन से ही दोनों लोकों को जीतने का वर्णन मिलता है। भारतीय साहित्य में मनु को प्रथम यजमान माना गया है। अतः ब्राह्मण ग्रन्थों में ही यजमान मनु को अनेक स्थलों पर श्रद्धादेव कहा गया है। पुराणों में इसी परम्परा के आधार पर वैवस्वत मनु को अधिकांश स्थलों पर श्रद्धादेव कहा गया है। लेकिन *भागवत-पुराण* में एक पग और आगे बढ़कर श्रद्धा को स्पष्टतः मनु-पत्नी बताया गया है, जिससे इक्ष्वाकु आदि मनु के दस पुत्र उत्पन्न हुए हैं। इस प्रकार वैदिक श्रद्धा पुराणों में आकर मनु की पत्नी के रूप में पूर्ण रूप से प्रतिष्ठित हो जाती है।

अपने मानवीकृत रूप में श्रद्धा के जन्म के सम्बन्ध में कोई निश्चित मत नहीं मिलता। श्रद्धा को कामगोत्रजा *कामायनी* तथा प्रजापति, सूर्य, ब्रह्म और ऋत की पुत्री

बताया गया है। प्रजापति कर्दम और दक्ष की पुत्रियों का नाम भी श्रद्धा दिया गया है। परन्तु ये स्वायंभुव मन्वन्तर से सम्बन्धित हैं। ऋत प्राकृतिक नियम है और ब्रह्म की तो सभी सन्तान हैं। प्रजापति स्वयं मनु हैं और वे सूर्य पुत्र हैं। अतः इनकी पुत्री श्रद्धा मनु की पत्नी नहीं हो सकती। प्रसाद ने अपनी तथ्य-संग्रहकारिणी प्रतिभा के आधार पर श्रद्धा को कामगोत्र में उत्पन्न बाला के रूप में स्वीकार किया है।[263] प्रसाद श्रद्धा को 'पूर्ण काम की प्रतिमा[264] और 'जगत् की मंगल कामना[265] आदि कहकर मानव-सृष्टि का कल्याण करनेवाली मानते हैं। वैदिक ग्रन्थों में काम को सृष्टि का मूल तत्व और अन्य सब देवों से पहले उत्पन्न बताया गया है। *कामायनी* में वर्णन मिलता है कि काम जलप्लावन में भौतिक शरीर से नष्ट होकर अनंग हो गया था। वह देवों के अति विलासी जीवन का अन्तिम परिणाम देख चुका है। अतः अब अपनी भूल सुधारने के लिए सृष्टि में शुद्ध मानवता के विकास में हाथ बँटाना चाहता है। इसीलिए अपनी पुत्री श्रद्धा को मानव-वंश की वृद्धि के लिए मनु को अर्पित कर देता है।[266] इन आधारों पर ही प्रसाद ने श्रद्धा को सृष्टि-विकास में सहायक कामदेव की पुत्री स्वीकार किया है।

काम की पुत्री और मनु-पत्नी के अतिरिक्त मनु और श्रद्धा सम्बन्धी अन्य कोई संकेत भारतीय साहित्य में उपलब्ध नहीं होता। अतः प्रसाद ने इन अत्यल्प संकेतों के आधार पर मनु और श्रद्धा के मिलन, उनके परस्पर सम्बन्ध और उनके गृहस्थ जीवन की झाँकी को अपनी कल्पना से ही सँजोया है। श्रद्धा द्वारा गन्धर्वों के देश में ललित कला सीखना, हिमालय पर घूमने जाना और दैववशात् उस प्रलय से बच जाना तथा अन्न को देखकर निराश मनु के पास आकर उनको कर्मण्यता की प्रेरणा देकर मानवता की मंगलमय वृद्धि के लिए अपने जीवन को समर्पित कर देना आदि बातें प्रसाद ने कथा में अन्विति स्थापित करने के लिए कल्पित की हैं।[267] कर्मण्यता का उपदेश देना श्रद्धा के अनुकूल है, क्योंकि मानवता के विकास के लिए ही उसका पिता काम उसको मनु के हाथों में सौंपता है। काम मनु को स्वप्न में चेतावनीपूर्ण संदेश देता है कि देव-जाति मर्यादाहीन विलास के कारण नष्ट हो चुकी है। अतः अब विशुद्ध मानवता के विकास के लिए मनु का प्रयत्न होना चाहिए और यह प्रयत्न श्रद्धा की सहायता से ही सफल हो सकता है। अतः मनु को उसके योग्य बनना चाहिए।[268] कवि की इस मंगलमयी कल्पना में पिता द्वारा अपने जामाता को सदुपदेश और अपनी पुत्री के लिए भावी सुखद जीवन की चिन्ता के भी दर्शन होते हैं।

कामायनी में मनु और श्रद्धा के बचपन के साक्षात्कार की कथा भी कवि की कल्पना से प्रसूत है। आशा सर्ग में मनु इस बाला की धूमिल स्मृति से व्याकुल होते हुए दिखाये गये हैं और वासना सर्ग में मनु अपनी चिरपरिचित जन्मसंगिनी

काम-बाला को पहचान लेते हैं। दोनों भाग्य से ही प्रलय से बचकर पुनः मिल गये हैं।[269] प्रसाद ने प्रलय-कथाओं के आधार पर तो मनु को ही प्रलय से नौका द्वारा शेष रहना बताया है। परन्तु श्रद्धा और मनु के सम्बन्ध के संकेत प्रलय-कथाओं में न मिलकर अन्यत्र मिलते हैं। अतः प्रसाद ने श्रद्धा का हिमालय पर प्रलय से बच जाना कल्पित किया है। इससे कवि को दो लाभ हुए हैं। एक तो प्रलय से अवशिष्ट अकेले मनु की दयनीय अवस्था का चित्रण अधिक प्रभावकारी बन पड़ा है। उसे बचपन की संगिनी बताकर तो कवि ने मनु और श्रद्धा के प्रेम को स्वाभाविक और आकर्षक बना दिया है।

मनु के आत्मसमर्पण और प्रलय-निवेदन से श्रद्धा के हृदय में नारीसुलभ लज्जा का उदय पूर्णतया मनोवैज्ञानिक है। यहाँ भी प्रसाद ने मनु के लिए काम के संदेश की कल्पना के समान श्रद्धा के लिए रति की प्रतिकृति छायामूर्ति लज्जा के उपदेश की उद्भावना की है। यह सर्वथा स्वाभाविक है कि पिता जमाता को और माता अपनी पुत्री को भावी जीवन के लिए मार्गदर्शन करते हैं। रति देव-सृष्टि में सुरबालाओं की सखी थी और उनकी अमर्यादित एवं लज्जारहित विलास भावना में सहयोग देती थी। उसे उस कृत्य के कारण अतीत की असफलताओं पर खेद हो रहा है। अब वह इस सृष्टि में नारी-सौन्दर्य और शालीनता की रक्षा करने तथा नारी-जीवन के पूर्ण विकास में मार्गदर्शक बनकर इसलिए उपस्थित हुई है कि कहीं नारी यौवन एवं सौन्दर्य के मद में पुनः निर्बाध विलास में ही निमग्न न हो जाये।[270] अतः कथा की यह उद्भावना भी न्यायसंगत है।

मनु और आकुलि-किलात- वैदिक साहित्य में आकुलि-किलात नामक दो मायावी असुर पुरोहितों की कथा मिलती है। ये अपने योगबल से मनुष्य का वध करनेवाले और यज्ञ में मांस की हवि देनेवाले चित्रित किये गये हैं। ब्राह्मण ग्रन्थों में मनु के वृषभ में असुरघ्नी वाक् का निवास बताया गया है। उस वाक् से छुटकारा पाने के लिए ये छल से श्रद्धादेव मनु के वृषभ की बलि देते हैं। लेकिन वह वाक् मनु की पत्नी मनावी में प्रवेश कर जाती है। छल से मनु की स्वीकृति लेकर ये मनावी की भी यज्ञ में बलि दे देते हैं। यहाँ पर श्रद्धादेव मनु के वृषभ और उनकी जाया मनावी का भी यज्ञ में बलि का उल्लेख मिलता है। 'मनावी' शब्द श्रद्धा की ओर संकेत करता प्रतीत होता है, क्योंकि यजमान की पत्नी श्रद्धा मानी गई है और यहाँ मनु को दो बार श्रद्धादेव कहा भी गया है। तब इस प्रसंग का यही अभिप्राय जान पड़ता है कि इन असुर पुरोहितों ने अपने स्वार्थ के लिए धोखे से मनु के द्वारा वृषभ की बलि दिलाकर श्रद्धादेव मनु की सच्ची श्रद्धा को विचलित कर दिया था। अतः उसकी बलि दे दी। वह नष्ट हो गई अथवा मनु से दूर चली गई।

कामायनी के कार्म सर्ग में वर्णन मिलता है कि मनु ने श्रद्धा और काम के कर्मण्यता के उपदेश का भ्रान्त अर्थ समझकर अपना उद्देश्य केवल यज्ञ करना और सोमपान करके आनन्द-उत्सव में मग्न रहना मान लिया था। यहाँ मांस के लोभी असुर पुरोहितों द्वारा मनु की मनःस्थिति का लाभ उठाकर श्रद्धा के पशु की बलि मित्रावरुण यज्ञ में देने का उल्लेख मिलता है। इस हिंसामूलक यज्ञ से श्रद्धा रूठ जाती है। पुरोडाश और सोमरस के सेवन से मनु काम-पीड़ित हो उठते हैं और जैसे-तैसे श्रद्धा को मनाकर काम-क्रीड़ा में मग्न हो जाते हैं, जो सोमपान से उन्मत्त इन्द्र के अपने प्रिया के पास जाने के वैदिक संकेत के समकक्ष प्रतीत होता है। यहाँ प्रसाद ने मूल आख्यान में कई रूपान्तर किये हैं। एक तो यहाँ वृषभ के स्थान पर केवल पशु की बलि दी जाती है। इस पशु को मनु का बताते हुए भी इस पर श्रद्धा के स्नेह भाव को देखकर असहनशील मनु के मन की दुर्बलता को प्रकट करने के लिए कवि ने उसे श्रद्धा का स्नेहपालित पशु कहा है। दूसरे, यहाँ असुरघ्नी वाक् का सन्दर्भ प्रसाद ने कर्मकाण्डीय व्याख्या समझकर हटा दिया है। तीसरे, यहाँ मनु की पत्नी की बलि का उल्लेख न करके इस हिंसा-कर्म से श्रद्धा का रूठकर दूर जा बैठना बताया गया है। बलि-वेदी का वीभत्स चित्रण भी हिंसा-कर्म के प्रति प्रसाद के आक्रोश को प्रकट करता है। चौथे, इस पशु-यज्ञ का नाम मित्रावरुण यज्ञ दिया गया है।, जबकि वैदिक ग्रन्थों और पुराणों में मित्रावरुण यज्ञ को मनु पुत्रेष्टि यज्ञ के रूप में करते हुए दिखाये गये हैं जिससे इड़ा की उत्पत्ति होती है। प्रसाद ने इड़ा को मनु-पुत्री रूप में ग्रहण नहीं किया है। अतः प्रसाद ने मनु के पुत्रेष्टि यज्ञ अर्थात् मैत्रावरुण-यज्ञ का पृथक् उल्लेख न करके आकुलि-किलात द्वारा मनु के पशु-यज्ञ को ही मैत्रावरुण यज्ञ मान लिया है। इसी यज्ञ के पश्चात् मनु के सम्मिलन से श्रद्धा को गर्भवती दिखाया गया है।[271]

ईर्ष्या सर्ग में गर्भवती श्रद्धा द्वारा गृहस्थी के कार्य करना, भावी शिशु के लिए आवश्यक वस्तुएँ बटोरना आदि कर्मों द्वारा पशु-यज्ञ के पश्चात् मृगया प्रेमी हिंसक मनु का प्रभावित न होना और भावी शिशु के प्रति श्रद्धा के प्रगाढ़ प्रेम को देखकर विषयसुख के लोभी मनु का ईर्ष्यावश श्रद्धा को विपन्न अवस्था में छोड़कर चले जाना सभी प्रसंग कवि कल्पना-प्रसूत हैं। इसके पश्चात् स्वप्न सर्ग में अपने पुत्र के साथ विरहिणी श्रद्धा का चित्र और अपने पति का स्वप्न में अनिष्ट देखना भी पूर्णतया कवि-कल्पित हैं। अपनी कथा में स्वाभाविक अन्विति स्थापित करके कथा को विस्तार प्रदान करने के लिए कवि ने ये उद्भावनाएँ की हैं। इड़ा सर्ग में आत्मविश्वासमयी श्रद्धा को त्यागने के कारण काम के शाप की कल्पना भी कवि के मस्तिष्क की उपज है। इसमें काम ने श्रद्धा से पृथक् होने के कारण मनु के

भावी जीवन को अनेक कष्टों और विषमताओं से युक्त होने का शाप दिया है। अपने पति के अनिष्ट की आशंका से अपने पुत्र के साथ मनु को खोजती हुई श्रद्धा का सारस्वत नगर में पहुँचकर इड़ा और मनु से वार्तालाप, मानव को इड़ा को सौंपना और मनु का सान्त्वना देना भी कवि की कल्पना का क्रीड़ा-विलास है। श्रद्धा द्वारा मनु को त्रिपुरदर्शन और केलास-शिखर पर मनु के साथ आनन्द-मग्न दिखाना प्रसाद ने अपने दार्शनिक पक्ष का समर्थन करने के लिए किया है।[272] यद्यपि श्रद्धा-त्याग से लेकर मनु का कष्ट उठाना और पुनः श्रद्धा की सहायता से आनन्द की प्राप्ति तक के मनु-श्रद्धा सम्बन्धी उल्लेख कवि की कल्पना-प्रसूत हैं, तथापि इनका आधार भारतीय साहित्य में वर्णित आस्तिक्य बुद्धि श्रद्धा की विशेषताएँ ही हैं। श्रद्धाकामायनी में धार्मिक श्रद्धा की विशेषताओं का समावेश कर देने के कारण मनु श्रद्धा के साथ सुखी रहता है और उसके अभाव में कष्ट उठाने के साथ सारस्वत प्रदेश की घटना में मूर्च्छित भी दिखाया गया है। पुनः श्रद्धा ही मनु की पथ-प्रदर्शिका बनकर उसे अखण्ड आनन्द की उपलब्धि कराती है।

मनु और इड़ा- *तैत्तिरीय संहिता* में उल्लिखित आख्यायिका से ज्ञात होता है कि प्रथम याज्ञिक मनु द्वारा आविष्कृत गौ के घृत की हविष का मित्रावरुण यज्ञ में प्रयोग करने से इड़ा का जन्म हुआ था। अतः उसे मानवी कहा गया है। *तैत्तिरीय ब्राह्मण* में यज्ञतत्त्वदर्शिनी मानवी इड़ा मनु को तीन दिशाओं में असुरों के त्रुटिपूर्ण यज्ञों की सूचना देती है। वह मनु को उचित रीति से यज्ञ कराने का आश्वासन देकर मनु को यज्ञ से प्रजा और पशुओं की वृद्धि के साथ-साथ इहलोक एवं परलोक दोनों को जीतने की प्रेरण देती है। लेकिन *शतपथ ब्राह्मण* में प्रलयोपरान्त एकाकी मनु द्वारा प्रजा की कामना से धार्मिक कृत्य करने और मित्रावरुण यज्ञ करने का उल्लेख मिलता है। वहाँ मनु द्वारा एक वर्ष की घृत आदि की आहुतियों से इड़ा की उत्पत्ति बताई गई है। मानवी इड़ा को यहाँ यज्ञ का फल और मनु की दुहिता बताया गया है! यज्ञ से ही इड़ा के द्वारा मनु का समृद्ध होना और मानव-जाति का विकास करना बताया गया है। लेकिन पुराणों में इड़ा के स्थान पर इला का विलक्षण चरित्र मिलता है। अधिकांश पुराणों में इला मित्रावरुण यज्ञ नामक पुत्रेष्टि यज्ञ से उत्पन्न मनु की दुहिता बताई गई है। *भागवतपुराण* में मनु-पत्नी श्रद्धा की पुत्री की याचना के कारण होता के संकल्प-विपर्यय से इसकी उत्पत्ति की कथा जोड़ दी गई है। अधिकांश पुराणों में मित्रावरुण आदि की कृपा से ही इस पुत्री का पुत्र रूप में परिणत हो जाना वर्णित है। यही पुत्र किसी प्रकार उमावन में जाने के कारण फिर स्त्री हो जाता है। वहाँ बुध के समागम से इसी इला स्त्री से पुरुरवा की उत्पत्ति होती है। बाद में यज्ञादि से महेश्वर को प्रसन्न करके इसी इला को किम्पुरुषत्व प्राप्त हो जाता है। इस इला

के किम्पुरुष रूप को पुराणों में सुद्युम्न नाम से पुकारा गया है। सुद्युम्न को कन्याभाव के कारण राज्य का न मिलना और बाद में वशिष्ठ के कहने से राज्य देना बताया गया है, जो उसने अपने पुत्र पुरुरवा को दे दिया था। भागवतपुराण में किम्पुरुष राजा का प्रजा द्वारा आदर न करने का भी उल्लेख मिलता है।

प्रसाद ने इड़ा के वैदिक और पौराणिक आख्यान में से अधिकांश बातों को छोड़ दिया है। वास्तव में देखा जाये तो वैदिक ग्रन्थों और पुराणों में इड़ा का विचित्र चरित्र दिया गया है। उस अथाह सागर में डुबकी लगाने पर भी इड़ा के निश्चित स्वरूप का पता लगाना कठिन कार्य है। पुराणों में वर्णित इलोपाख्यान के अद्भुत चरित्र को प्रसाद ने पूर्णतः विस्मृत कर दिया है। प्रसाद ने इड़ा का वैदिक नाम अवश्य ग्रहण किया है और उसके चरित्र में वेदों में प्रयुक्त विशेषणों की बातों का समावेश कर दिया है। लेकिन मनु और इड़ा से सम्बन्धित कथा से तो केवल एक बात प्रसाद ने ग्रहण की है कि इड़ा और मनु के सहयोग से सारस्वत प्रदेश में समृद्धि हुई थी। पुराणों के आधार पर उसका अपने प्रदेश की रानी होना भी सिद्ध होता है। प्रसाद ने इड़ा को मनु के मित्रावरुण यज्ञ से उत्पन्न उनकी दुहिता भी नहीं माना है। वे उसे मनु की 'आत्मजा प्रजा' ही कहते हैं। इस रूप-यौवन-सम्पन्न सारस्वत प्रदेश की रानी पर मनु को आसक्त होता हुआ दिखाया गया है। डॉ० द्वारिकाप्रसाद सक्सेना के मत से इड़ा को मनुपुत्री न मानने से काव्य अस्वाभाविकता से बच गया है। यदि इड़ा को मनु की पुत्री मानकर पुनः ऐसे अनैतिक आचरण का वर्णन किया जाता, तो वह अत्यन्त निन्दनीय और अशोभनीय होता।[273] परन्तु आत्मसुख के लोभी मनु का एक दिव्य एवं आकर्षण युक्त युवती पर आसक्त होना एक मानवीय दुर्बलता ही कही जायेगी।

भारतीय साहित्य में प्राप्त प्रजापति द्वारा अपनी दुहिता पर अनाचार के तीन रूपों का संकेत पूर्व अध्यायों में किया जा चुका है। कामुक प्रजापति द्वारा मृगी बनी हुई अपनी दुहिता का मृग बनकर पीछा करना और रुद्र द्वारा उनका अपने बाण से भेदन करने का तो अधिकांश स्थलों पर संकेत मिलता है। इस कुकर्म से देवों को क्रुद्ध दिखाया गया है, जिससे उन्होंने शरीर से रौद्रमूर्ति पशुमान द्वारा प्रजापति का भेदन कराया था। देवों को प्रजापति के अपनी दुहिता और उनकी बहिन के साथ अनैतिक आचरण के साथ पशु-यज्ञ और अतिचार को देखकर भी क्रुद्ध बताया गया है। उन्होंने रुद्र से शिकायत करके प्रजापित का भेदन कराया था। दूसरे रूप में प्रजापति को अपनी दुहिता वाक् पर आसक्त होते हुए दिखाया गया है। तीसरे रूप में प्रजापति के शरीर के दो भागों से स्त्री पुरुष का उत्पन्न होना बताया गया है और उसी अंगजा

अथवा आत्मजा स्त्री को पत्नी कल्पित करके आगे सृष्टि का विकास दिखाया गया है।

परन्तु प्राचीन आख्यान के इन तीनों रूपों में मनु और इड़ा का नाम कहीं नहीं मिलता। वैदिक साहित्य एवं पुराणों में वैवस्वत मनु प्रजापति माने गये हैं और मित्रावरुण यज्ञ से उत्पन्न उनकी दुहिता का नाम इड़ा या इला दिया गया है। प्रजापति वैवस्वत मनु और उनकी आत्मजा प्रजा इड़ा के साथ स्रष्टा प्रजापति (ब्रह्मा) की सृष्टि-विद्या सम्बन्धी प्रतीकात्मक परन्तु व्यावहारिक रूप से अनैतिक आचरण की पूर्ववर्ती कथा को जोड़ दिया है। प्रसाद की यह मान्यता है कि मानव की अन्त: प्रकृति और ब्राह्य प्रकृति किसी एक ही नियामिका शक्ति से नियन्त्रित हैं।[274] इसी आधार पर प्रसाद ने मनु के अनाचार की प्रतिक्रिया ब्राह्य प्रकृति में भी दिखाई है। देवों के रुष्ट होने के साथ-साथ भौतिक विप्लव[275] और जन-क्रान्ति का भी उल्लेख प्रसाद ने किया है। इसका नेतृत्व विरोधी प्रवृत्ति वाले असुर पुरोहित आकुलि-किलात द्वारा करवाया गया है।[276] इन्हीं असुर पुरोहितों ने पहले मनु-हृदय को आसुरी प्रवृति की ओर मोड़कर पशुहिंसा करायी थी और वे पुरोहित ही यहाँ उत्पात मचानेवाले बताये गये हैं। प्रसाद ने यहाँ भी इन असुर पुरोहितों को रण रूपी यज्ञ में पुरोहित और भीषण जनसंहार को सामूहिक बलि बताया है। यहाँ मनु अपनी भूल को समझ जाते हैं कि 'मैंने भूल से इनको अपना समझ लिया था।' अत: इनको ही वे पहले मारते हैं।[277] इस प्रकार प्रसाद ने आसुरी प्रवृत्तियों को ही सब संघर्षों का मूल माना है। यहाँ मनु के हृदय में एक ओर मानसिक द्वन्द्व दिखाया गया है, तो दूसरी ओर भौतिक शक्तियों के विप्लव का चित्रण किया गया है। देव और जनशक्ति भी क्रुद्ध होकर मनु के सम्मुख आ उपस्थित होती हैं। इस प्रकार मनु के हृदय की आसुरी प्रवृत्तियों की प्रेरणा से किया गया इड़ा के प्रति अनैतिक आचरण ही मानसिक, भौतिक, दैविक, सामाजिक एवं राजनीतिक समस्त उपद्रवों की जड़ है। इसी बहुमुखी विप्लव को दिखलाने के लिए *कामायनी* में प्रजापति के अनैतिक आचरण की कथा का सहारा लिया गया है।

वैदिक ग्रन्थों में मनु की सन्तान के छुटपुट उल्लेख मिलते हैं। परन्तु पुराणों में स्पष्ट रूप से मनु के नौ और कहीं दस पुत्रों का उल्लेख मिलता है। पुराणों में इन मनु-पुत्रों के नामों के अनेक भ्रष्ट पाठ मिलते हैं, जिनको एक स्थान पर एकत्रित करने पर मनु-पुत्रों की संख्या तीस हो जाती है। ऐसी अवस्था में किस ग्रन्थ का सहारा लिया जाये, यह एक समस्या उत्पन्न हो जाती है। अत: प्रसाद ने *कामायनी* में मनु के पुत्र या कुमार को केवल 'मानव' कह दिया है, जो सभी पुत्रों का

प्रतिनिधित्व करता है। दूसरे इतने पुत्रों का विवरण और चरित्र-चित्रण प्रस्तुत करना व्यर्थ का विस्तार करना था। अन्त में समस्त सारस्वत नगरवासियों सहित इड़ा और मानव के द्वारा श्रद्धा-मनु से सेवित कैलास-यात्रा का प्रसंग भी कवि-कल्पना की उपज है, जो उनकी सांस्कृतिक समन्वय भावना की सूचक है।

(घ) *कामायनी* के कथानक में शिथिलता–

उपर्युक्त अध्ययन से स्पष्ट है कि *कामायनी* की कथा के पात्रों और कथांशों के संकेत यद्यपि सम्पूर्ण भारतीय साहित्य में उपलब्ध होते हैं, तथापि उनमें सर्वत्र परस्पर अन्विति का अभाव है। उन विशृंखल एवं अस्पष्ट संकेतों के आधार पर कथा का स्वरूप-निर्माण कदापि नहीं हो सकता। अतः अतीत के प्रेमी प्रसाद ने मानव-सृष्टि के प्रभावी वृत्तों को बड़े मनोयोगपूर्वक खोजकर उन्हें अपनी तथ्य-संग्रहकारिणी प्रतिभा से व्यवस्थित किया है। परन्तु इस नियोजन कार्य में उनको विलुप्त, अपर्याप्त और अस्पष्ट कथांशों को मिलाने के लिए अपनी कल्पना का प्रचुरता से सहारा लेना पड़ा है। इसीलिए *कामायनी* में इन प्राचीन कथांशों के बीच-बीच में भावों का अत्यधिक विस्तार से वर्णन प्रस्तुत किया गया है, जिससे कथा के प्रवाह में स्थान-स्थान पर अवरोध आ जाता है। पाठक उन भावों के चित्रात्मक वर्णन में इतना तल्लीन हो जाता है कि वह मूल कथानक को कभी-कभी भूल ही बैठता है। चिन्ता सर्ग में विगत घटनाओं की व्यंजना के साथ-साथ प्रलय के कारणों की विस्तृत व्याख्या, श्रद्धा सर्ग में श्रद्धा का दीर्घ उपदेश, इड़ा सर्ग में मनु का सुदीर्घ अन्तर्द्वन्द्व और निर्वेद सर्ग में श्रद्धा का गीत तथा पश्चात्तापयुक्त मनु का अपने विगत जीवन का विस्तृत व्याख्यान उदाहरण के रूप में परिगणित किये जा सकते हैं। काम और लज्जा सर्ग के कथानक तो पूर्ण रूपेण आन्तरिक प्रदेश में ही घटित हुए हैं। भावना में बह जाने के कारण कवि निर्वेद सर्ग के उत्तरार्द्ध से इड़ा की उपस्थिति को विस्मृत कर बैठा है और दर्शन सर्ग के मध्य में अचानक इड़ा का स्वर सुनाई पड़ता है।[278] उपर्युक्त सभी अंश काव्य की दृष्टि से उत्तम स्थल होते हुए भी कथा में शिथिलता के मुख्य घटक हैं। परन्तु कथा की उपलब्ध सामग्री इतनी अपूर्ण, पौर्वापर्य क्रम-रहित, अस्पष्ट एवं संकेतात्मक थी कि प्रसाद के लिए कथानक को अपने भावों और कवित्व-शक्ति से विस्तार देना अपरिहार्य था।

ईर्ष्या सर्ग में कवि द्वारा ऐकान्तिक भोगवाद की प्रतिष्ठा के लिए मनु द्वारा पत्नी एवं पुत्र-त्याग करा देना अत्यन्त खलता है।[279] स्वप्न और संघर्ष सर्ग की कथा लगभग एक है। आवृत्ति से बचने के लिए एक सर्ग में भौतिक उन्नति का क्रमिक विकास दिखाया जा सकता था और दूसरे में उसके ह्रास का विवेचन करते हुए

संघर्ष का चित्रण हो सकता था। *कामायनी* में सर्गों के मध्य में पात्रों के कथनों के साथ उनके नाम नहीं दिये गये हैं। नाटकीयता मे दूसरा सर्ग, दूसरे पात्र का कथन और दूसरी घटना आरम्भ हो जाती है। इससे अन्य साधारण पाठकों की तो बात ही क्या, कविवर रामधारीसिंह दिनकर को भी एक स्थल पर भ्रम हो गया है। उन्होंने श्रद्धा सर्ग के प्रथम दो छन्दों को मनु-कथन समझकर इनमें श्रद्धा के सौन्दर्य का वर्णन माना है।[280] वस्तुतः ये श्रद्धा कथन हैं जिसे तृतीय छन्द की प्रथम पंक्ति स्पष्ट कर देती है।[281] कर्म सर्ग में तो एक स्थल पर नाम देने में स्वयं प्रसाद त्रुटि कर गये हैं। मनु के पशु को देखकर आकुलि अपने साथी असुर पुरोहित किलात से प्रश्न करता है और अपने को ही सम्बोधित करके उसका उत्तर देता है।[282] स्पष्ट है यहाँ दूसरे स्थान पर किलात पाठ होना चाहिए।

कामायनी के कथानक में प्रसाद ने संकेतात्मक शैली एवं नाटकीयता का अत्यधिक आश्रय ग्रहण किया है। अतः कथा में संवादों, दृश्यों, घटनाओं एवं व्यापारों का पौर्वापर्य और उनके मध्य का काल प्रत्यक्ष वर्णित न होकर व्यंजित मात्र है। कभी-कभी कवि संकेतात्मक शैली में कतिपय विशेषणों द्वारा ही किसी चरित्र की सम्पूर्ण विशेषताओं को समेटकर रख देता है। सामान्य पाठक इनको समझ नहीं पाता और अर्थ का अनर्थ कर देता है।[283] कभी अपूर्ण एवं प्रश्नवाचक वाक्यों के द्वारा विगत घटनाओं का संकेत कर दिया गया है। कथा-सूत्र एवं कवि के संकेत को पकड़ पाने में असमर्थ पाठक क्षुब्ध हो जाता है। इड़ा का निम्न कथन उपर्युक्त तथ्य की पुष्टि करता है।[284] उसी संकेतात्मक शैली में श्रद्धा का उत्तर पाठक को और उलझन में डाल देता है।[285] इसी प्रकार जो पाठक इड़ा की समस्या और उसके प्रश्न को नहीं समझ पाता,[286] वह दो पृष्ठ आगे श्रद्धा-कथन के मर्म को न समझकर श्रद्धा की कटु आलोचना करता है।[287] पाठक प्रयास करके अपनी कल्पना के द्वारा ही कथा के अन्तःसूत्र का अन्वेषण करता है। कभी-कभी अस्पष्ट अभिव्यक्ति से भी मत-वैभिन्य का सूत्रपात हो गया है। उदाहरणार्थ निम्न कथन से पाठक भ्रम में पड़ जाता है कि यहाँ इड़ा और कुमार का पाणिग्रहण का संकेत है या उनके हृदय की एकता की व्यंजना है।[288] पाठक की कल्पना के लिए अत्यधिक अवसर देने के कारण ही *कामायनी* की कथा के उपर्युक्त स्थल अत्यधिक विवादास्पद रहे हैं।

श्री भगीरत दीक्षित का यह निष्कर्ष उचित है कि "*कामायनी* का गठन नाटकीय है। एक बिम्ब अथवा घटना के बाद दूसरी घटना कहीं-कहीं इस भिन्नता के साथ प्रस्तुत है कि साधारण पाठकों को संगति-स्थापना-कार्य भारी पड़ता है। सन्दर्भ बदल

जाता है, पर कवि उसका स्पष्ट संकेत नहीं देता, केवल कुछ स्थल छोड़कर यह आगे की घटना, भाव, विचार या बिम्ब प्रस्तुत करने लगता है। उस अन्तर्निहित सन्दर्भ एवं काल व्यवधान को कल्पना के सहारे पाठक को ग्रहण करना पड़ता है।[289] उदाहरणार्थ दर्शन सर्ग में मनु को खोजने आई हुई श्रद्धा को देखकर मनु अचानक कह उठते हैं कि उसने इड़ा को कुमार सौंपकर अच्छा नहीं किया है।[290] इसका यह अभिप्राय नहीं है कि इसके बीच में उनमें कोई वार्तालाप नहीं हुआ होगा। इस नाटकीयता को न समझने के कारण नटराज-दर्शन में अस्वाभाविकता के दर्शन हो सकते हैं। कहीं-कहीं कवि के 'द्विधाबिम्ब[291] पाठक को भ्रम में डाल देते हैं। उदाहरणार्थ केलास-यात्रा के समय एक ओर पर्वतारोहण का यथातथ्य वर्णन किया गया है[292] और दूसरी ओर आध्यात्मिक साधना एवं उन्नयन का बिम्ब भी स्पष्ट है जो योग की प्रणायाम जैसी स्थिति का संकेत करता है।[293] डॉ० नगेन्द्र का यह कथन पूर्णतः सत्य है कि *कामायनी* की पारिभाषिक एवं प्रतीकात्मक शब्दावली तथा सम्बद्ध एवं स्वतन्त्र बिम्ब-योजना का प्राचुर्य कथानक के प्रवाह में बाधक सिद्ध हुआ है।[294]

रहस्य सर्ग के उत्तरार्द्ध में कथा पूर्णतः दर्शन के क्षेत्र में प्रयाण कर जाती है। इसी को आलोचकों ने 'मिथक से स्वप्न में छलाँग,[295] 'मूल कथा का घुमाव'[296] और कथानक को 'बैसाखियों के बल चलाना'[297] कहा है। परन्तु मानवात्मा की आनन्द-यात्रा, मनोवृत्तियों के उन्नयन एवं मानवता के भाव-विकास की दृष्टि से यह वर्णन आवश्यक है। इतना अवश्य कहा जा सकता है कि दर्शन और मनोविज्ञान की भूमिका पर मनु की व्यक्तिवादी वृत्तियों का विकास एवं परिणति संगत सिद्ध की जा सकती हैं, किन्तु सामाजिक सन्दर्भ में व्यक्ति की उच्चतम उपलब्धि-विजयिनी मानवता की आकांक्षा सांकेतिक ही रह गई है। आदर्श आनन्दवादी मानव-सभ्यता का व्यवस्था-स्थापन मनु द्वारा ही होता तो कथा सभी रूपों में फलवती होती।समन्वय एवं समरसता की सिद्धि व्यापक व्यावहारिक स्तर पर भी प्रतिफलित होती तो दर्शन और मनोविज्ञान की उपयोगी भूमिकाएँ भी सार्थक होती। श्री गजानन माधव मुक्तिबोध के *कामायनी*-सम्बन्धी विचार-क्रम का सारगर्भित निष्कर्ष देते हुए डॉ० नामवर सिंह ने कहा है कि '*कामायनी* सकर्मक जीवन-अनुभव और अकर्मक जीवन-दर्शन के द्वन्द्व अथवा तनाव की कलात्मक सृष्टि है जिसमें जीवन की वास्तविकता की गहरी पहचान तो है किन्तु मानव-समाज के भविष्य का व्यापक और स्पष्ट चित्र न होने के कारण वे यथार्थ चित्र दकियानूसी जीवन-दर्शन के शिकार हो गये हैं।[298]

निष्कर्ष यह है कि एक ही कथा द्वारा भारतीय धूमिल अतीत के प्रभावी वृत्तों को एक सूत्र में अनुस्यूत करने, सृष्टि-विकास की पौराणिक गाथा

का मनोवैज्ञानिक अन्वेषण करते हुए उसमें आत्मा की अनुभूति के रूप-ग्रहण की चेष्टा द्वारा युग-युग के पुरुष एवं पुरुषार्थों की अभिव्यक्ति करने, मानवता के आदिकाल से लेकर वर्तमान वैज्ञानिक युग तक का क्रमिक विकास प्रस्तुत करते हुए अतीत एवं वर्तमान के विवेकपूर्ण विश्लेषण द्वारा मानवता के भावी विकास का दिशा-निर्देश करने, मानव-मन की सत् एवं असत् वृत्तियों का यथार्थ चित्रण करते हुए उनके उन्नयन और इस भौतिक जगत् से चिर दुःख-दग्ध मानवात्मा के लिए आनन्द-मार्ग प्रशस्त करने के उदात्त लक्ष्य एवं विराट् आयोजन को देखकर इन कतिपय दोषों के लिए इस महान् कवि को क्षमा कर देना होगा। इस महती एवं मंगलमयी महत्त्वाकांक्षा के कारण ही कवि को संश्लिष्ट एवं स्वतन्त्र बिम्ब-योजना के वैचित्र्य का अवलम्बन करना पड़ा है।

संदर्भ

1. *ऋग्वेद*, 7/21/7, 10/72/2, 5//92/4; *तैत्तिरीय संहिता*, 7/4/2/1; *शतपथब्राह्मण*, 7/4/2/40, 2/2/2/2; *जैमिनीय ब्राह्मण*, 3/390-391; *ऐतरेय आरण्यक*, 2/1/3
2. *ऋग्वेद*, 4/14/2; *ऐतरेय ब्राह्मण*, 1/16
3. *ऋग्वेद*, 10/167/1; *शतपथब्राह्मण*, 10/4/3/3, 70/1/3/1; *ऐतरेय ब्राह्मण*; 3/4, 8/14/4; *तैत्तिरीय ब्राह्मण*, 3/12/3/1
4. *अथर्ववेद*, 4/5/19, 4/11/16
5. *ताण्ड्य ब्राह्मण*, 22/12/1
6. *ऋग्वेद*, 6/7/4
7. वही, 4/54/2
8. *ऋग्वेद*, 9/106/8, 9/109/2-3; *शतपथब्राह्मण*, 9/5/1/8
9. *शतपथब्राह्मण*, 11/1/2/12
10. वही, 9/3/1/10
11. *ऋग्वेद*, 8/85/9, 1/11/4; *कौषीतकि ब्राह्मण*, 6/14
12. *ऋग्वेद*, 2/11/1, 1/99/1, 1/15/13, 1/32/15
13. *ऋग्वेद*, 4/30/2, 2/12/17, 1/23/14, 1/88/5; *शतपथब्राह्मण*, 9/4/1/7-12
14. *ऋग्वेद*, 10/129/1-6
15. क्रमशः ऋग्वेद 10/10 सूक्त, 7/88/3-5 तथा 1/161/11
16. *अथर्ववेद*, 5/4/4
17. वही, 19/39/7-8
18. क्रमशः *वैदिक देवशास्त्र*, पृ० 361; *वैदिक धर्म एवं दर्शन*, पृ० 284; *कामायनी* में *काव्य, संस्कृति और दर्शन*, पृ० 49
19. *जैमिनीय ब्राह्मण*, 3/99; तु० 'वेद नावमिमां...' -*मत्स्यपुराण*, 2/10

20. *शतपथब्राह्मण*, 1/8/1/1-6
21. *ऋग्वेद*, 10/100/15, 2/33/13, 8/63/1, 1/80/16, 1/144/2, 8/52/1, 10/63/7; *अथर्ववेद*, 14/2/41; *तैत्तिरीय संहिता*, 1/5/1/3, 2/1/5/6; *काठक संहिता*, 8/15; *वाजसनेयी संहिता*, 37/12; *तैत्तिरीय ब्राह्मण*, 2/3/8/3; *शतपथ ब्राह्मण*, 1/1/4/4; *जैमिनीय उपनिषद् ब्राह्मण*, 3/15/2
22. *ऋग्वेद*, 1/13/4 तथा 1/26/4 पर सायण भाष्य; *शतपथ ब्राह्मण* 14/1/3/25, 6/6/1/19
23. वैदिक धर्म एवं दर्शन, पृ० 283
24. *ऋग्वेद*, 10/17/1-2; *निरुक्त*, 12/10; *बृहद्देवता*, 6/162-63, 7/1-7
25. *ऋग्वेद*, 10/62/9, 11
26. वैदिक कोश, पृ० 556
27. *ऋग्वेद*, 8/52/1; *अथर्ववेद*, 8/10/24, 18/1/53, 3/31/5; *शतपथ ब्राह्मण*, 13/4/3/3; *आपस्तंबश्रौतसूत्र*, 10/7
28. *निरुक्त*, 12/34
29. *ऋग्वेद*, 4/26/4
30. वही, 9/96/12
31. वही, 8/52/1
32. वही, 5/29/7
33. वही, 2/19/4, 5/30/7, 19/73/7, 1/130/8
34. वही, 5/35/6
35. वही, 6/21/11, 9/92/5
36. वही, 10/62/9, 11
37. *अथर्ववेद*, 8/10/10
38. वही, 8/10/24
39. *शतपथब्राह्मण*, 14/1/3/25
40. *शतपथब्राह्मण*, 13/4/3/3
41. *ऋग्वेद*, 10/151, अनुक्रमणिका
42. *ऋग्वेद*, 9/1/6; *यजुर्वेद*, 19/4; *शतपथ ब्राह्मण*, 12/7/3/11
43. *तैत्तिरीय ब्राह्मण*, 2/3//10/1, 2/6/2/3
44. मुंडकोपनिषद, 2/1/7; *प्रश्नोपनिषद्*, 6/4
45. *तैत्तिरीय ब्राह्मण*, 3/12/3/1-2
46. *सौभाग्यलक्ष्मी उपनिषद्* (*कल्याण उपनिषद् अंक*, पृ० 652)
47. *शतपथ ब्राह्मण*, 11/2/7/20
48. *तैत्तिरीय ब्राह्मण*, 3/12/3/1-2, 2/8/8/8
49. वही, 3/12/4/3
50. *निरुक्त*, दैवत काण्ड, 3/9
51. *यजुर्वेद*, 19/30 तथा 19/77
52. *तैत्तिरीय ब्राह्मण*, 2/6/2/3
53. *ऐतरेय ब्राह्मण*, 7/10

54. "मनोः श्रद्धादेवस्य यजमानस्यासुरघ्नी वाक्।" *तैत्तिरीय ब्राह्मण*, 3/2/5/9
55. *शतपथ ब्राह्मण*, 1/1/4/14-17
56. *ऋग्वेद*, 10/57, (अनुक्रमणिका), 10/57/1, 10/60/7, पर शाट्ययायन, सायण भाष्य; *बृहद्देवता*, 7/83-90, 7/98-102; *मैत्रायणी संहिता*, 4/1/6, 4/8/1; *काठक संहिता*, 2/30, 30/1
57. *पंचविंश ब्राह्मण*, 13/12/4-5; तु० *जैमिनीय ब्राह्मण*, 3/167
58. *ताण्ड्य ब्राह्मण*, 13/7/12
59. *शतपथ ब्राह्मण*, 1/1/4/14-17
60. वही, 2/5/3/18, पर ज्यूलियम एगलिंग का अनुवाद औद टिप्पणी
61. *वैदिक धर्म एवं दर्शन*, पृ० 237; *वैदिक देवशास्त्र*, पृ० 133
62. *कामायनी पर वैदिक साहित्य का प्रभाव*, पृ० 132
63. *तैत्तिरीय संहिता*, 2/6/7/1-4, तथा माधवाचार्य भाष्य
64. *तैत्तिरीय ब्राह्मण*, 1/1/4/4-7
65. *ऐतरेय ब्राह्मण*, 5/5/32; *तैत्तिरीय ब्राह्मण*, 2/2/3/1; *तैत्तिरीय उपनिषद्*, 2/6; *बृहदारण्यक उपनिषद्*, 1/2/4 आदि
66. *शतपथ ब्राह्मण*, 1/8/1/7/11
67. *ऐतरेय ब्राह्मण*, 2/1/10, 2/1/4
68. यजुर्वेद, 34/14
69. *ऋग्वेद*, 10/95/18
70. *शतपथ ब्राह्मण*, 11/1/5/1
71. *ऋग्वेद*, 10/61/5-7, 1/75/5; *अथर्ववेद*, 8/6/7, 9/10/12
72. *मैत्रायणी संहिता*, 4/2/12
73. *ऐतरेय ब्राह्मण*, 2/33
74. *शतपथ ब्राह्मण*, 1/7/4/1-3, तु० *तांड्य ब्राह्मण*, 8/2/10; *जैमिनीय ब्राह्मण*, 3/221-223
75. *शतपथ ब्राह्मण*, 14/3/4/3; *तांड्य ब्राह्मण*, 20/14/2; *बृहदारण्यकोपनिषद्*, 1/4/3, तथा *शांकर भाष्य*, 1/4/7
76. *वैदिक कोश*, पृ० 377, *प्राचीन चरित्र कोश*, पृ० 643
77. 'मैनोरो वा' (मनावी, मनायी) *अष्टाध्यायी*, 4/1/39
    तस्यापत्यम् (मानवी) वही, 4/1/92
    तस्येदम् (मानवी) वही, 4/3/120
78. *तैत्तिरीय संहिता*, 1/5/1/3; *ऋग्वेद*, 10/61-62 सूक्त
79. *तैत्तिरीय संहिता*, 3/1/9/4-6; *मैत्रायणी संहिता*, 1/5/8; *ऐतरेय ब्राह्मण*, 5/14/1-2
80. *शतपथ ब्राह्मण*, 4/1/5/1-2; *ऐतरेय ब्राह्मण*, 20/4, 4/32/7; *जैमिनीय ब्राह्मण*, 3/120-122
81. *तैत्तिरीय संहिता*, 2/6/7/3; *तैत्तिरीय ब्राह्मण*, 1/1/4/4; *शतपथ ब्राह्मण*, 1/8/1/7-11 11/5/3/5, 1/8/1/26
82. *विष्णुपुराण*, 1/5/22-23; *कूर्मपुराण*, 7/16-17; *भागवतपुराण*, 3/10/13-28
83. वही, 1/5/31-37; *पद्मपुराण*, *सृष्टि खण्ड*, 3/82/86
84. *महाभारत*, 9/33/21, 9/44/9

85. वही, 1/18/25, 1/123/22; *मार्कण्डेयपुराण*, 20/36; *वाल्मीकि रामायण*, 1/48/20
86. *प्राचीन चरित्र कोश*, पृ० 73, 243
87. *महाभारत*, 2/3/12, 9/49/4
88. *महाभारत*, 12/342/25-52 तथा 1/12/20
89. *मार्कण्डेयपुराण*, 20/36-37
90. *वाल्मीकि रामायण*, 1/64/1-7; *महाभारत*, 1/71/72; *प्राचीन चरित्र कोश*, पृ० 69
91. *स्कन्दपुराण*, 1/1/15-21; *भागवतपुराण*, 9/17/13-16
92. *मत्स्युपराण* 47/55-89
93. *वाल्मीकि रामायण*, 1/45/45; *महाभारत*, 5/97/12
94. *महाभारत*, 2/229/7-9
95. *पद्मपुराण*, सृष्टि खण्ड, 15/10; *वायुपुराण* 34/67; *कूर्मपुराण*, 39 अध्याय
96. वही, सृष्टि खण्ड, 15/6
97. *वायुपुराण*, 100/113-114
98. *वाल्मीकि रामायण*, 3/5/5-14; *महाभारत*, 8/37-38, 7/5-8
99. *मृगेन्द्र तन्त्र*, 1/13/41-56; *मत्स्यपुराण*, अध्याय 113 तथा 120; *वायुपुराण*, अध्याय 4 तथा 34; *ब्रह्माण्डपुराण*, अध्याय 19
100. *वाल्मीकि रामायण*, 1/48/17-28; *महाभारत*, 5/12/5-6
101. *विष्णुपुराण*, 1/5/12-14
102. *महाभारत*, वनपर्व, 187/2-55; *भागवतपुराण*, 8/24/1-66; *अग्निपुराण*, 2/1-17; *मत्स्युपुराण*, 1/12-24, तथा 2/1-20; *कालिकापुराण*, अध्याय, 34; *भविष्यपुराण*, 3/4/28-60
103. *मत्स्यपुराण*, 2/2-15
104. वही, 2/12-14
105. *मार्कण्डेयपुराण-एक सांस्कृतिक अध्ययन*, पृ० 14-16
106. *महाभारत*, वनपर्व, 188/1-70; *पद्मपुराण*, सृष्टि खण्ड, 17/1-56; *ब्रह्मपुराण*, अध्याय 53-56; *मत्स्यपुराण*, अध्याय 166-167; *भागवतपुराण*, 12/9/1-34
107. *स्कन्दपुराण*, रेवाखण्ड, नर्मदा माहात्म्य, 1-13 तथा वाराह कल्प वृत्तान्त, 1-61
108. *विष्णुपुराण*, 1/2/26; *भागवतपुराण*, 3/29/45
109. जिसके अन्त में कलियुग के संध्यांश-काल दिव्य 100 वर्ष तथा मानवमान से 3600 वर्ष तक चतुर्युगान्त प्रलय होती है-*मत्स्यपुराण*, 143/79, 85
110. ब्रह्मा का एक मुहूर्त और मनु, देवतादि का अधिकार-काल जिसके अन्त में मन्वन्तर-संध्यांश में सत्ययुग के मान 1728000 वर्षों के बराबर जलप्लावन होता है। -*सूर्य-सिद्धान्त* 1/18-19
111. ब्रह्मा का एक दिन जिसके अन्त में इतने समय की ही ब्रह्म-रात्रि में ब्राह्म नामक नैमित्तिक प्रलय होती है। -*विष्णुपुराण*, 6/3/2; *विष्णुपुराण*, 3/3/49-50; *ब्रह्मपुराण*, 221/11-12
112. ब्रह्मा की आयु का काल (द्विपरार्द्ध या पर) तथा जिसके अन्त में प्राकृत-प्रलय होती है। *विष्णुपुराण*, 6/3/2 आदि-
113. *भागवतपुराण*, 3/11/37; *ब्रह्मवैवर्तपुराण*, 2/8/1 के अनुसार विश्वात्मा का एक निमेष तथा *विष्णुपुराण*, 6/4/47 के अनुसार विश्वात्मा का एक दिन द्विपरार्द्ध के बराबर होता है।

नोट- उपरिनिर्दिष्ट तालिका में काल-गणना निम्नलिखित ग्रन्थों की सहायता से की गई है-

विष्णुपुराण, 1/3/6-22, 6/3/6-12; *भागवतपुराण*, 3/11/1-25; *सूर्यसिद्धान्त*, 1/18-19; *मत्स्य-पुराण*, 141/1-40

114. *विष्णुपुराण*, 1/7/41; *भागवतपुराण*, 12/4/38, 12/7/27; *अग्निपुराण*, 368/1-2; *ब्रह्मवैवर्त-पुराण*, 1/8/8-9
115. *भागवतपुराण*, 12/4/35-37; *विष्णुपुराण*, 1/7/43
116. *विष्णुपुराण*, 1/7/32-36; *महाभारत*, आदि पर्व, 66/54-55
117. *विष्णुपुराण*, 1/6/14-17, 20; *भागवतपुराण*, 1/6/29
118. *भागवतपुराण*, 3/11/21; *मत्स्यपुराण*, 143/10, तथा 101; *विष्णुपुराण*, 6/1/8; *मनुस्मृति*, 1/81-82
119. *पद्मपुराण*, सृष्टि खण्ड, 17/24
120. *विष्णुपुराण*, 4/24/98, 3/2/45-46; *भागवतपुराण*, 8/14/3-5, 3/21/50-55
121. *मत्स्यपुराण*, 143/66-90; तु० *विष्णुपुराण*, 4/24/96 तथा 99-100
122. *विष्णुपुराण*, 1/3/28; *भागवतपुराण*, 3/11/24; *वायुपुराण*, 57/33; *मत्स्यपुराण*, 141/29 तथा 35
123. *वायुपुराण*, 57/35
124. युगानां सप्ततिः सैका मन्वन्तरमिहोच्यते।
    कृताब्द संख्या तस्यान्ते संधिः प्रोक्तो जलप्लवः॥
    ससन्धयस्यते मनवः कल्पे ज्ञेयाश्चतुर्दश।
    कृते प्रमाणः कल्पादौ संधिः पंचदशः स्मृतः ॥-*सूर्यसिद्धान्त*, 1/18-19
125. क्रमशः-*वैदिक युग और आदि मानव*, पृ० 115; *पुराण विमर्श*, पृ० 293
126. *विष्णुपुराण*, 1/3/22; *भागवतपुराण*, 12/4/2-4; *ब्रह्मपुराण*, 231/2; *वायुपुराण*, 38/133-136
127. *विष्णुपुराण*, 1/3/24-25, 6/4/7; *ब्रह्मपुराण*, 232/7
128. *भागवतपुराण*, 2/2/25; *ब्रह्मपुराण*, 15/12
129. वही, 3/11/28; *विष्णुपुराण*, 1/3/23, 2/8/99
130. *विष्णुपुराण*, 1/3/2-25, 1/4/16-28, 6/3/28-29; *भागवतपुराण*, 3/11/28-32; *ब्रह्मपुराण*, 232/5
131. *भागवतपुराण*, 2/2/22-26
132. *मार्कण्डेयपुराण : एक सांस्कृतिक अध्ययन*, पृ० 125
133. *विष्णुपुराण*, 1/2/27
134. *महाभारत*, वनपर्व, 188/65-87; *विष्णुपुराण*; 6/3/13-41, 6/4/1-10; *वायुपुराण*, 38/137-196; *ब्रह्मपुराण*, 231/12-40, 232/1-7; *मत्स्यपुराण*, 2/3-15; *कल्किपुराण*, अध्याय, 25 पूर्वार्द्ध
135. *विष्णुपुराण*, 6/3/2
136. *विष्णुपुराण*, 6/13/2-5, 1/7/42, *1/2/25*; *भागवतपुराण*, 12/4/5-6; *अग्निपुराण*, 368/15-17; *ब्रह्मवैवर्तपुराण*, 2/7/73-77; *वायुपुराण*, 40/1-46

137. *विष्णुपुराण*, 6/4/35-46; *भागवतपुराण*, 12/4/22; *स्कन्दपुराण*, रेवाखण्ड, 8-16
138. *भागवतपुराण*, 2/2/26-31
139. *विष्णुपुराण*, 1/2/21
140. वही, 6/4/12-50
141. *विष्णुपुराण*, 1/7/46-47; *वायुपुराण*, 40/47-137; *ब्रह्मपुराण*, 233/1; *भागवतपुराण*, 12/4/34
142. *भागवतपुराण*, 8/24/7 तथा 37; *अग्निपुराण*, 2/3 तथा 13; *मत्स्यपुराण*, 2/3-15
143. वही, 8/24/46 तथा 12/8/3 पर श्रीधरी टीका
144. *विष्णुपुराण*, 1/4/7-52; *महाभारत*, वनपर्व, 272/51-55
145. *भागवतपुराण*, 3/17/1-15
146. *वाल्मीकि रामायण*, युद्ध काण्ड, 31/1-35, 22/6-15
147. *कालसप्ततिका*, पृ० 56-62
148. *तमिलम् तमिलरम्*, पृ० 10 तथा 18-19
149. मन्वन्तराणां परिवर्तनानि चिरप्रवृत्तानि युगस्वाभावात्।
क्षणं नयंतिष्ठति जीवलोकः क्षयोदयाभ्यां परिवर्तमानः।।
—*मत्स्यपुराण*, 143/107, तथा 193/103, 141/35
150. 'अ होरात्र व्यवस्थान कारणं भगवान्रविः'। —*विष्णुपुराण*, 2/8/12, 2/11/21;
'अहोरात्रे विभजते सूर्यो मानुषदैविके'।—*मनुस्मृति* 1/65; *मत्स्यपुराण*, 141/5
151. *मत्स्यपुराण*, 141/4
152. 'परिमाणं च कालस्य कल्प'। —*भागवतपुराण*, 2/10/47
153. *पुराण परिशिलन*, पृ. 207
154. 'मन्वन्तराणि यानि स्युः कल्पे-कल्पे चतुर्दश'। —*मत्स्यपुराण*, 144/1
155. मन्वन्तरं मनुदेवा मनु पुत्राः सुरेश्वरः।
ऋषयोऽशावताराश्च हरेः षड्विधमुच्यते ।। —*भागवतपुराण* 12/7/15
156. *भागवतपुराण*, 8/1, 5, 13 अध्याय
157. *प्राचीन चरित्रकोश*, पृ. 607
158. *निरुक्त*, 12/10; *वृहद्देवता*, 6/162-163, 7/1-7
159. *विष्णुपुराण*, 3/2/2-8; *भागवतपुराण*, 8/13/8-10; *मत्स्यपुराण*, 11/1-39; *अग्निपुराण* 150/11-12, 273/2-4; *ब्रह्मपुराण*, 6, 32, 89 अध्याय; *वायुपुराण*, 23 अध्याय; *लिंगपुराण*, 65 अध्याय; *पद्मपुराण*, सृष्टि खण्ड, 8/36-66; *ब्रह्माण्ड पुराण* 3/59 अध्याय
160. *शतपथ ब्राह्मण*, 10/5/1/4
161. *मत्स्यपुराणानुशीलनम्*, पृ० 221, 225, 88-89
162. *मत्स्यपुराणानुशीलनम्*, पृ० 25
163. *पुराणम्*, Vol/ XIII/No. 2 July 1971, p. 153
164. *भागवतपुराण*, 8/ अध्याय 1,5,13
165. *भागवतपुराण*, 2/7/39
166. *The Vishnu Puran* (H.H. Wilson) p. 163, Note 1

167. *आदिपुराण*, तृतीय पर्व; *कामायनी सौन्दर्य*, पृ० 285
168. *भागवतपुराण*, 8/14/6; *विष्णुपुराण*, 1/7/38, 3/2/45-47
169. *भागवतपुराण*, 8/14/4, 8-9; *विष्णुपुराण*, 3/2/45-46; *मत्स्यपुराण*, 9/30-31
170. *भागवतपुराण*, 8/14/7-9; *विष्णुपुराण*, 3/2/54-58
171. '......मनवादयो जगद्यात्रां नयन्ति।' –*भागवतपुराण*, 8/14/3
172. *विष्णुपुराण*, 1/7/38, 3/2/53-54
173. 'त्वं (मनु) हरे पालिनी शक्ति'–*भागवतपुराण*, 3/21/50
174. *भागवतपुराण*, 3/22/3-4
175. वही, 8/14/5
176. वही, 3/21/50-55
177. विष्णुपुराण, 3/2/45-46
178. वही, 3/11/4
179. *भागवतपुराण*, 2/10/4
180. *महाभारत*, वनपर्व, 187/52-58; *भागवतपुराण*, 8/24/11तथा 54-61; *मत्स्यपुराण*, 1/34-35
181. *कालसप्ततिका*, पृ० 56-62
182. *प्राकृत शब्द महार्णव*, पृ० 830
183. *रघुवंश*, 1/11
184. *महाभारत*, *शान्तिपर्व*, 67/20-32
185. *प्राचीन चरित्रकोश*, पृ० 611
186. *वाल्मीकि रामायण*, 1/70/20-22, 2/49/12-13, 2/79/17, 4/18/6, 7/79/5-1
187. *महाभारत*, *आदिपर्व*, 75/12-18
188. *विष्णुपुराण*, चतुर्थ अंश के प्रथम से लेकर चतुर्थ अध्याय तक; *मार्कण्डेयपुराण*, अध्याय, 111-136; *मत्स्यपुराण*, 12/19-56 आदि
189. *गरुड़पुराण*, 1/38/2 तथा 3/87/25-26
190. विष्णुपुराण, 3/1/33-34 तथा 4/1/5-7
191. *ब्रह्मपुराण*, 7/1-2 तथा 5/37
192. *मत्स्यपुराण*, 9/30 तथा 11/40-42
193. *The Vishnu Puran*, p. 278, Note 4
194. वैदिक *कोश*, पृ० 242
195. *भागवतपुराण*, 9/2/23
196. वही, 9/4/1-13
197. *इतिहास पुराण का अनुशीलन*, पृ० 9
198. *महाभारत*, शान्तिपर्व, 264/8
199. *भागवतपुराण*, 3/21/3, 3/24/22, 4/1/34
200. वही, 4/1/47-49; *वायुपुराण*; 10/24-26; *महाभारत*, आदिपर्व, 66/13-15; *मार्कण्डेयपुराण*, 50/20-21; विष्णुपुराण, 1/7 अध्याय
201. *महाभारत*, आदिपर्व, 66/32-33; *वायुपुराण*, 10/33; *मार्कण्डेयपुराण*, 50/28; *कूर्मपुराण*, 5/20; *ब्रह्माण्डपुराण*, 2/9/58-62; *विष्णुपुराण*, 1/7/28

202. *भागवतपुराण,* 3/12/26
203. वही, 8/7/32, 10/55/1-2; *मत्स्यपुराण,* 23/23, 3/33, 4/12-21; *विष्णुपुराण,* 5/27/28
204. *मत्स्यपुराण,* 23/23, 154/209-239; *भागवतपुराण,* 11/4/7
205. *मत्स्यपुराण,* 7/23, 23/30 आदि
206. वही, 191/110
207. *भागवतपुराण,* 8/10/33
208. *विष्णुपुराण,* 3/1/30, *अग्निपुराण;* 150/8; *ब्रह्मपुराण,* 8/95; *मार्कण्डेयपुराण,* 103/4 आदि
209. *भागवतपुराण,* 9/1/11-16
210. *शिवमहापुराण, उमा संहिता,* 36/1-22; *ब्रह्मपुराण,* 7/1/23; *ब्रह्माण्डपुराण,* 3/60/3-28; *हरिवंशपुराण,* 10/3-17; *शिवपुराण, धर्म संहिता,* 60/3-13
211. *ब्रह्माण्डपुराण,* 3/60/22-28
212. *विष्णुपुराण,* 4/1//8-17; *मार्कण्डेयपुराण,* 108/7-18; *लिंगपुराण,* 65/17-31; *भागवतपुराण,* 9/1/11-42, 9/2/1-2
213. *ब्रह्मपुराण,* 108/2-121
214. *वाल्मीकि रामायण,* 7/57 से 90 सर्ग
215. *पद्मपुराण,* सृष्टि खण्ड, 8/75-125; *मत्स्यपुराण,* 11/40-66, 12/1-19
216. *विष्णुपुराण,* 4/6-16 अध्याय
217. *भागवतपुराण,* 3/12//26-33
218. वही, 3/3/36, *शिवमहिम्न स्तोत्र,* 22
219. *मत्स्यपुराण,* 3/30-45; *मनुस्मृति,* 1/32
220. आह सर्ग के अग्रदूत! तुम असफल हुए, विलीन हुए।
भक्षक या रक्षक, जो समझो, केवल अपने मीन हुए। —*कामायनी,* पृ० 15
221. अरे अमरता के चमकील पुतलो!''' —*कामायनी,* पृ० 15
222. शक्ति रही हाँ शक्ति; प्रकृति थी पदतल में विनम्र विश्रान्त;
कँपती धरणी, उन चरणों से होकर प्रतिदिन ही आक्रान्त! —*कामायनी,* पृ० 17
223. सब कुछ थे स्वायत्त, विश्व के बल, वैभव, आनन्द अपार।
उद्वेलित लहरों सा होता, उस समृद्धि का सुख-संचार। —*कामायनी,* पृ० 17
224. चिर किशोर-वय, नित्य विलासी, सुरभित जिससे रहा दिगन्त;
आज तिरोहित हुआ कहाँ वह, मधु से पूर्ण अनन्त वसन्त? —*कामायनी,* पृ० 18
225. देव-दम्भ के महा मेध में सब कुछ ही बन गया हविष्य। —*कामायनी,* पृ० 15
226. मौन! नाश! विध्वंस अँधेरा! शून्य बना जो प्रकट अभाव;
वही सत्य है, अरी अमरते! तुझको यहाँ कहाँ अब ठाँव। —*कामायनी,* पृ० 26
227. देव सृष्टि का ध्वंस अचानक श्वास लगा लेने फिर से!
आज अमरता का जीवित हूँ मैं वह भीषण जर्जर दम्भ,
आह सर्ग के प्रथम अंक का अधम पात्रमय सा विष्कंभ। —*कामायनी,* पृ० 25-26

228. प्रहर दिवस कितने बीते, अब इसको कौन बता सकता!
इनके सूचक उपकरणों का चिह्न न कोई पा सकता।
काला शासन-चक्र मृत्यु का कब तक चला न स्मरण रहा, –*कामायनी*, पृ०21
229. 'विश्व एक बन्धन विहीन परिवर्तन तो है;
इसकी गति में रवि-शशि-तारे ये सब जो हैं।
रूप बदलते रहते वसुधा जलनिधि बनती।
उदधि बना मरुभूमि जलधि में ज्वाला जलती। –*कामायनी*, पृ० 198
युगों की चट्टानों पर सृष्टि डाल पद-चिह्न चली गम्भीर;
दवे, गन्धर्व, असुर की पंक्ति अनुसरण करती उसे अधीर। –*कामायनी*, पृ० 64
230. *कामायनी*, पृ० 25 तथा 31
231. 'अहस्तस्य तु या सृष्टिः प्रलयो रात्रिरुच्यते। –*वायुपुराण*, 5/2
232. उनको देख कौन रोया यों अन्तरिक्ष में बैठ अधीर!
व्यस्त बरसने लगा अश्रुमय वह प्रालेय हलाहल नीर! –*कामायनी*, पृ० 21
233. *विष्णुपुराण*, 1/8/3
234. *विष्णुपुराण*, 1/2/66; *भागवतपुराण*, 1/2/3; *गरुड़पुराण*, 1/4/3-5
235. *भागवतपुराण*, 2/7/79
236. *कामायनी*, पृ० 23
237. वही, पृ० 28
238. 'किसका था भ्रूभंग प्रलय-सा' –*कामायनी*, पृ० 33
239. *कामायनी*, पृ० 15
240. प्रकृति रही दुर्जेय, पराजित हम सब थे भूले मद में;
x x x
देव दम्भ के महा मेध में सब कुछ ही बन गया हविष्य।
x x x
अरे अमरता के चमकीले पुतलो ! तेरे वे जयनाद;
काँप रहे हैं आज प्रतिध्वनि बनकर मानो दीन विषाद। –*कामायनी*, पृ० 15
स्वयं देव थे हम सब, तो फिर क्यों न विश्रृंखल होती सृष्टि,
अरे अचानक हुई इसी से कड़ी आपदाओं की वृष्टि। –*कामायनी*, पृ० 17
241. वे सब डूबे, डूबा उनका विभव, बन गया पारावार;
उमड़ रहा है देव सुखों पर दुःख जलधि का नाद अपार। –*कामायनी*, पृ० 16
242. अरी आधियों ! ओ बिजली की दिवारात्रि तेरा नर्तन;
उसी वासना की उपासना, वह तेरा प्रत्यावर्त्तन। –*कामायनी*, पृ० 15
243. उल्का लेकर अमर शक्तियाँ खोज रही ज्यों खोया प्रात। –*कामायनी*, पृ० 22
244. बढ़ने लगा विलास वेग सा वह भैरव जल संघात,
x x x
भरी वासना-सरिता का वह कैसा था मदमत्त प्रवाह,
प्रलय-जलधि में संगम जिसका देख हृदय था उठा कराह। –*कामायनी*, पृ० 23 तथा 18

245. देव-यजन के पशु-यज्ञों की वह पूर्णाहुति की ज्वाला,
जलनिधि में बन जलती कैसी आज लहरियों की माला। –*कामायनी*, पृ० 21
246. *भागवतपुराण*, 8/24/7, 37; *अग्निपुराण*, 2/3, 2/13 तु० *महाभारत*, वनपर्व, 187/29-30
247. *मत्स्यपुराण*, 2/3-20
248. *कामायनी*, पृ० 15, 19, 21-22
249. वही, पृ० 21-25
250. विकल हुआ सा काँप रहा था, सकल भूत चेतन समुदाय;
उनकी कैसी बुरी दशा थी वे थे विवश और निरुपाय।
किसका था भ्रूभंग प्रलय सा जिसमें ये सब विकल रहे!
अरे! प्रकृति के शक्ति-चिह्न ये फिर भी कितने निबल रहे।
देव न थे हम और न ये हैं, सब परिवर्तन के पुतले;
हाँ, कि गर्व-रथ में तुरंग सा; जितना जो चाहे जुत ले। –*कामायनी*, पृ० 22 तु० पृ० 25
251. *कामायनी*, पृ० 22-23
252. *कामायनी*, पृ० 25
253. एक दिन सहसा सिन्धु अपार लगा टकराने नग तल क्षुब्ध;
अकेला यह जीवन निरुपाय आज तक घूम रहा विश्रब्ध। –*कामायनी*, पृ० 60
254. *कामायनी*, पृ०177, तु० 168-169
255. असुर पुरोहित उस विप्लव से बचकर भटक रहे थे,
वे किलात आकुलि थे जिनने कष्ट अनेक सहे थे। –*कामायनी*, पृ० 119
256. *कामायनी*, पृ० 39
257. *कामायनी*, पृ० 12, 14
258. *निरुक्त*, 2/7
259. *वाजसनेयी संहिता*, 37/12
260. *वैदिक युग और मानव*, पृ० 92
261. किन्तु उसी ने ला टकराया इस उत्तर-गिरि के शिर से;
देव सृष्टि का ध्वंस अचानक श्वास लगा लेने फिर से।
आज अमरता का जीवित हूँ मैं वह भीषण जर्जर दम्भ,
आह सर्ग के प्रथम अंक का अधम पात्रमय सा विष्कंभ। –*कामायनी*, पृ० 25-26
262. *कामायनी*, पृ० 31-49
263. *कामायनी* (आमुख), पृ० 5 तथा 85, 100
264. वही, पृ० 257
265. वही, पृ० 298
266. वही, पृ० 82, 84
267. *कामायनी*, श्रद्धासर्ग
268. वही, कामसर्ग
269. वही, आशासर्ग, पृ० 48-49, वासनासर्ग, पृ० 100
270. *कामायनी*, लज्जा सर्ग
271. *कामायनी*, कर्म सर्ग

272. *कामायनी में काव्य, संस्कृति और दर्शन*, पृ० 81
273. *कामायनी में काव्य, संस्कृति और दर्शन*, पृ० 77
274. 'विश्व बँधा है एक नियम से' यह पुकार सी

     x x x

     उसे मानते नियम चल रहा जिससे जीवन। –*कामायनी*, पृ० 199
275. भौतिक विप्लव देख विकल वे थे घबराये,
     राजशरण में त्राण प्राप्त करने को आये। –*कामायनी*, पृ० 197
276. *कामायनी*, संघर्ष सर्ग
277. *कामायनी*, संघर्ष सर्ग, पृ० 209
278. 'अम्बे फिर क्यों इतना विराग, मुझ पर न हुई क्यों सानुराग?'
     पीछे मुड़ श्रद्धा ने देखा, वह इड़ा मलिन छवि की रेखा, –*कामायनी*, पृ० 244
279. *कामायनी*, पृ० 161
280. *पन्त, प्रसाद और मैथिलीशरण*, पृ० 48
281. सुना यह मनु ने मधु गुंजार·· –*कामायनी*, पृ० 53
282. 'क्यों किलात! खाते-खाते तृण······
     आकुलि ने तब कहा, देखते नहीं······ – *कामायनी*, पृ० 119-20
283. तुम जीवन की अन्धानुरक्ति;···
     तुम आशामयि! चिर आकर्षण, तुम मादकता की अवनत घन;
     मनु के मस्तक की चिर अतृप्ति, तुम उत्तेजित चंचला शक्ति! –*कामायनी*, पृ० 245
284. तो क्या मैं भ्रम में थी नितान्त, संहार- बध्य असहाय दान्त;

     x x x

     संघर्ष कर्म का मिथ्या बल, ये शक्ति चिह्न, ये यज्ञ विफल;
     भय की उपासना! प्रणति भ्रान्त! अनुशासन की छाया अशान्त! – *कामायनी*, पृ० 248
285. "है रुद्र रोष अब तक अशान्त" श्रद्धा बोली, बन विषम ध्वान्त।
     सिर चढ़ी रही! पाया न हृदय, तू विकल कर रही है अभिनय;
     अपनापन चेतन का सुखमय खो गया, नहीं आलोक उदय; –*कामायनी*, पृ० 249
286. यह ज्वाला इतनी है समिद्ध, आहुति बस चाह रही समृद्ध। –*कामायनी*, पृ० 247
287. मैं लोक अग्नि में तप नितांत, आहुति प्रसन्न देती प्रशान्त, –*कामायनी*, पृ० 248
288. वे दो लौट चले पुर और मौन, जब दूर हुए तब रहे दो न; –*कामायनी* पृ० 253
289. *कामायनी* विमर्श, पृ० 183
290. बोले 'रमणी तुम नहीं आह! जिसके मन में हो भरी चाह; –*कामायनी*, पृ० 256
291. *कामायनी* विमर्श, पृ० 185
292. नीचे जलधर दौड़ रहे थे सुन्दर सुर-धनु माला पहने;
     कुंजर-कलभ सदृश इठलाते चमकाते चपला के गहने।
     प्रवहमान थे निम्न देश में शीतल शत शत निर्झर ऐसे; –*कामायनी*, पृ० 266
293. दिशा विकम्पित, पल असीम है यह अनन्त सा कुछ ऊपर है;
     अनुभव करते हो, बोलो क्या पदतल में सचमुच भूधर है?

     x x x

श्रांत पक्ष, कर नेत्र बन्द बस विहग युगल से आज हम रहें;
शून्य पवन बन पंख हमारे हमको दें आधार, जम रहें। —*कामायनी*, पृ० 268

294. *कामायनी के अध्ययन की समस्याएँ*, पृ० 6–8
295. *मिथक और स्वप्नः कामायनी की मनस्सौन्दर्य सामाजिक भूमिका*, पृ० 206–218
296. *कामायनीः एक पुनर्विचार*, पृ० 165
297. *कामायनीः मूल्यांकन और मूल्यांकन*, पृ० 207
298. *कविता के नये प्रतिमान*, पृ० 82

ग्रन्थ-सूची

(क) उपजीव्य ग्रन्थ

कामायनी—जयशंकर प्रसाद, भारती भण्डार, लीडर प्रेस, इलाहाबाद, चतुर्दश आवृत्ति, सं॰ 2026

(ख) उपस्कारक ग्रन्थ—संस्कृत-ग्रन्थ

अग्निपुराण—नन्दलाल मोर, 5 क्लाइव रोड, कलकत्ता, 1954 ई॰

अथर्ववेद—विश्वेश्वरानन्द वैदिक शोध संस्थान, होशियारपुर, 1960 ई॰

आदिपुराण—भारतीय ज्ञानपीठ, काशी, प्रथम संस्करण

आपस्तम्ब श्रौतसूत्र—बिब्लियोथिका इण्डिका रायल सोसाइटी, कलकत्ता

ऐतरेय ब्राह्मण—आनन्दाश्रम संस्कृत सीरीज, पूना

ऐतरेय आरण्यक—आनन्दाश्रम संस्कृत सीरीज, पूना

ऋग्वेद—विश्वेश्वर वैदिक शोध संस्थान, होशियारपुर, 1964 ई॰

कठोपनिषद्—गीता प्रेस, गोरखपुर

कल्याण-उपनिषद् अंक—गीता प्रेस, गोरखपुर

कात्यायन श्रौतसूत्र—चौखम्बा संस्कृत सीरीज, वाराणसी

कालसप्ततिका (प्राकृत)—धर्मघोष सूरि, निर्णयसागर, प्रेस, मुम्बई, 1964 ई॰

काठक संहिता—सातवलेकर, स्वाध्याय मण्डल, औंध

कूर्मपुराण—एशियाटिक सोसाइटी ऑफ बंगाल, कलकत्ता

कौषीतकि ब्राह्मण—आनन्द आश्रम संस्कृत सीरीज, पूना

कौषीतकि उपनिषद्—गीता प्रेस, गोरखपुर

गरुड़पुराण—चौखम्बा प्रकाशन, वाराणसी, प्रथम संस्करण

गीता—गीता प्रेस, गोरखपुर

गोपथ ब्राह्मण—गणेश प्रेस, कलकत्ता

जैमिनीय ब्राह्मण—सं॰ डॉ॰ रघुवीर तथा डॉ॰ लोकेशचन्द्र, सरस्वती विहार, नागपुर

जैमिनीय उपनिषद् ब्राह्मण—भगवद्दत्त द्वारा संपादित, लाहौर

तन्त्रालोक (12 भाग)—रिसर्च डिपार्टमेंट, जम्मू-कश्मीर स्टेट

ताण्ड्य ब्राह्मण—(पंचविंश ब्राह्मण) चौखम्बा संस्कृत सीरीज, वाराणसी

तैत्तिरीय ब्राह्मण—आनन्दाश्रम संस्कृत सीरीज, पूना

तैत्तिरीय संहिता—वेंकटेश्वर प्रेस, मुम्बई

तैत्तिरीय आरण्यक—आनन्दाश्रम संस्कृत सीरीज, पूना

तैत्तिरीय उपनिषद्—गीता प्रेस, गोरखपुर

त्रिपुरा-रहस्य—चौखम्बा संस्कृत सीरीज, वाराणसी, 1926 ई०

दुर्गासप्तशती—वेंकटेश्वर प्रेस, मुम्बई

नाट्यशास्त्र—भरत मुनि, सम्पादक—बटुकनाथ शर्मा, चौखम्बा प्रकाशन, बनारस

पद्मपुराण—आनन्दाश्रम, संस्कृत सीरीज, पूना

प्रश्नोपनिषद्—गीता प्रेस, गोरखपुर

ब्रह्मपुराण—नन्दलाल मोर, 5 क्लाइव रो, कलकत्ता, 1954 ई०

ब्रह्माण्डपुराण—वेंकटेश्वर प्रेस, मुम्बई

ब्रह्मवैवर्तपुराण—वेंकटेश्वर प्रेस, मुम्बई

बृहद्देवता—शौनक, सम्पादक और अनुवादक—रामकुमार राय, चौखम्बा संस्कृत सीरीज आफिस, वाराणसी—1, सं० 2020

बृहदारण्यक उपनिषद्—इशादि अष्टत्तर—शतोपनिषद्, निर्णयसागर प्रेस, मुम्बई

भविष्यपुराण—श्री वेंकटेश्वर प्रेस, मुम्बई, 1959

भागवतपुराण—गीता प्रेस, गोरखपुर

मृगेन्द्र तन्त्र—रिसर्च ऑरक्योलांजी कार्यालय, श्रीनगर

मत्स्यपुराण—नन्दलाल मोर, 5 क्लाइव रो, कलकत्ता, प्रथम संस्करण, 1954 ई०

महापुराण—भगवज्जिनसेनाचार्य, भारतीय ज्ञानपीठ, बनारस

मनुस्मृति—सम्पादक, ईश्वरीप्रसाद 'प्रेम' सत्य प्रकाशन, मथुरा, प्रथम संस्करण

महाभारत—गीता प्रेस, गोरखपुर

मार्कण्डेयपुराण—वेदव्यास, रायल एशियाटिक सोसाइटी, कलकत्ता

मुण्डकोपनिषद्—शंकर भाष्य, गीता प्रेस, गोरखपुर

यजुर्वेद—महर्षि दयानन्द भाष्य, रामलाल कपूरट्रस्ट, गुरु बाज़ार, अमृतसर

रघुवंश—कालिदास, निर्णसागर प्रेस, मुम्बई, 1910 ई०

लिंगपुराण—वेंकटेश्वर प्रेस, मुम्बई

वायुपुराण–आनन्दाश्रम संस्कृत सीरीज, पूना

वाजसनेही संहिता–(यजुर्वेद-शुक्ल) निर्णयसागर प्रेस, द्वितीय संस्करण, 1929 ई०

वाल्मीकि रामायण–रामनारायण लाल बेनीमाधव, इलाहाबाद, द्वितीय संस्करण

विष्णुपुराण–गीता प्रेस, गोरखपुर

शिवमहापुराण–वेंकटेश्वर प्रेस, मुम्बई

शतपथ ब्राह्मण–अच्युत ग्रन्थमाला कार्यालय, काशी

स्कन्दपुराण–वेंकटेश्वर प्रेस, मुम्बई

हरिवंशपुराण–वेंकटेश्वर प्रेस, मुम्बई

हिन्दी-ग्रन्थ

इतिहास पुराण का अनुशीलन–डॉ० रामशंकर भट्टाचार्य, इण्डोलोजीकल हाउस, वाराणसी, प्रथम संस्करण, 1963 ई०

ऋग्वेदिक आर्य–पं० राहुल सांकृत्यायन, किताब महल, इलाहाबाद-दिल्ली, 1947 ई०

ऋग्वेद पर एक ऐतिहासिक दृष्टि–पं० विश्वेश्वरनाथ रेउ, मोतीलाल बनारसी दास, बनारस, पटना, दिल्ली, प्रथम संस्करण, 1967 ई०

कविता के नये प्रतिमान–डॉ० नामवर सिंह, राजकमल प्रकाशन, दिल्ली, द्वितीय संस्करण, 1974 ई०

कामायनी अनुशीलन–रामलाल सिंह, इंडियन प्रेस लि०, प्रयाग, प्रथम संस्करण, संवत् 2002

कामायनी पर वैदिक साहित्य का प्रभाव–डॉ० कर्णसिंह वर्मा, आदर्श साहित्य प्रकाशन, दिल्ली-31, प्रथम संस्करण, 1972 ई०

कामायनी: एक पुनर्विचार–गजानन माधव मुक्तिबोध, साहित्य भारती, दिल्ली, द्वितीय संस्करण 1973 ई०

कामायनी सौन्दर्य–डॉ० फतहसिंह, भारती भण्डार, इलाहाबाद, तृ० सं०, सं० 2019

कामायनी में काव्य, संस्कृति और दर्शन–डॉ० द्वारिकाप्रसाद सक्सेना, विनोद पुस्तक मंदिर, आगरा, तृतीय संस्करण, 1968 ई०

कामायनी: मूल्यांकन और मूल्यांकन–सं० डॉ० इन्द्रनाथ मदान, नीलाभ प्रकाशन, इलाहाबाद, प्रथम संस्करण, 1969 ई०

कामायनी के अध्ययन की समस्याएँ–डॉ० नगेन्द्र, नेशनल पब्लिशिंग हाउस दिल्ली, द्वितीय संस्करण, 1965 ई०

कामायनी विमर्श–भगीरथ दीक्षित, समुदय प्रकाशन, मुम्बई-52, प्रथम संस्करण, 1965 ई०

जातक—खण्ड 1, 2, 3—हिन्दी साहित्य सम्मेलन, सं॰ 2013

तमिलम् तमिलरम्—एम ई॰ वीरबाहु पिल्ले तथा एम॰ ए॰ सभास्वामी, ओट्र मई ऑफिस चैन्नई, प्रथम संस्करण, 1953 ई॰

पन्त, प्रसाद और मैथिलीशरण—डॉ॰ रामधारीसिंह 'दिनकर', उदयाचल, आर्यकुमार रोड, पटना-4, प्रथम संस्करण, 1958 ई॰

प्राचीन चरित्रकोश—सम्पादक: सिद्धेश्वर शास्त्री सचत्राव, भारतीय चरित्रकोश मंडल, पूना 4, सं॰ 2021

पुराण-परिशीलन—पं॰ गिरिधर शर्मा चतुर्वेदी, बिहार-राष्ट्रभाषा-परिषद्, पटना प्रथम संस्करण, सं॰ 2000

पुराण विमर्श—पं॰ बलदेव उपाध्याय, चौखम्बा विद्याभवन, वाराणसी-1, प्रथम संस्करण, सं॰ 2029

मार्कण्डेयपुराण: एक सांस्कृतिक अध्ययन—डॉ॰ वासुदेवशरण अग्रवाल, हिन्दुस्तानी एकेडमी, इलाहाबाद, प्रथम संस्करण, 1961 ई॰

मिथक और स्वप्न: कामायनी की मनस्सौन्दर्य सामाजिक भूमिका—डॉ॰ रमेश कुंतल मेघ, ग्रन्थम रामबाग, कानपुर-12, प्रथम संस्करण

रामचरितमानस—गोस्वामी तुलसीदास, गीता प्रेस, गोरखपुर, सं॰ 1996

विष्णुपुराण का भारत—डॉ॰ सर्वानन्द पाठक, चौखम्बा प्रकाशन, 1966 ई॰

विश्वकोश—सम्पादक: नगेन्द्रनाथ बसु

वैदिक देवशास्त्र—ए॰ ए॰ मैक्डानल, अनुवादक: डॉ॰ सूर्यकान्त, भारत भारती प्रा॰ लि॰, दिल्ली, प्रथम संस्करण, 1971 ई॰

वैदिक धर्म एवं दर्शन—ए॰ बी॰ कीथ, अनुवादक: डॉ॰ सूर्यकान्त, मोतीलाल बनारसीदास, वाराणसी, 1963 ई॰

वैदिक कोश—मैक्डानल एवं कीथ, अनुवादक डॉ॰ सूर्यकान्त, वैदिक रिसर्च समिति, बनारस यूनिवर्सिटी, 1963 ई॰

वैदिक विज्ञान और भारतीय संस्कृति—पं॰ गिरिधर शर्मा चतुर्वेदी, बिहार राष्ट्र भाषा परिषद्, पटना, 1960 ई॰

वैदिक युग और आदिमानव—आचार्य वैद्यनाथ शास्त्री, सार्वदेशिक आर्य प्रतिनिधि सभा, नई दिल्ली-1, 1964 ई॰

English Books

A Cultural Study of the Srimad-Bhagavata—Dr. K.S. Tripathi, B.H.U. Publication, 1969

Bible—The Gideons International, 1969

Chinese Mythology—Anthony Christie, Hamlyn Publishing Group Ltd. London, Newyork, Sydney, Toronto

Christian Mythology—George Every, hamlyn Publishing Group Ltd. London, Newyork, Sydney, Toronto, 1970

Encyclopaedia of Britannica VII, XII—Chicago etc, 1959

Encyclopaedia of Americana XIX, Americana Corporation, International headqnarters, 575 Lexington Avenue, Newyork, 1968

Encyclopaedia of Religion and Ethics IV—Edingburg and Newyork, 1954

Greek Mythology—Hamlyn Publishing Group Ltd London

Matsya Purana—A study (Matsya Purananushilanam)—Vasudeva S. Agrawala, All-India Kashi Rij Trust, Ram Nagar Varanasi, 1963

Medieval English Literature—W.P. Ker, Oxford University Press, London, 1942

Mexican and Central American Mythology—Irene Nicholson, hamlyn Publishing Group Ltd. London, Newyork

Mythology of Ancient Greece and Rome—E. M. Barens, Blakie & Sons Ltd. London

Near Eastern Mythology—John Gray, Hamlyn Publishing Group Ltd. London, Newyork, Sydney, Toronto 1965

North American Indian Mythology—Cattie Burland, Hamlyn Publishing Group Ltd. London, 1965

Radio Activity and Surface History of Earth—J. Jolly.

Sacred Books of the East IV—Max Muller, Motilal Banarsidas, Delhi, 1965

South American Mythology—Harold Osborne, Hamlyn Publishing Group Ltd. London, Newyork, Sydney Toronto, 1968

The Flood Legend in Sanskrit Literature—Dr. Surya Kanta Shastri, S. Chand & Co. Delhi, 1950

The Geography of the Puranas—Prof. S. M. Ali, Peoples Publishing House, New Delhi, 1966

The Holy Quaran—Translated by Abdullah Yusaf Ali, Sheikh Muhammad Asaraf Lahore

The Vishnu Purana—H.H. Wilson, Punthi Pustak, Calcutta-4, 1961

Vedic India—Z.A. Ragozin, T. Fisher Unwin Ltd. London

Puranam, Vol. XIII. No. 2, July, 1971